滇桂黔石漠化连片特困区
精准扶贫社会动员机制研究

胡　刚／著

九州出版社
JIUZHOUPRESS

图书在版编目（CIP）数据

滇桂黔石漠化连片特困区精准扶贫社会动员机制研究 /
胡刚著 . -- 北京：九州出版社，2023.6
ISBN 978-7-5225-1950-0

Ⅰ . ①滇… Ⅱ . ①胡… Ⅲ . ①沙漠化—贫困区—扶贫
—研究—云南②沙漠化—贫困区—扶贫—研究—贵州③沙
漠化—贫困区—扶贫—研究—广西 Ⅳ . ① F126

中国国家版本馆 CIP 数据核字（2023）第 118713 号

滇桂黔石漠化连片特困区精准扶贫社会动员机制研究

作　　者　胡　刚　著
责任编辑　李　品
出版发行　九州出版社
地　　址　北京市西城区阜外大街甲 35 号（100037）
发行电话　（010）68992190/3/5/6
网　　址　www.jiuzhoupress.com
印　　刷　北京亚吉飞数码科技有限公司
开　　本　710 毫米 × 1000 毫米　16 开
印　　张　18
字　　数　285 千字
版　　次　2024 年 3 月第 1 版
印　　次　2024 年 3 月第 1 次印刷
书　　号　ISBN 978-7-5225-1950-0
定　　价　96.00 元

　　本书以滇桂黔石漠化连片特困区作为考察地域,主要研究滇桂黔石漠化连片特困区精准扶贫社会动员机制的问题,即如何实现滇桂黔石漠化连片特困区精准扶贫社会动员主体,充分运用适当的精准扶贫社会动员方式,展开对精准扶贫社会动员对象的充分动员,高效地开展精准扶贫社会动员,促进党和政府、市场主体、社会力量精准扶贫社会动员主体、客体之间的协同推进和良性互动,进而达到良好的精准扶贫社会动员效果,主要包括七个部分:

　　导论部分主要包含选题依据、研究意义、研究现状述评、相关概念界定、研究思路、研究方法、基本框架等内容,旨在明确本书研究的整体概况。

　　第一章滇桂黔石漠化连片特困区开展精准扶贫社会动员的背景及理论基础,主要介绍滇桂黔石漠化连片特困区开展精准扶贫社会动员的国际背景和国内背景,以便交代清楚滇桂黔石漠化连片特困区到底是在什么样的背景和状况下开展的精准扶贫社会动员,为什么要开展精准扶贫社会动员,以及滇桂黔石漠化连片特困区精准扶贫社会动员所依据的贫困治理理论和社会动员理论。

　　第二章改革开放以来滇桂黔石漠化连片特困区扶贫开发社会动员的演进,将改革开放以来滇桂黔石漠化连片特困区扶贫开发社会动员的发展历史进程概括为土地经营权制度改革社会动员阶段(1978—1985)、开发式扶贫社会动员阶段(1986—2010)和精准扶贫社会动员阶段(2013—2020),进行适当梳理,以便把握滇桂黔石漠化连片特困区扶贫开发社会动员的来龙去脉。

　　第三章滇桂黔石漠化连片特困区精准扶贫社会动员机制状况透视,通过相关调查材料以及文献资料,真实反映出滇桂黔石漠化连片特困区精准扶贫社会动员机制中社会动员主体、社会动员客体、社会动员介体、社会动员模式的基本状况,这些都是本部分需要重点研究的问题。

第四章滇桂黔石漠化连片特困区精准扶贫社会动员机制评价。通过上述对滇桂黔石漠化连片特困区精准扶贫社会动员机制状况的透视分析,分析评价精准扶贫社会动员机制带来的正面效应,找出精准扶贫社会动员机制中社会动员主体、社会动员客体、社会动员介体、社会动员模式等还存在的问题,以便"对症下药",更好地解决问题。

第五章进一步完善滇桂黔石漠化连片特困区精准扶贫社会动员机制的对策建议。通过对滇桂黔石漠化连片特困区精准扶贫社会动员的现状及存在问题的分析,积极探索相关对策和措施。

第六章研究结论与展望。对研究进行结论性总结,对研究中存在的不足进行概括分析,并对研究未来发展趋势进行展望。

目 录

第一节　研究依据与研究意义

一、研究依据

扶贫开发不仅是政府的责任,而且还需要社会力量广泛参与,需要全社会共同努力。针对扶贫开发社会动员,中共中央、国务院已颁发一系列相关文件,如《中国农村扶贫开发纲要(2011—2020年)》(中发〔2011〕10号)、《国务院办公厅关于进一步动员社会各方面力量参与扶贫开发的意见》(国办发〔2014〕58号)、《中共中央 国务院关于打赢脱贫攻坚战的决定》(中发〔2015〕34号)、《国务院扶贫开发领导小组关于广泛引导和动员社会组织参与脱贫攻坚的通知》(国开发〔2017〕12号);等等。由此,学术界围绕这一问题也展开了相关研究和深入探讨。因此,本书在关注这一热点问题的基础上,力求紧密结合扶贫开发的具体实际案例,尝试概括出政府、市场、社会三者社会动员联动的实证理论,推动社会动员研究的深入发展;通过总结政府、市场、社会三者社会动员联动的先进经验和作用机理,为转变政府职能、调动社会力量、发挥市场作用探索可资借鉴的专业路径与政策改革依据,为减少区域贫困、促进区域经济发展、维护民族团结、凝聚中国力量提供参考。

随着我国扶贫开发的深入推进,在大面积消除贫困之后,集中连片特困地区逐渐成为扶贫攻坚的重点和难点。"集中连片特困地区"特指这些贫困程度特别深重、扶贫开发难度特别困难、贫困区域面积特别广泛、贫困人口特别集中、众多的贫困地区。而对这些贫困地区的治理需要采取非常规的特殊治理手段和治理方法,否则难以达到预期减贫和最终脱贫的目的。事实表明,"集中连片特困地区"的贫困问题具有自身的特殊性,不仅有历史文化、地理环境造成的因素,而且还有思想观念、意志精神等其他人为的多种因素,其减贫与发展需要按照其自身独特的规律来进行。由此,本书将紧扣贫困治理创新的现实迫切要求,结合社会动员理论,立足"集中连片特困地区"这一特殊区域,以行动化方式深入研究精准扶贫社会动员主体、社会动员客体、社会动员介体状况,进而探索构建政府、市场、社会精准扶贫社会动员联动机制。

二、研究意义

在关注扶贫开发这一现实问题的基础上,本书结合具体典型案例与课题组的相关调查材料,运用社会动员理论,进行实地调查研究,不论对于解决扶贫开发问题,还是促进社会动员理论和实践的发展,抑或是推进社会有效治理,都具有重要的理论意义和现实意义。

(一)理论意义

第一,有利于促进社会动员理论的深入发展。在革命战争年代,需要大力开展军事动员、政治动员、经济动员等。这决定了革命战争年代的社会动员具有鲜明的政治性、强制性、急迫性等特点。但是,在和平建设年代,社会动员更加强调选择的自主性、动员效果的持久性、动员方式的灵活多样性等。由此,社会动员如何结合时代特征以及人民群众的新的需求来开展,成为一个需要深入探讨的问题。本书结合具体典型案例与课题组的相关调查材料,概括出政府、市场、社会精准扶贫社会动员的实证理论,可以为社会动员理论的深入发展提供一定程度的理论依据和参考启示。

第二,有利于推进反贫困理论深入发展。反贫困理论在指导人们开展反贫困的斗争中起到重要的理论指导作用。然而,随着时代的发展,贫困问题也出现了新的特征,致贫的原因变得也越来越复杂多样。要解决贫困问题,需要贫困治理理论与时俱进地发展,结合时代的发展特征,分析贫困发生的新的原因,做到"有的放矢""对症下药"。只有这样,贫困治理理论才能有效地解决贫困问题。本书结合滇桂黔石漠化连片特困区反贫困的具体实践,概括出政府、市场、社会精准扶贫社会动员的实证理论,可以为贫困治理理论的深入发展提供一定程度的理论参考和理论支持。

第三,有利于推进社会治理理论深入发展。滇桂黔石漠化连片特困区社会动员机制研究,涉及解决贫困问题,如动员主体如何开展精准扶贫社会动员、动员介体在精准扶贫中发挥的作用如何、精准扶贫社会动员具体内容等;涉及运用社会动员理论解决扶贫问题,如在精准扶贫过程中如何发挥社会动员功能、如何构建政府、市场、社会的联动机制等;涉及社会治理和社会发展问题,如在精准扶贫社会动员过程中如何引导、组织社会力量有序参与,如何促进社会良性发展等。因此,本书对于推进社会动员、反贫困、社会治理的研究都具有一定的理论意义。

(二)现实意义

第一,为开创多维联动的精准扶贫社会动员新格局、凝聚精准扶贫社会力量提供重要参考。本书以滇桂黔石漠化连片特困区精准扶贫社会动员为考察对象,在深入调研的基础上,总结滇桂黔石漠化连片特困区精准扶贫方略实施过程中政府、市场、社会三者联动社会动员的先进经验,概括出滇桂黔石漠化连片特困区精准扶贫方略实施中政府、市场、社会三者联动社会动员的作用机理,厘清滇桂黔石漠化连片特困区精准扶贫社会动员还存在的问题以及面临的困境,进一步明确滇桂黔石漠化连片特困区精准扶贫社会动员的发展方向,为转变政府动员组织职能、发挥社会力量济困扶贫作用、调动市场参与扶贫积极性探索可资借鉴的专业路径与政策改革依据。

第二,为我国集中连片特困地区扶贫攻坚决策提供科学依据。全面建成小康社会,最艰巨、最繁重的任务在贫困地区,特别是集中连片特困地区。按照新的扶贫标准,西南少数民族连片特困地区是中国农村贫困面最大、贫困程度最深、贫困人口最多的地区。据相关统计,在中国确定的14个集中连片特困地区中,西南少数民族地区涉及四川藏区、秦巴山区、武陵山区、乌蒙山区、滇桂黔石漠化区、滇西边境山区、西藏自治区七个片区。而且,西南集中连片特困地区又是少数民族聚居地区,其经济社会发展问题还具有更多的政治意义。如何促进西南少数民族集中连片特困地区经济社会健康、快速地发展,是摆在党和政府,特别是西南地区各省(区)委、省(区)政府和贫困群众面前的一道难题。因此,本书一方面有助于摸清西南少数民族集中连片特困地区,特别是滇桂黔石漠化连片特困区这一典型连片特困地区经济社会发展的现状,找到制约其发展的"瓶颈"因素,探索西南少数民族集中连片特困地区发展的实践模式,在减少区域贫困、发展区域经济以及维护民族团结等方面具有多重现实意义。另一方面,本书研究成果对于西南少数民族集中连片特困地区乃至全国其他集中连片特困地区经济社会发展和反贫困也具有一定的参考价值。

第三,为实现社会主义现代化以及中华民族伟大复兴中国梦凝聚力量探索出路。"中国特色社会主义是亿万人民自己的事业",需要"最广泛地动员和组织人民依法管理国家事务和社会事务、管理经济和文化事业、积极投身社会主义现代化建设"[1],需要"把国内外一切积极因素调动起来,为社会主义事业服务"[2]。中华民族伟大复兴中国梦是所有中华儿女的共同心愿,是近代以来中国人民最伟大的梦想。而要实现社会主义现代化和中华民族伟大复兴中国梦,不仅需要坚持中国道路,而且需要弘扬中国精神,更加需要"大家拧成一股绳,心往一处想,劲往一处使,汗往一处流"[3],凝聚起中国力量。因此,进一步推动滇桂黔石漠化连片特困区以及其他集中连片特困地区精准扶贫社会动员的开展,同样体现着中国力量的凝聚。

第二节　国内外研究现状述评

一、国外相关研究概述

从目前已搜集到的文献资料来看,国外学者既有涉及社会动员的相关研究,也有关于反贫困问题的相关研究。但总体而言,国外理论界和学术界却缺乏将反贫困与社会动员联系起来的交叉研究。

---

① 胡锦涛.坚定不移沿着中国特色社会主义道路前进 为全面建成小康社会而奋斗——在中国共产党第十八次全国代表大会上的报告[M].北京：人民出版社,2012：14.

② 毛泽东.毛泽东文集（第七卷）[M].北京：人民出版社,1999：23.

③ 习近平.习近平谈治国理政（第一卷）[M].北京：外文出版社,2018：190.

（一）国外社会动员研究现状

一是关于社会动员含义的认识。美国政治学家多伊奇（Karl W. Deutsch）最早开创性地提出"社会动员"一词，并认为"社会动员"就是指正从传统生活方式转向现代生活方式国家中的绝大多数人所经历的整个转变过程。它包含着大量更加具体的变化过程，如居住地的改变、职业的改变、社会环境的改变、面对面交往的改变等。也可以说，社会动员就是从传统社会转向现代社会的人们所经历的现代化的过程。[1]自此以后，国外学术界从来没有间断过对这一问题的研究。美国学者布莱克（C.E. Black）认为，一些复杂的变革就会构成一个过程。而"这个过程有时被归诸于社会动员，即义务承诺的中心从诸多个人转向社团，从地方转向国家领域。社会动员是现代社会中大批人口从其传统的农村住所自然迁居的必然结果，也是人们通过通讯手段的大大扩展而提高了对国家利益方面以及外部更广大世界的认识的必然结果。"[2]美国社会学家科塞（Lewis Coser）认为，"社会运动能够动员以下资源：时间、人数、资金、有政治影响的第三派势力、意识形态、领导人和沟通系统等。"[3]美国政治学家亨廷顿（Samuel P. Huntington）指出，社会动员"意味着人们在态度、价值观和期望等方面与传统社会的人们分道扬镳，并向现代社会的人们看齐。"[4]不难看出，国外学术界侧重于把社会动员理解为社会活动的一个过程。

二是关于社会动员的价值和作用。美国学者杰奎琳·伯瑞德（Jacqueline Behrend）认为，在控制和监督民主体制的表现以及确保它

[1] Karl W. Deutsch.Social Mobilization and Political Development[J].*The American Political Science Review*，1961，55（3）：493.
[2] 〔美〕C.E.布莱克.现代化的动力[M].段小光译.成都：四川人民出版社，1988：33.
[3] 〔美〕刘易斯·科塞等.社会学导论[M].杨心恒等译.天津：南开大学出版社，1990：587.
[4] 〔美〕塞缪尔·亨廷顿.变化社会中的政治秩序[M].王冠华等译.上海：上海人民出版社，2008：26.

们对公民负责方面,社会动员能够发挥重要的作用。① 塞缪尔·亨廷顿认为,社会动员在现代化进程中具有重要的意义,"它意味着人们在态度、价值观和期望等方面与传统社会的人们分道扬镳,并向现代社会的人们看齐。"② 布莱克指出,社会动员具有重要的政治意义,因为社会动员可以通过激励民族主义以及整合经济社会,从而促进全国民众一致的认同。也正是在这一过程中,国家加强了对其所有民众的控制。③ 李侃如(Kenneth Lieberthal)通过对中共社会动员的研究进一步指出,中共动员民众反抗现存制度的各种方式都取得了显著成功。无论他们提出什么号召(20世纪20年代初的阶级斗争和中期的反帝斗争等),无论他们号召的群体是什么(工人、各阶层农民、社会下层、知识分子),也无论政治运动在哪里发生(东南地区的城乡、北方内地、东北农村),他们都是成功的。所有这些都表明,从20世纪20年代到40年代中国的隐忧已经使它成了一个很好的"可动员的"社会。④ 杰克·贝尔登(Jack Belden)指出,在抗日战争时期,"中共以民族战争代替了阶级战争。这种民族战争本身也是革命战争,它在人民中所起的动员作用,往往比土改的作用更大更快。抗日战争把自古以来就是分散经营、基本上各顾各的农民组织起来了,使他们认识到同心协力、集体行动的力量。"⑤ 美国学者尼拉·范戴克(Nella Van Dyke)则从社会动员主体发挥作用的认识视角指出,许多学者都证明了精英同盟对于社会动员以及社会运动获得成功的重要性。⑥ 日本学者笹川裕史、奥村哲探讨了支撑中国抗战大局的基层社会中的动员问题,他们指出,与战争时期日本国内的情况一

---

① Jacqueline Behrend.Mobilization and Accountability: A Study of Social Control in the "Cabezas" Case in Argentina[A].Enrique Peruzzotti, Catalina Smulovitz. *Enforcing the Rule of Law*：*Social Accountability in the New Latin American Democracies*[M].Pittsburgh: University of Pittsburgh Press, 2006: 215.
② 〔美〕塞缪尔·亨廷顿.变化社会中的政治秩序[M].王冠华等译.上海：上海人民出版社,2008：26.
③ 〔美〕C·E·布莱克.现代化的动力[M].段小光译.成都：四川人民出版社,1988：34.
④ 〔美〕李侃如.治理中国：从革命到改革[M].胡国成,赵梅译.北京：中国社会科学出版社,2010：60.
⑤ 〔美〕杰克·贝尔登.中国震撼世界[M].邱应觉等译.北京：北京出版社,1980：191.
⑥ 〔美〕杰克·A.戈德斯通.国家、政党与社会运动[M].章延杰译.上海：上海人民出版社,2015：200.

样,中国也大量紧急征用并动员了应对战争所必需的一切人力和物力资源。为了动员抗战所必需的庞大的物力、财力与人力,国民政府通过实施新县制,加强了对最基层行政组织的建设,动员民众、组织民众,以期自上而下地贯彻落实战时征兵、征粮等各项任务。①

三是关于影响社会动员的因素。不言而喻,影响社会动员的成效有多方面的因素。这些因素既包括一定的内因,也包括一定的外因。从目前掌握的文献看,国外研究者以不同的视角、从多个方面对影响社会动员的因素进行了探讨。美国著名学者戈德斯通(Jack A. Goldstone)认为,意识形态在社会动员方面同样具有非常重要的作用。意识形态发挥了身份确认和团体承诺的功能,这有助于维持和扩展社会网络以便动员大众参与革命行动。② 美国学者凯兰尼(Wasfi Kailani)认为,局部的动员不仅会受到国内因素的影响,而且还会受到国外或国际一系列争论的影响。比如,在以色列的美国移民会受到美国模式争论的影响,甚至会输入美国模式争论。这些争论模式不仅是展示、通过网络动员、运用媒体的不同方式,而且也是不同于以色列的民主体验。美国移民给以色列带来了与美国民主更相似的政治理念和规范,比如民间动员和参与。③ 美国战争动员研究者爱德华(P. Edward)基于战争动员的视角指出,缜密、完善的计划是社会动员的前提和基础,在不得不仓促实施动员的时候尤为如此。总动员计划的基本目的是为战争动员的决策和实施提供一个框架,从而为军事行动提供支援。④ 瑞典学者达格芬·嘉图(Dagefen Cato)指出,在革命时期,正是由于实行减租减息政策、采取群众路线和发动大生产运动,中国共产党才调动了农民的积极性,才有效地把农民

---

① 〔日〕笹川裕史,奥村哲.抗战时期中国的后方社会——战时总动员与农村[M].林敏,刘世龙,徐跃译.北京:社会科学文献出版社,2013:1,85.
② Jack A. Goldstone.Comparative Historical Analysis and Knowledge Accumulation in the Study of Revolution[A]. James Mahoney, Dietrich Rueschemeyer. *Comparative Historical Analysis in the Social Sciences*, New York: Cambridge University Press, 2003: 73.
③ Wasfi Kailani.American Orthodox Immigrants' Mobilization and Integration in Israel[A]. Elisabeth Marteu.*Civil Organizations and Protest Movements in Israel: Mobilization around the Israeli-Palestinian Conflict*[M].New York: Palgrave Macmillan, 2009: 58.
④ 〔美〕P.爱德华.国防部总动员计划[M].波拉提等译.北京:军事科学出版社,2007:1.

动员起来推翻旧的乡村秩序。①美国研究者尤库迪瓦－弗里曼（Jamilya Tolenovna Ukudeeva-Freeman）则认为,社会动员理念能够激发人们采取行动,使领导人的行动合法化,并表达出对事态发展的决定看法。同时,对更多的追随者来说,社会动员理念是一个行动计划,或者说,它是解决主要问题的方法。而公共演说、文学刊物、现存教义、政治纲领和宣传鼓动是社会动员理念的标志。社会动员理念使社会运动有可能获得更高层次的大众动员。②这些研究表明,国外学术界也认为,影响社会动员的因素是多方面的。这些影响因素不仅包括传媒、动员方式,也包括政治理念、政策路线,等等。

四是关于社会动员内容和对象的研究。由于社会动员的目标不同,社会动员的内容会迥异有别,而且社会动员的对象也会相差甚远。德国著名军事理论家埃里克·鲁登道夫（Eric Ludendorff）认为,在战争时期,社会动员的内容非仅限于各种部队的动员,同时还须涉及财政方面、经济方面,更涉及国民生活与其供养,甚至还有民族精神的团结。德国民族各分子,不论在前线与后方,均应竭其物质力与精神力以自效于战争。③爱德华从国防动员的视角指出,社会动员的内容包括“应国防建设需要而集中、组织和使用国家的资源。动员过程包括为完成系统的有选择的战争准备所做的必要的全部活动。”④关于社会动员的对象方面,国外研究者则更加强调对具有影响力的人物和阶层的动员。贾恩弗朗哥·波齐（Gianfranco Poggi）指出,在 20 世纪尤其是第二次世界大战以来,自由主义民主社会中的国家日益动员和吸纳经过专业培养和职业训练的知识分子和专家,而这在以前的政策中是不存在或遭到排斥的。⑤戈德斯通指出,“许多学者都证明了精英同盟对于社会动员以及社会

---

① 〔瑞典〕达格芬·嘉图.走向革命——华北的战争、社会变革和中国共产党（1937—1945）[M].杨建立等译.北京: 中共党史资料出版社, 1987: 168, 208.

② Jamilya Tolenovna Ukudeeva-Freeman.Collective Action Problem: Mobilization of National-Democratic Movements in Azerbaijan and Kyrgyzstan[D].University of California, 2003: 100.

③ 〔德〕埃里克·鲁登道夫.总体战[M].张君劢译.北京: 北京理工大学出版社, 2007: 58.

④ 〔美〕P.爱德华.国防部总动员计划[M].波拉提等译.北京: 军事科学出版社, 2007: 1.

⑤ 〔美〕贾恩弗朗哥·波齐.国家: 本质、发展与前景[M].陈尧译.上海: 上海人民出版社, 2007: 124.

运动获得成功的重要性。"① 这些研究表明,在战争时期,军事动员异常关键。从动员的内容方面来看,军事动员会涉及人力、财力、物力等;从动员的对象方面来看,军事动员的对象包括社会各行各业、各个阶级阶层。

(二)国外反贫困研究现状

一是关于致贫的原因。国外学者对贫困的原因进行了分析,并提出了相关对策、措施。瑞典经济学家缪尔达尔(Gunnar Myrdal)认为,一个国家或地区之所以贫困,不仅涉及相关的政治制度问题,而且还涉及相关的民族问题、种族问题、宗教文化问题,等等。② 印度著名经济学家阿玛蒂亚·森(Amartya Sen)指出,饥饿是指一些人未能得到足够的食物,而非现实世界中不存在足够的食物。除非一个人自愿挨饿,可以说,饥饿现象基本上是人类关于食物所有权的反映。美国经济学家舒尔茨(Theodore W. Schultz)从经济发展的角度分析贫困问题,深刻指出,造成贫困的一个重要原因是一些国家或地区仍然发展传统农业,而传统农业是不发达的农业,极易造成落后和贫困。③ 美国人类学家刘易斯(Oscar Lewis)认为,一个国家或地区的贫困,不仅表现为物质的贫困,而且还表现为文化的贫困,抑或说表现为思想、观念的贫困。而"贫困文化"对其成员会产生一种独有样式的、特殊的心理影响。④

二是关于缓解贫困的方法和措施。瑞典经济学家缪尔达尔(Gunnar Myrdal)认为,要彻底地解决贫困国家或地区的贫困,就需要进行彻底的改革,解决平等公正问题,改进农业科学技术进而形成劳动密集型农业,控制人口增长,从根本上改变教育体制的结构、方向和内容。这才是解决不发达国家或地区贫困问题的有效举措。⑤ 印度著名经济学家阿玛蒂亚·森(Amartya Sen)指出,要说明饥饿现象,就必须深入分析所

① 〔美〕杰克·A.戈德斯通.国家、政党与社会运动[M].章延杰译.上海:上海人民出版社,2009:200.
② 〔瑞典〕冈纳·缪尔达尔.世界贫困的挑战——世界反贫困大纲[M].顾朝阳等译.北京:北京经济学院出版社,1991:50,78,117,183.
③ 〔美〕西奥多·W.舒尔茨.改造传统农业[M].梁小民译.北京:商务印书馆,2006:163,175.
④ 〔美〕奥斯卡·刘易斯.桑切斯的孩子们:一个墨西哥家庭的自传[M].李雪顺译.上海:上海译文出版社,2014:30.
⑤ 〔瑞典〕冈纳·缪尔达尔.世界贫困的挑战——世界反贫困大纲[M].顾朝阳等译.北京:北京经济学院出版社,1991:50,78,117,183.

有权结构。毕竟,"所有权关系是权利关系(entitlement relation)之一。要理解饥饿,我们必须首先理解权利体系,并把饥饿问题放在权利体系中加以分析。"① 阿玛蒂亚·森明确了他分析贫困、饥饿、饥荒所采用的方法,即"权利方法",并通过"权利方法"分析指出,有效调整公民与国家、国家与国家之间的权利关系,才能从根本上解决贫困问题。美国经济学家舒尔茨(Theodore W. Schultz)指出,要改变一些国家或地区的落后和贫困,就要对传统农业进行改造,从经济社会制度上进行变革,从供求方面进行改革,特别是要加大对农业科学技术、人力资本的投入。② 美国学者布莱克(C.E. Black)指出,可以通过激励民族主义整合经济社会,促进经济社会发展。③ 美国人类学家刘易斯(Oscar Lewis)认为,一个国家政府不仅要不断提高贫困人口的物质生活水平,而且更为重要的是要从根本上改变贫困人口的态度、价值观。④

二、国内相关研究概述

梳理发现,改革开放以来,国内学界对社会动员的研究较多,而对扶贫开发社会动员的研究关注较少。但综合起来看,随着扶贫开发的推进,国内学界越来越重视扶贫开发与社会动员结合的研究。

（一）国内社会动员研究现状

目前,国内学术界对社会动员这一问题的研究已取得一些前期的研究成果,大致有如下几个方面:

一是关于社会动员价值意义的探讨。唐明勇和孙晓辉认为,进行社会动员,是应对危机事件的现实需要。⑤ 罗阳指出,经济危机会对社会

---

① 〔印度〕阿马蒂亚·森.贫困与饥荒[M].王宇,王文玉译.北京:商务印书馆,2001:5,6.
② 〔美〕西奥多·W.舒尔茨.改造传统农业[M].梁小民译.北京:商务印书馆,2006:163,175.
③ 〔美〕C.E.布莱克.现代化的动力[M].段小光译.成都:四川人民出版社,1988:33.
④ 〔美〕奥斯卡·刘易斯.桑切斯的孩子们:一个墨西哥家庭的自传[M].李雪顺译.上海:上海译文出版社,2014:30.
⑤ 唐明勇,孙晓辉.危难与应对:新中国视野下的危机事件与社会动员个案研究[M].北京:中共党史出版社,2010:276.

的各个群体产生社会动员的效应。① 张伟等指出,有效的社会动员对于中国现代化进程可以产生难以替代的作用。它不仅有利于形成社会的内在推动力量,而且还有利于更新与提高社会成员的素质。② 骆郁廷和甘泉认为,社会动员不仅具有重要的实践价值,而且还具有重要的时代价值。社会实践需要广泛的社会动员统一思想、协调行动、整合资源、推进发展;社会动员是实现社会主义现代化建设历史使命、进行社会变革以及应对突发事件的需要。③ 吴忠民则认为,对于中国现代化而言,有效的社会动员能够发挥不可替代的推动作用:其一,有助于形成一种内在的推动力量。其二,有助于促进民众素质的更新与提高。其三,可以较为有效地解决中国现代化过程中的某些难题。④ 柳建文提出,适度的社会动员能够最大限度地调动人们的热情,这不但有利于稳定社会秩序,也有利于更大范围地提高效率,从而促进发展中国家现代化事业的顺利进行。⑤ 黄文彦认为,一个国家的现代化,取决于结构变革和社会动员,关键在于这个国家领导层的素质、权力和决策。⑥ 施惠玲、彭继裕认为,随着政治的现代化进程,"参与式社会动员"越来越成为国家治理过程中的常态。⑦

二是关于影响社会动员的因素的研究。韩承鹏指出,一定的标语口号能引导社会发展,牵引社会前进,激发社会成员的活力,凝聚各方面的力量,形成合力,把全社会的力量都动员起来,朝着既定的目标前进。⑧ 王楠认为,在社会动员活动中,思想政治教育工作发挥着不可替代的作用,如引导思想、团结群众、稳定民心、协调关系等,进而使社会

① 罗阳.经济危机、社会动员与政治稳定——亚洲金融危机中的印度尼西亚[D].北京:中共中央党校,2011:51.
② 张伟等.政治稳定论要:社会转型期的政治稳定与社会动员[M].沈阳:辽海出版社,2002:133-134.
③ 骆郁廷,甘泉.论社会动员的实践价值[J].江汉论坛,2010(10):123.
④ 吴忠民.渐进模式与有效发展——中国现代化研究[M].北京:东方出版社,1999:185.
⑤ 柳建文.现代化进程中的适度社会动员[J].社会科学,2005(1):78.
⑥ 黄文彦.结构变革和社会动员:中日早期现代化比较[J].历史教学问题,1992(3):26.
⑦ 施惠玲,彭继裕.国家治理现代化中的参与式社会动员[J].青海社会科学,2021(4):16.
⑧ 韩承鹏.标语口号文化透视[M].上海:学林出版社,2010:82.

动员的效果达到最大化。① 陈露提出,民族主义强烈的思想内容和情感感召力使之成为一种时效最持久、情感最激烈、成本小而收益大的天然的社会动员方式。② 李晓燕认为社会理性和精英治理是社会动员得以健康、持续发展的重要元素,新时代社会动员要规避传统社会动员政治色彩浓,回归"社会"使命,基于社会理性和精英治理推动社会动员。③ 不难看出,影响社会动员成效的因素涉及诸多方面,既有内在的,也有外在的;不仅有主观方面的,而且还有客观方面的。

三是关于开展社会动员的措施。张丽梅和艾虹指出,抗日战争全面爆发后,中国共产党确立了"以新民主主义、全面抗战以及抗战优先作为其民众社会动员的指导思想"④,才能有效地动员民众。张忠友认为,丰富多样的动员策略和方式,是达到社会动员良好效果的必要手段。⑤ 陈建民和李晓指出,在紧急情况下要成功地实施动员,关键在于平时就制定出一套完善的动员计划,并形成一个有效的计划协调体制,以确保在各种情况下动员工作都能按预定计划有条不紊地进行。⑥ 张羽指出,高技术局部战争的战争伟力仍然存在于民众之中,无论是否拥有高技术优势,都必须"依靠群众,组织群众,动员群众"。⑦ 谭培文和张忠友认为,开展社会动员,要聚焦人民对美好生活的向往,关注人民利益,发挥利益对调动人和社会发展的基础动力和群众的组织力。⑧ 刘金菊和高金岭认为,只有塑造社会成员的核心价值,才能获得社会成员的认同参与,从而达成社会动员的效果。反之,社会动员难以取得成效。⑨ 孙晓

---

① 王楠.思想政治教育在社会动员中的作用研究[D].太原:中北大学,2010:34.

② 陈露.浅析民族主义社会动员及其形式[J].华南师范大学学报(社会科学版),2003(5):125.

③ 李晓燕.社会动员的双重逻辑:社会理性和精英治理[J].党政研究,2020(5):110.

④ 张丽梅,艾虹.抗战时期中共社会动员指导思想评析[J].理论前沿,2009(4):26.

⑤ 张忠友.国家治理与社会动员现代化维度探析[J].桂海论丛,2017(5):60.

⑥ 陈建民,李晓.发达国家战争动员制度[M].北京:时事出版社,2001:19,32-33.

⑦ 张羽.战争动员发展史[M].北京:军事科学出版社,2004:3,347.

⑧ 谭培文,张忠友.新时代中国共产党社会动员探析[J].新视野,2018(1):35.

⑨ 刘金菊,高金岭.社会转型期中国共产党社会动员的实践困境与突破路径[J].浙江工业大学学报(社会科学版),2019(3):285.

晖和刘同舫提出,优化社会动员,要遵循社会动员的适度性原则,提高社会动员的法治化水平,提升社会动员的专业化能力,增强社会动员的参与性质量,以公共危机治理现代化推进国家治理体系和治理能力现代化。[①]

四是关于社会动员方式的研究。侯松涛认为,在整个抗美援朝的社会动员活动中,组织动员、宣传动员、行动动员、诉苦动员联合起来,相互影响,共同作用,构成了一个立体式的动员网络。[②]孙立平等认为,参与式动员、运动式动员、组织化动员等,都是在改革开放以前"总体性社会"中国家对社会所采用的主要的动员方式。改革开放后,随着社会的急剧转型,社会呼唤新的社会动员方式的出现。[③]费爱华总结了新形势下我国社会动员实践的几种可行性模式,如参与动员、情理动员、内化动员、惩戒动员等社会动员模式。[④]凡奇、李静、王力尘通过对网络政治动员的研究,指出,E度空间里悄然兴起的政治动员正在形成越来越大的社会影响。网络政治动员已成为一种越来越重要的政治动员形式。[⑤]陈华指出,网络社会动员是互联网时代下发展出的一种新的社会动员形式,也是顺应时代发展的必然要求。互联网社会动员作为一种新兴的社会动员方式,具有不可替代的优势。[⑥]姜鹏飞认为,要想取得良好的社会动员成效,人们再按照传统的社会动员方式已不合时宜,这就需要转变社会动员模式,即要实现由行政动员到社会自主动员的转变。[⑦]郇玉探讨了在上海工业"大跃进"运动时期,共产党通过政策宣传、传媒宣传、文艺宣传、典型示范和参观竞赛动员方式,发动群众参与到"大跃进"的浪潮之中。[⑧]这些研究表明,社会动员要取得一定的成效,选择、

① 孙晓晖,刘同舫.公共危机治理中社会动员的功能边界和优化策略[J].武汉大学学报(哲学社会科学版),2020(3):28.
② 侯松涛.抗美援朝运动中的社会动员[D].北京:中共中央党校,2006:136.
③ 孙立平等.动员与参与——第三部门募捐机制个案研究[M].杭州:浙江人民出版社,1999:62,69.
④ 费爱华.新形势下的社会动员模式研究[J].南京社会科学,2009(8):56.
⑤ 凡奇,李静,王力尘.网络政治动员方式与途径的探索和研究[M].沈阳:辽宁人民出版社,2009:2,6-7.
⑥ 徐明,李震国.网络社会动员作用机制与路径选择[J].中国行政管理,2016(10):52.
⑦ 姜鹏飞.一个社会的动员——试析政府在应对公共突发事件的社会动员能力[D].长春:吉林大学,2009:13.
⑧ 郇玉.中国共产党社会动员研究——以上海工业"大跃进"社会动员为个案[D].上海:上海外国语大学,2017:28.

运用好一定的社会动员方式具有决定性的意义。

（二）精准扶贫社会动员研究现状

一是精准扶贫社会动员主体多元化。这方面研究表明，一方面彰显出精准扶贫社会动员中党和政府的主导地位。但存在基层政权将贫困标准问题化、把扶贫上升成为"中心工作"以及目标责任制与运动式治理相结合等治理策略导致"精英捕获""碎片化治理"等一系列意外的后果。这就要求地方政府要加快从运动式扶贫治理向制度化扶贫治理的转变，实现政府治理功能的转型。① 另一方面，精准扶贫需要社会力量广泛参与，聚合社会扶贫资源，增加志愿者、非政府组织、企业等社会各方面力量参与扶贫开发工作，培育多元社会扶贫主体。② 政府、市场与农户间关系结构的重构避免了传统的压力型动员方式的线性动员模式的不足，也能在动员主体与动员客体之间建立起充足的"共意"，以此保证农民对精准扶贫的强参与。③ 坚持大扶贫开发格局，不仅意味着用好政府、市场和社会三个领域的资源，更意味着形成政府、市场、社会协力推动的格局。④

二是精准扶贫社会动员方式多样化。帅传敏认为，21 世纪以来，我国扶贫开发主要运用了以整村推进、产业化扶贫、劳动力转移培训以及异地安置、外资扶贫和对口帮扶为主的扶贫动员模式。⑤ 韦茂才等还介绍了"五子登科模式""曲靖模式""晴隆模式""印江模式""肯福模式""无土安置模式"等。⑥ 但近些年开展的扶贫动员方式主要是政府文字、口头宣传动员和会议动员，扶贫动员政策大都仅限于上下级政府之间传达，这类思想动员方式不仅形式单一，而且行政化色彩浓厚、渲染影响

① 许汉泽.精准扶贫与动员型治理：基层政权的贫困治理实践及其后果——以滇南 M 县"扶贫攻坚"工作为个案 [J].山西农业大学学报（社会科学版），2016（8）：550.
② 冯彩莉，安着吉，哈生旭.资源配置视野下西部民族地区的精准扶贫 [J].社科纵横，2017（7）：56.
③ 袁小平，杨爽.精准扶贫中的社会动员：政府、市场与共意 [J].济南大学学报（社会科学版），2018（5）：141.
④ 武汉大学等.中国反贫困发展报告：市场主体参与扶贫专题（2015）[M].武汉：华中科技大学出版社，2015：10，11.
⑤ 帅传敏.中国农村扶贫开发模式与效率研究 [M].北京：人民出版社，2010：67，68.
⑥ 韦茂才.滇桂黔石漠化片区扶贫模式创新研究 [M].南宁：广西人民出版社，2014：23，179.

力不强、宣传力度不足、影响力不够。①

三是精准扶贫社会动员内容。蔡志强认为,在世情深刻变化的今天,社会动员的核心内容之一,就是向全社会宣传创新驱动发展战略,提升社会的创新意识,激发人们的创新能力。②李俊杰等认为,针对乌蒙山区扶贫开发的自身特殊情况,需要进行合理规划,采取积极有效的措施,上下联动,左右协作,共同促进经济带的迅速崛起。③胡鞍钢则从知识贫困是导致贫困的根源的视角出发,提出针对知识贫困的扶贫出路。④而在新时代社会力量参与深度扶贫,扶贫内容多元,以教育、产业、基础设施最为集中。⑤

四是精准扶贫社会动员需要政府、市场、社会三者联动。由于贫困成因具有复杂性和综合性,对于贫困的有效治理,坚持在政府的主导下,通过动员全社会的力量,采用政府财政转移、吸引企业投资、加快社会组织能力建设等多方面的手段去缓解贫困。⑥另外,反贫困仅仅依靠政府一个方面的力量还是不够的,应由单纯依靠政府主导的格局向综合运用政府机制、社会机制和市场机制的有机结合转变,使政府、社会、市场三者形成反贫困的合力。⑦社会动员结构的整体性嬗变就是要实现"政府主导型动员"向"政府引导型动员"过渡,促进社会动员从"对社会动员"向"由社会动员"转变。⑧

综上,以上已有研究成果为本书研究提供了重要的理论资源,但通过梳理发现,在这方面仍存在有待进一步研究之处:一是精准扶贫战略背景下如何开展精准动员的研究。随着我国扶贫开发进入到精准扶贫

① 林彩虹.农村精准扶贫动员机制分析[J].合作经济与科技,2018(17):191.
② 蔡志强.社会动员论:基于治理现代化的视角[M].南京:江苏人民出版社,2015:43,44.
③ 李俊杰等.集中连片特困地区反贫困研究——以乌蒙山区为例[M].北京:科学出版社,2013:219.
④ 胡鞍钢.探索中国特色扶贫开发道路[J].中国扶贫,2014(22):50.
⑤ 文丰安.新时代社会力量参与深度扶贫的价值及创新[J].农业经济问题,2018(8):102.
⑥ 关信平.论现阶段我国贫困的复杂性及反贫困行动的长期性[J].社会科学辑刊,2018(1):15.
⑦ 武汉大学等.中国反贫困发展报告:社会组织参与扶贫专题(2016)[M].武汉:华中科技大学出版社,2016:3.
⑧ 张登国.中国乡村贫困治理中的社会动员问题研究[J].教学与研究,2021(7):34.

阶段,社会动员需要更加高效、精准。于是,精准动员已被提上议事日程。二是精准扶贫过程中政府、社会、市场之间该如何协调、配合,政府、社会、市场社会动员联动机制具体该如何建构,仍需要进一步突破。本书在以往研究成果的基础上,以社会动员包含的多元化、动态性视角,突出少数民族集中连片特困地区精准扶贫社会动员机制建构这一社会治理研究的新生长点,力求有所突破。

第三节　相关概念界定

一、社会动员

关于对社会动员的界定,因认识的角度不同,人们对其认识也存在不同。但是,社会动员大体上可以从狭义和广义两个方面来理解。

首先,关于社会动员广义的含义,主要是以西方学者的观点为代表。他们试图从现代化的视角来理解和探讨社会动员的内涵。"社会动员"一词最早由美国政治学家多伊奇(Karl W. Deutsch)开创性地创造出来。他认为"社会动员"就是指正从传统生活方式转向现代生活方式国家中的绝大多数人所经历的整个转变过程。它包含着大量更加具体的变化过程,如居住地的改变、职业的改变、社会环境的改变、面对面交往的改变,等等。可以说,社会动员就是从传统社会转向现代社会的人们所经历的现代化的过程。[①]从此以后,"社会动员"被广泛地应用。美国学者布莱克(C.E. Black)认为,一些复杂的变革就会构成一个过程。而"这个过程有时被归诸于社会动员,即义务承诺的中心从诸多个人转向社团,从地方转向国家领域。社会动员是现代社会中大批人口从其传统的农村住所自然迁居的必然结果,也是人们通过通讯手段的大大扩展而提高了对国家利益方面以及外部更广大世界的认识的必然结果。"[②]

---

① Karl W. Deutsch.Social Mobilization and Political Development[J].*The American Political Science Review*, 1961, 55(3): 493.
② 〔美〕C.E.布莱克.现代化的动力 [M].段小光译.成都: 四川人民出版社, 1988: 33.

美国著名的政治学家塞缪尔·亨廷顿(Samuel Huntington)借用多伊奇关于社会动员的定义,认为社会动员就是"一连串旧的社会、经济和心理信条全部受到侵蚀或被放弃,人民转而选择新的社交格局和行为方式"的过程。① 不难看出,国外学术界侧重于把社会动员理解为社会活动的一个过程或历程,特别是指人们从传统向现代转变的一个过程或历程。

其次,在社会动员狭义的内涵方面,国内学者对此研究得较为充分和透彻。吴忠民认为,"社会动员,是指有目的地引导社会成员积极参与重大社会活动的过程。"② 郑永廷认为,社会动员是指"人们在某些经常、持久的社会因素影响下,其态度、价值观与期望值变化发展的过程。"③ 唐明勇和孙晓辉则更加明确地指出,社会动员是"由动员主体、动员客体、动员介体、动员环体等各个要素组成的,通过主体对客体有目的、有秩序地进行宣传、教育、示范和组织形成一定动员结构的,其功能是为了影响动员客体使其有意识地参与和形成自觉行动的系统活动。"④ 中共四川省委党校"西部大开发中的社会动员与大众参与"课题组认为,"社会动员通常指政府或政党为实现某一发展目标,而对社会资源、人力资源以及人的精神的动员。"⑤ 而且,该课题组还认为,社会动员有以政治为核心的传统社会动员和以利益为杠杆的现代社会动员两种基本模式。另外,还有研究者认为,从社会学的视野来看社会动员,其更加强调对社会资源的配置和调动,从这个意义上来说,社会动员也可以称之为"资源动员";从政治学的视野来看社会动员,其更加侧重于对政治资源的动员,如注重组织动员社会成员参与政治活动。⑥

---

① 〔美〕塞缪尔·亨廷顿.变化社会中的政治秩序[M].王冠华等译.上海:上海人民出版社,2008:26.

② 吴忠民.渐进模式与有效发展——中国现代化研究[M].北京:东方出版社,1999:184.

③ 郑永廷.论现代社会的社会动员[J].中山大学学报(社会科学版),2000(2):21.

④ 唐明勇,孙晓辉.危难与应对:新中国视野下的危机事件与社会动员个案研究[M].北京:中共党史出版社,2010:39.

⑤ 中共四川省委党校课题组.西部大开发中社会动员与大众参与的现状分析[J].天府新论,2006(4):6.

⑥ 代海军,解永照.社会动员问题研究:以群防群治为视角[J].铁道警官高等专科学校学报,2010(2):18.

基于上述分析,本书尝试将社会动员作这样的界定,社会动员是指在一定的社会背景下,为了实现某种特定的目标,一定的社会主体,如政府、政党、社会组织或者社会个体等,通过一定的方式、方法或者手段对一定的社会客体,如社会资源、社会组织或社会个体等,发动、宣传和组织的一种社会活动。

二、集中连片特困地区

所谓集中连片特困地区,是指贫困发生率高,贫困发生面广,且呈现整体贫困特征的贫困地区。根据《中国农村扶贫开发纲要(2011—2020年)》的精神,按照"集中连片、突出重点、全国统筹、区划完整"的原则,国家共划分了六盘山区、秦巴山区、武陵山区、乌蒙山区、滇桂黔石漠化区、滇西边境山区、大兴安岭南麓山区、燕山—太行山区、吕梁山区、大别山区、罗霄山区、西藏自治区、四川省藏区、新疆南疆三地州等共14个集中连片特困地区。[1]

这14个集中连片特困地区2011年人均纯收入2676元,仅相当于全国平均水平的一半;在全国综合排名最低的600个县中,有521个县在这14个片区内,占比达到86.8%。[2]由此,这14个集中连片特困地区成为新时期我国扶贫攻坚的主战场。

其中,滇桂黔石漠化连片特困区涉及云南、广西、贵州三省(区)的15个地(市、州)、80个县(市、区),大部分地处云贵高原东南部及其与广西盆地过渡地带,属典型的高原山地构造地形,石漠化面积约6.79万平方千米,占三个省区总面积的18.1%,并且石漠化仍有进一步加剧的趋势。西南地区的石漠化已与西北地区的沙漠化、黄土高原的水土流失一起被称为中国的三大生态灾害。而缺水、缺土、缺林和贫困是石漠化环境的基本产物,"八难一多"(即吃饭难、饮水难、烧柴难、建房难、行路难、上学难、照明难、看病难、特困户多)已成为喀斯特石漠化山区的缩影和

---

[1]　中共中央,国务院.中国农村扶贫开发纲要(2011—2020年)(中发〔2011〕10号)[Z].

[2]　顾仲阳,范小建.集中连片特困地区成为主攻区[N].人民日报,2011-12-7(2).

村寨概貌。①

图 0-1　云南省文山州广南县石漠化状况（2019 年）

资料来源：根据 2019 年 1 月 23 日课题组在广南县调研资料整理

　　按照 2300 元的扶贫标准，2011 年滇桂黔石漠化连片特困区区域内贫困人口达 816 万，贫困发生率 31.5%，高出全国平均水平 18.8 个百分点。少数民族人口 2129.3 万人，占片区总人口的 62.12%。② 滇桂黔石漠化连片特困区集民族地区、革命老区、石漠化山区和边疆地区于一体，是全国 14 个集中连片特困地区中扶贫对象最多、少数民族人口最多、所辖贫困县数最多、民族自治县最多的集中连片特困地区。

---

①　杨子生等.中国西南喀斯特石漠化土地整理及其水土保持效益研究——以滇东南西畴县为例 [M].北京：中国科学技术出版社，2009：1.
②　滇桂黔石漠化片区区域发展与扶贫攻坚规划（2011—2020 年）（国开发办〔2012〕54 号）[Z].

表 0-1　滇桂黔石漠化连片特困区分县名单

滇桂黔石漠化区（80）	广西（29）	柳州市	融安县、融水苗族自治县、三江侗族自治县
		桂林市	龙胜各族自治县、资源县
		南宁市	隆安县、马山县、上林县
		百色市	田阳县、德保县、靖西县、那坡县、凌云县、乐业县、田林县、西林县、隆林各族自治县
		河池市	凤山县、东兰县、罗城仫佬族自治县、环江毛南族自治县、巴马瑶族自治县、都安瑶族自治县、大化瑶族自治县
		来宾市	忻城县
		崇左市	宁明县、龙州县、大新县、天等县
	贵州（40）	六盘水市	六枝特区、水城县
		安顺市	西秀区、平坝区、普定县、镇宁布依族苗族自治县、关岭布依族苗族自治县、紫云苗族布依族自治县
		黔西南州	兴仁县、普安县、晴隆县、贞丰县、望谟县、册亨县、安龙县
		黔东南州	黄平县、施秉县、三穗县、镇远县、岑巩县、天柱县、锦屏县、剑河县、台江县、黎平县、榕江县、从江县、雷山县、麻江县、丹寨县
		黔南州	荔波县、贵定县、独山县、平塘县、罗甸县、长顺县、龙里县、惠水县、三都水族自治县、瓮安县
	云南（11）	曲靖市	师宗县、罗平县
		红河州	屏边苗族自治县、泸西县
		文山州	砚山县、西畴县、麻栗坡县、马关县、丘北县、广南县、富宁县

资料来源：国务院扶贫办. 关于公布全国连片特困地区分县名单的说明 [Z].

　　滇桂黔石漠化连片特困区云南片区主要位于云南东部、东南部和南部,涉及曲靖市、文山州和红河州 1 市 2 州共计 11 个县(区)。

　　滇桂黔石漠化连片特困区广西片区主要位于广西西北部、北部,涉及 7 市 29 个县(区),该片区自然条件十分恶劣,交通、教育、卫生、文化、体育等公共设施建设滞后。

　　滇桂黔石漠化连片特困区贵州片区主要位于贵州省南部、西南部和东南部,共 40 个县(市、区),总面积 8.67 万平方千米,占整个滇桂黔石漠化片区面积的 38%,占整个贵州省国土面积 17.62 万平方千米的

49%,是贵州省三个集中连片特困地区中最大的片区。

在实施发展规划的过程中,根据《中国农村扶贫开发纲要(2011—2020年)》的要求,依据《中共中央、国务院关于深入实施西部大开发战略的若干意见》《关于下发集中连片特殊困难地区分县名单的通知》等相关重要文件精神,结合滇桂黔石漠化集中连片特困区实际,《滇桂黔石漠化片区区域发展与扶贫攻坚规划(2011—2020年)》规划区域范围包括云南、广西、贵州三省区的集中连片特殊困难地区县(市、区)80个,其他县(市、区)11个,共91个,面积22.8万平方千米,贫困人口1163.1万,占片区总人口的43%。区域内有民族自治地方县(市、区)83个、老区县(市、区)34个、边境县8个。

本书以滇桂黔石漠化连片特困区精准扶贫社会动员机制为研究对象,展开相关研究,希望能够达到以点带面的目的。

第四节　研究思路、研究方法与基本框架

一、研究思路

(一)样本来源

研究样本主要通过走访调研、问卷调查,以及涉及滇桂黔石漠化连片特困区精准扶贫社会动员的相关文献资料搜集获得。为更好地为研究主题服务,本课题组根据三个维度对所有研究样本进行二次筛选,即需同时满足如下三项限定条件:一是来源限定,样本应源自滇桂黔石漠化连片特困区这一特定区域;二是主题限定,即与滇桂黔石漠化连片特困区精准扶贫社会动员相关;三是修辞表达具有"硬核"性质,如权威性、时效性等特点。以此标准,剔除不符合研究目的的常规化、理性化研究样本,以及内容类似或相差无几的研究样本,最终选取103份精准扶贫社会动员调研问卷研究样本。

(二)基本思路

本书拟以滇桂黔石漠化连片特困区为研究地域,通过深入实地调

查,搜集关于滇桂黔石漠化连片特困区精准扶贫、社会动员研究样本和文献资料,运用贫困治理理论、社会动员理论,深入分析精准扶贫和社会动员之间的内在关联性;通过调查研究,揭示滇桂黔石漠化连片特困区精准扶贫社会动员机制的运行状况、制约因素、存在的问题;在考察现状和存在问题的基础上,进一步为滇桂黔石漠化连片特困区乃至全国其他集中连片特困地区精准扶贫社会动员提出相关政策建议。具体研究思路和技术路线如图0-2。

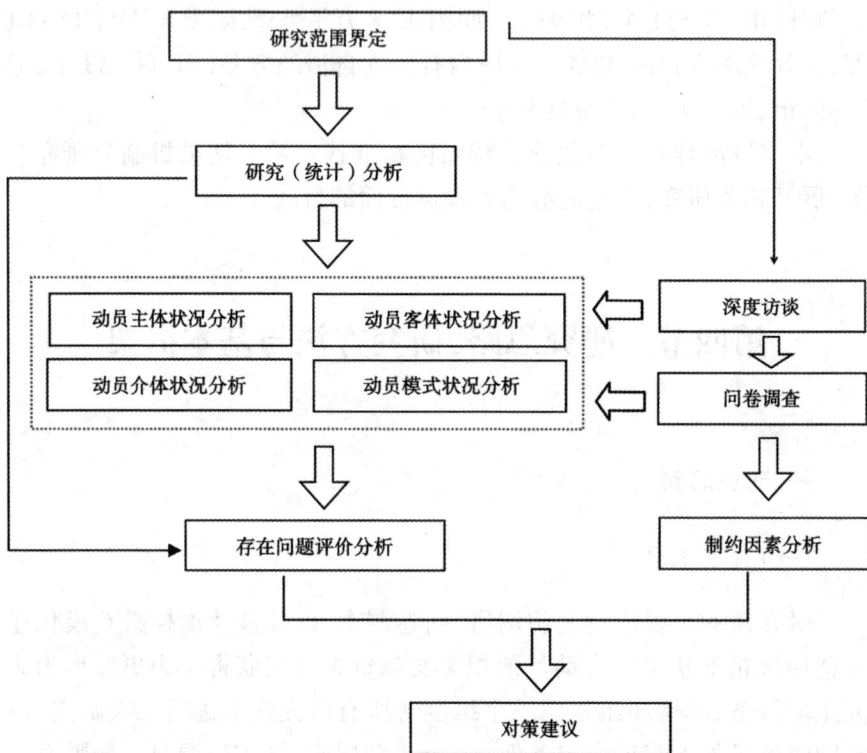

图 0-2 研究技术路线图

二、研究方法

第一,调查研究法。拟选取滇桂黔石漠化连片特困区中贵州省黔西南布依族苗族自治州、黔东南苗族侗族自治州、云南省文山壮族苗族自治州、广西壮族自治区河池市等典型地州作为个案,展开实地调查,或通过问卷调查,或进行访谈,以获取关于滇桂黔石漠化连片特困区精准扶贫社会动员更加接近真实的资料。在掌握调研数据的基础上,主要运用定量分析法,辅以定性分析法对调研数据进行分析,通过对调研数据结果的分析和对比,从中发现精准扶贫社会动员存在的问题,进而提出解决问题的对策,力求使研究做到客观、深入。

第二,文献研究法。利用贵州省图书馆、广西壮族自治区图书馆、云南省图书馆等搜集关于精准扶贫、社会动员的文献资料。在充分掌握相关国内外文献资料后,运用贫困治理理论、社会动员理论,展开对滇桂黔石漠化连片特困区精准扶贫社会动员机制研究。

第三,定量定性分析法。根据调研问卷数据以及相关文献数据资料,综合运用定量分析法、定性分析法分析滇桂黔石漠化连片特困区精准扶贫与社会动员之间的内在关联性以及存在的问题,以探寻滇桂黔石漠化连片特困区精准扶贫社会动员的对策和出路。

三、基本框架

本书包括导论在内共分七个部分:

导论部分主要包含选题依据、研究意义、研究现状述评、相关概念界定、研究思路、研究方法、基本框架等内容,旨在明确本书研究的整体概况。

第一章滇桂黔石漠化连片特困区开展精准扶贫社会动员的背景及理论基础,主要介绍滇桂黔石漠化连片特困区开展精准扶贫社会动员的国际背景和国内背景,以及所依据的贫困治理理论和社会动员理论。

第二章改革开放以来滇桂黔石漠化连片特困区扶贫开发社会动员的演进,将改革开放以来滇桂黔石漠化连片特困区扶贫开发社会动员的发展历史进程概括为土地经营权制度改革社会动员阶段、开发式扶贫社会动员阶段以及精准扶贫社会动员阶段,进行适当梳理,以便把握滇桂黔石漠化连片特困区扶贫开发社会动员的来龙去脉。

第三章滇桂黔石漠化连片特困区精准扶贫社会动员机制状况透视,通过相关调查材料以及文献资料,真实反映出滇桂黔石漠化连片特困区精准扶贫社会动员机制中社会动员主体、社会动员客体、社会动员介体、社会动员模式的基本状况,这些都是本部分需要重点研究的问题。

第四章滇桂黔石漠化连片特困区精准扶贫社会动员机制评价。通过上述对滇桂黔石漠化连片特困区精准扶贫社会动员机制状况的透视分析,分析评价精准扶贫的正面效应,并找出精准扶贫社会动员机制中动员主体、动员客体、动员介体、动员模式等还存在的问题,以便"对症下药",更好地解决问题。

第五章进一步完善滇桂黔石漠化连片特困区精准扶贫社会动员机制的对策建议。通过对滇桂黔石漠化连片特困区精准扶贫社会动员的现状及存在问题的分析,积极探索相关对策和措施。

第六章研究结论与展望。对研究进行结论性总结,对研究中存在的不足进行概括分析,并对研究未来发展趋势进行展望。

第一章

滇桂黔石漠化连片特困区开展
精准扶贫社会动员的背景及理论基础

滇桂黔石漠化连片特困区开展精准扶贫社会动员是由特殊的情况所决定的,有着深刻的时代背景和现实根据。滇桂黔石漠化连片特困区开展精准扶贫社会动员也有着其相应的理论基础,指导其发展。在此,本章将从国际背景和国内背景两个方面深入地考察滇桂黔石漠化连片特困区开展精准扶贫社会动员。

第一节　开展精准扶贫社会动员的背景

滇桂黔石漠化连片特困区开展精准扶贫社会动员,有着深刻的时代背景和现实根据。反贫困世界性难题,国内扶贫开发、全面建成小康社会、实现社会主义现代化等重大历史任务决定了开展精准扶贫社会动员的必要性。

一、反贫困世界性难题决定了开展精准扶贫社会动员的必要性

自从人类诞生以来，消除贫困一直是困扰着人类的世界性难题，时时考验着人类的智慧和能力。"二战"以来，特别是"冷战"结束以来，"和平与发展"成为当今时代的主题。在此背景下，人类依然面临着解决温饱这样最基本的生存问题，反贫困依然任重而道远。由此，反贫困世界性难题的存在决定了开展精准扶贫社会动员的必要性。

（一）发展依然是当今时代主题

谋求社会的发展与繁荣是人类永恒的课题。一直以来，人类对于如何实现更好发展的探索从未停止过，从茹毛饮血原始狩猎到农耕种植，到近代走机械化、电气化道路，再到现代实现信息化，以及当今时代人们进一步走科学发展之路的探索。可见，随着社会的发展，人类对解决发展问题的探索一直在持续深入。

对于广大发展中国家来说，谋求发展是其核心问题。就全球范围而言，关于发展问题，当务之急还是发展中国家的发展问题。毕竟，在现实国际社会中，相对比较落后的还是广大发展中国家。而在当今世界大家庭190多个国家中，大多数是发展中国家。非洲、南美洲和亚洲绝大多数国家都是发展中国家（除日本、韩国、新加坡、以色列外）。当前，发展中国家的经济发展问题不仅没有因两极格局的终结而得到解决，反而因各种矛盾、各种利益冲突等因素变得更加突出。在经济结构、发展水平、人均寿命以及文化教育等方面，发展中国家同发达国家之间的差距不仅没有缩小，反而越拉越大；不公正、不合理的国际经济旧秩序还在损害着发展中国家的利益；冲突、战乱、饥荒、债务、贸易环境恶化、生态环境问题等仍在困扰着发展中国家。

发展问题不仅仅是发展中国家需要解决的问题，同时也是世界各国需要解决的问题。换而言之，发展问题是人类面临的共同问题。这是因为事物是相互联系的。发展中国家与发达国家共同生存在同一个"地球村"，相互联系，相互影响。一方面，如果发展中国家不能得到发展，必然会影响发达国家发展需要的环境，最终影响到发达国家的发展；另一方面，如果发达国家的发展遇到障碍，也必然会影响发展中国家发展需要的条件，最终制约发展中国家的发展。从宏观整体上来看，这必然会影响全球经济社会的发展。而且，不论是发展中国家，还是发达国家，

都面临着生态环境破坏、人口失控、气候危机、恐怖主义、金融危机等全球性问题,严重影响着世界各国的进步与发展。由此,国际社会逐渐形成这样的共识:合作共赢才有出路,实现共同发展才是人间正道。否则,对于任何一个国家(不论是发达国家,还是发展中国家),都难以在复杂的国际环境中独善其身,都难以获得可持续、健康、良性、快速的发展。

发展问题不仅仅是经济问题,在某种程度上也是政治问题。众所周知,贫困与落后是造成社会不稳定的重要因素。绝大多数发展中国家出现动荡不安、冲突不断的局势,一定程度上都与发展问题密切关联。从根本上说,就是发展问题没有解决好。例如,导致苏联解体的原因有很多,究其根本,其经济发展长期停滞和人民群众生活条件不断恶化才是引起人们思想混乱、内外敌对势力相互勾结直至最后发生剧变的重要原因。甚至后来西方国家在独联体国家和中亚地区搞的一系列"颜色革命"都与经济社会发展没搞好有着密切的关系。在经济发展方面,这些国家和地区经济秩序混乱,贫富差距拉大、失业严重、贫困人口众多,于是失业和贫困者成为"街头政治"的积极参与者,成为"颜色革命"的导火索。可见,没有经济社会发展,就不可能有社会稳定与世界安宁。由此可见,社会稳定、和平安宁、繁荣发展依然是世界人民的愿望和期盼。

(二)世界反贫困发展到新阶段

在和平与发展成为当今时代主题的大背景下,人类依然面临着反贫困的世界性难题。随着时代的发展与社会的进步,特别是在世界各国人民的共同努力下,世界反贫困也发展到新的阶段。

从世界贫困发生率来看,随着反贫困事业的不断推进,世界贫困发生率逐渐下降。发展中国家整体已经在 2015 年最后期限之前五年完成了"千年发展目标"中将极端贫困人口减少一半的目标。1990 年至2011 年间,极端贫困人口从 19 亿减少至 10 亿。与 1990 年相比,极端贫困人口在全球除了撒哈拉以南地区外都在下降。相关数据显示,每日生活费低于 1.25 美元的人口比例从 1990 年的 43.6% 下降到 2011 年的17.0%,2015 年下降至 13.4%。① 不难看出,通过世界各国人民,特别是广大发展中国家人民的不懈努力,世界反贫困事业取得了巨大成就,谱

---

① 世界银行.2015 年世界发展指标[M].姜睿等译.北京:中国财政经济出版社,2015:4.

写了人类反贫困史的辉煌篇章。

尽管世界反贫困事业整体取得了令人瞩目的成就,但是从各个地区之间具体状况来看,减少贫困的进度和程度很不平衡。相比较而言,东亚和亚太地区在缓解长期贫困方面成绩惊人,其每日生活费低于1.25美元的人口比例从1990年的58.2%下降到2011年的7.9%。欧洲、中亚、拉丁美洲及加勒比地区以及中东和北非等较为富裕地区极端贫困率较低,而且自20世纪90年代中期后,贫困人口不断下降,已经在2010年实现了目标。南非在过去25年中贫困率也在稳步下降。非洲撒哈拉以南地区的极端贫困率直到2002年才开始有所下降,但是到2015年仍难以实现发展目标。该地区由于人口增长数量超过了贫困降低率,因此极端贫困人口反而从1990年的2.9亿上升至2011年的4.15亿。[①]由此可见,全球要完成减贫脱贫目标,任务依然相当艰巨。

从世界反贫困的标准来看,发达国家与发展中国家设定的贫困线标准是不一样的,这种状况从表1-1中可以明显看出。比如,2011年,中国设定的贫困线是2300元(人民币),即人均年纯收入低于2300元(人民币)被认定为贫困;反观美国,2011年,美国设定的贫困线是以4人之家为单位,年纯收入低于22380美元被认定为贫困。

通过比较不难看出,发达国家的贫困线标准普遍较高,而发展中国家贫困线标准普遍较低。这充分表明,国家之间同样存在着相对贫困的问题。由此可见,反贫困不仅涉及解决绝对贫困的问题,而且还需要进一步解决相对贫困的问题。毕竟,过上美好、幸福的生活是世界各国人民的共同愿望,而实现共同发展则是人们普遍的价值追求。

表1-1　部分国家/地区贫困线标准

国家/地区	贫困标准
中国	2300元/人/年(2011年)
美国	22380美元/4人家庭/年(2011年)
英国	家庭可支配所得中位数的60%
欧盟	收入中位数的50%或60%
爱尔兰	收入中位数的60%
中国台湾	收入中位数的50%或60%

① 世界银行.2015年世界发展指标[M].姜睿等译.北京:中国财政经济出版社,2015:4.

续表

国家 / 地区	贫困标准
新加坡	收入最低的 20% 住户
日本	2.2 万美元 /4 人家庭 / 年
香港	1.03 万港元 / 家庭 / 月

资料来源：王雅楠 . 香港：家庭月收入低于 1.03 万港元为贫困者 [N]. 南方都市报,2012-9-28.

（三）中国为世界反贫困贡献中国智慧

一直以来,世界各国都在积极开展反贫困工作,特别是广大贫困落后的发展中国家,更是将反贫困作为国家发展战略中的重中之重。而作为最大的发展中国家,中国为世界反贫困事业做出了应有的贡献,为世界反贫困事业提出了中国方案,贡献了中国智慧。

改革开放 40 多年来,在中国共产党的坚强领导下,经过中国人民的不懈努力,特别是党的十八大以来脱贫攻坚的精准聚焦和持续发力,中国实现了人类有史以来速度最快和规模最大的减贫,人类历史上从未解决的绝对贫困问题在中国得到历史性解决。中国实现了 7 亿多贫困人口成功脱贫,成为世界上减贫人口最多的国家,对全球减贫贡献超70%,[1] 同时也是世界上率先完成联合国千年发展目标的国家。

2012 年以来,"我国贫困人口从 2012 年年底的 9899 万人减到2019 年年底的 551 万人,贫困发生率由 10.2% 降至 0.6%,每年减贫1000 万人以上"[2]。在产业扶贫、易地扶贫搬迁、健康扶贫等方面,下了相当大功夫,取得了显著成效。截至 2020 年 10 月,在全国 832 个贫困县范围内,实施的产业扶贫项目累计超过 100 万个。2016 年至 2020 年间,通过易地扶贫搬迁特殊方式使 960 多万贫困人口摆脱贫困。在 832个贫困县中,至少保障每个县建立 1 家公立医院,每个乡镇至少建立 1所卫生院,每个行政村至少建立一个卫生室,以保障贫困人口的医疗健康。[3] 这充分展现了中国脱贫攻坚的高效率以及精准扶贫方略的正确

---

[1] 顾仲阳,常钦 . 脱贫攻坚 书写伟大传奇 [N]. 人民日报,2019-10-16（1）.
[2] 李慧 . 奋力夺取脱贫攻坚战全面胜利——写在第七个国家扶贫日到来之际 [N]. 光明日报,2020-10-17（1）.
[3] 李慧 . 奋力夺取脱贫攻坚战全面胜利——写在第七个国家扶贫日到来之际 [N]. 光明日报,2020-10-17（1）.

性。与此同时,这也充分反映了党和政府具有强大的动员能力。

2017年,党的十九大提出了打赢脱贫攻坚战,确保到2020年中国现行标准下(即2015年人均纯收入2800元人民币)贫困人口实现全部脱贫,贫困县全部摘帽。这彰显了中国共产党领导中国人民打赢脱贫攻坚战的意志和决心以及我国社会主义制度集中力量办大事的政治制度优势。

从国际视角看,中国不仅为全球减贫事业做出了重大贡献,更为其他发展中国家减贫提供了有益借鉴,坚定了全世界消除贫困的信心。

二、国内重大历史任务决定了开展精准扶贫社会动员的紧迫性

从国内背景来看,中国人民面临着扶贫开发、全面建成小康社会、实现社会主义现代化和中华民族伟大复兴等艰巨的历史任务。而且,这些历史任务既紧密联系,又相互影响。如果有一方面搞不好,就会出现"一着不慎,满盘皆输"的局面。

(一)扶贫开发需要开展精准扶贫社会动员

改革开放以来,党和国家实施大规模扶贫开发,使7亿多贫困人口摆脱贫困,取得了举世瞩目的扶贫成就。但是,我们还应该清醒地认识到,我国西部一些省份贫困人口数量还很庞大,贫困程度依然深重,减贫难度还很高。扶贫开发已进入巩固温饱成果、加快脱贫致富、改善生态环境、提高发展能力、缩小发展差距的新阶段。而且,我国扶贫对象规模依然很大,特别是集中连片特殊困难地区的扶贫工作任务十分艰巨。从2011年开始,按照国家制定的贫困线标准(2011年贫困线标准为2300元),实现到2020年让7000多万贫困人口摆脱贫困的既定目标,显得任重道远。"消除贫困、改善民生、实现共同富裕,是社会主义的本质要求,是我们党的重要使命。""如果贫困地区长期贫困,面貌长期得不到改变,群众生活长期得不到明显提高,那就没有体现我国社会主义制度的优越性"。"我国脱贫攻坚形势依然严峻","脱贫攻坚贵在精准,重在精准,成败之举在于精准"。①

---

① 中共中央宣传部.习近平总书记系列重要讲话读本[M].北京:学习出版社,人民出版社,2016:219,220.

根据 2011 年发布的《中国农村扶贫开发纲要（2011—2020 年）》，未来 10 年，14 个集中连片特困地区将是扶贫开发的主战场。其中，滇桂黔石漠化连片特困区涉及云南、广西、贵州三省（区）的 15 个地（市、州）、91 个县（区、市），是全国 14 个片区中扶贫对象最多、少数民族人口最多、所辖县数最多、民族自治县最多的集中连片特殊困难片区。

从经济社会发展方面来看，2010 年末，滇桂黔石漠化连片特困区片区总人口 3427.2 万人，其中乡村人口 2928.8 万人，少数民族人口 2129.3 万人，涉及壮、苗、布依、瑶、侗等 14 个世居少数民族。人均地区生产总值为 9708 元，是 2001 年的 4.3 倍；城镇居民人均可支配收入和农村居民人均纯收入为 13252 元和 3481 元，均比 2001 年增加 2.7 倍。一、二、三产业结构由 2001 年的 36∶30∶34 调整为 2010 年的 21∶43∶36。并且，社会事业发展滞后，自我发展能力不足。2010 年，人均教育、卫生、社会保障和就业三项支出仅为 1098 元。医疗健康保障不够充分，例如，没有建立卫生室的行政村还占 9.7%，行政村卫生室不合格医生还占 13.5%，不能接收电视节目的自然村还占 14%。义务教育质量不能得到很好的保障，职业技能教育水平低。九年义务教育巩固率低于全国平均水平 9.8 个百分点。科学技术对经济社会发展的支撑作用发挥得不够，一定程度上导致农户生产效率低下。

从贫困状况来看，滇桂黔石漠化连片特困区石漠化问题严重，贫困覆盖面广、贫困程度深。在滇桂黔石漠化连片特困区，国家扶贫开发工作重点县竟然高达 67 个。按照当时 1274 元贫困线标准，2010 年滇桂黔石漠化连片特困区贫困人口竟然达到 324.4 万人，贫困发生率竟然高达 11.10%，比西部地区贫困平均水平还高 5%。大多数贫困人口经济收入来源单一，如只是依靠几分山间田地维持生计，住房简陋，甚至还有相当多的贫困家庭住在茅草屋里。除此之外，滇桂黔石漠化连片特困区是全国石漠化最严重的地区，其中有 80 个县深受石漠化之苦。

从资源开发利用状况来看，滇桂黔石漠化连片特困区片区资源开发利用水平普遍偏低，经济薄弱。例如，对相关资源就地转化程度不高，对相关产品精深加工不够。特别是在缺乏大型企业、大型基地和相关产业集群的带动下，一些当地丰富的资源难以转化为相应的产业优势，因而难以形成支柱产业带动当地经济发展。2010 年，滇桂黔石漠化连片特困区人均地区生产总值仅相当于全国平均水平的 32.7%。

从基础设施状况来看，滇桂黔石漠化连片特困区片区基础设施落后,其中,水利和交通瓶颈制约特别突出。在水利建设方面,大型水利工程建设严重不足,小型水利工程严重缺乏,基本农田有效水利灌溉面积占比仅为27.8%。截至2010年底,有1111.2万农村饮水不安全人口,比例高达37.9%。交通设施较差,不通沥青(水泥)路的乡(镇)还占4.9%,不通公路的行政村还占17.4%。交通主干网络不完善,榕江至三江、罗甸至乐业、富宁至那坡等省际交通瓶颈突出,县际公路连通性差。①

不难看出,集中连片特困地区,特别是诸如滇桂黔石漠化连片特困区这样最为贫困落后地区的贫困落后状况,极大地制约了我国扶贫开发的进程。

(二)全面建成小康社会需要开展精准扶贫社会动员

小康社会是我国古代思想家曾经描绘得十分诱人的社会理想,成为仅次于"大同"社会的一种理想社会状态并影响深远,成为中国人民孜孜以求的美好追求。我们提出要建成的所谓全面的小康社会,不仅仅是解决温饱问题,而且从政治、经济、文化、社会、生态环境等各方面都有更大的提升和发展,达到经济更加发展、民主更加健全、科教更加进步、文化更加繁荣、社会更加和谐、人民生活更加殷实、生态环境更加宜居。中国共产党明确地提出,到2020年全面建成小康社会的奋斗目标。这是我们党向人民、向历史做出的庄严承诺,也是实现中华民族伟大复兴的关键一步。

理想是美好的,然而实现理想的道路却是曲折的、艰辛的。"看似寻常最奇崛,成如容易却艰辛"。全面建成小康社会,必将遇到诸多困难和考验。其中,集中连片特困地区的贫困落后成为全面建成小康社会的最大障碍。也就是说,到2020年中国要实现全面建成小康社会的奋斗目标,重点在中西部地区,难点在集中连片特困地区。由此,为了实现全面建成小康社会的奋斗目标,国家决定将14个集中连片特困地区作为扶贫攻坚主战场。

从区域分布来看,这14个集中连片特困地区绝大部分分布在山地、丘陵和高原地区。于是,这给生活在这里的民众带来极大的生存考验。

---

① 滇桂黔石漠化片区区域发展与扶贫攻坚规划(2011—2020年)(国开发办〔2012〕54号)[Z].

一是生活环境恶劣。这里的民众时常面临着难以想象的恶劣生活环境的考验,如时常面临暴雪、地震、洪水、冻灾、泥石流等威胁。二是生产条件艰难。在缺乏大型耕作机械的协助下,这里的民众大多数或者只能依靠"手工"劳作,或者只能借助畜力驮运或耕种。这种状况直接导致这些集中连片特困地区农林业、畜牧业等生产效益相当低下。除了自然条件方面的制约因素外,历史、文化、思想观念也是造成集中连片特困地区贫困的一个重要原因。例如,有的地方发展起步较晚,基础较差,因一些特殊因素的制约造成了贫困。还有一些少数民族聚集区主要依靠的脱贫方式是外出务工,但因为在一些少数民族区域,人们普通话讲得不好,外出后与人交流困难,导致通过这种方式实现脱贫变得相当困难。

从人口规模来看,14 个集中连片特困地区人口数量超过 2 亿。从收入状况来看,2011 年 14 个集中连片特困地区人均纯收入 2676 元,仅相当于全国平均收入水平的 50%。从全国收入排名状况来看,在全国综合收入排名最低的 600 个县中,有 521 个在 14 个集中连片特困地区片区内,占比超过五分之四。[①] 显然,集中连片特困地区实现脱贫致富成为全面建成小康社会的一大难题和考验。无疑,这严重影响到我国全面建成小康社会的进程。

实现共同富裕、与全国同步全面建成小康社会,是集中连片特困地区各族人民对美好生活的期待和向往,也是党和政府责无旁贷的历史使命。然而,对于集中连片特困地区来说,因其扶贫开发难度异常艰巨,要想摆脱贫困,与全国同步小康社会,走向共同富裕,并不是一件轻而易举的事情。与此同时,外部介入的常规扶贫手段已难以发挥既往那样的显著效能,再按照过去扶贫的做法使得集中连片特困地区扶贫开发变得已难以为继。因此,这就需要借助超常规的扶贫手段,多方协同,动员社会各方力量,对集中连片特困地区开展扶贫攻坚工程,进而帮助集中连片特困地区贫困群众摆脱贫困。

---

① 顾仲阳,范小建.集中连片特困地区成为主攻区 [N].人民日报,2011-12-7（2）.

（三）实现社会主义现代化需要开展精准扶贫社会动员

1. 中国追求现代化进程

实现现代化是近代以来中国人民不懈的追求。回顾近代历史不难看出，正当现代化运动席卷西欧、北美的时候，拥有众多人口和辽阔疆土的中国却紧闭国门，沉睡在天朝上国的梦幻之中。鸦片战争之后，中国国门被列强的坚船利炮强行打开，"师夷之长技以制夷"的洋务运动可视为中国社会对现代化浪潮的最初反应。1912 年辛亥革命和南京临时政府的成立，似乎昭示着中国现代化新征程的来临。但历史却让中国人民历尽磨难，饱受军阀割据、连绵内战和外敌入侵之苦，遭受现代化运动中断之殇。

1921 年，随着中国共产党成立，中国现代化运动翻开了最有生命力的一页。1945 年，在抗日战争即将取得胜利的前夜，毛泽东曾在党的七大上明确提出了"中国工人阶级的任务，不但是为着建立新民主主义的国家而斗争，而且是为着中国的工业化和农业近代化而斗争"① 的光荣任务。而在 1949 年全国即将解放前夕的七届二中全会上，毛泽东代表全党进一步提出了新中国建国后要实现由落后的农业国变成先进的工业国的奋斗目标。②

1949 年，随着新中国的成立，继而开启了中国社会主义现代化的新征程。1954 年，在第一届全国人民代表大会上，周恩来总理首次提出了新中国要实现包括现代化工业、现代化农业、现代化交通运输业和现代化国防在内的四个现代化的奋斗目标。1964 年，在第三届全国人民代表大会第一次会议上，周恩来总理根据毛泽东同志的建议在政府工作报告中首次提出"在不太长的历史时期内，把我国建设成为一个具有现代农业、现代工业、现代国防和现代科学技术的社会主义强国"③ 的发展战略，表达了中国共产党人对领导人民实现现代化的使命担当与不懈追求。从此，"实现四个现代化"成为鼓舞中国人民团结奋斗的目标追求和精神动力。一直到现在，中国人民依然奔走在追求实现社会主义现代化的大道上。

① 毛泽东选集（第三卷）[M].北京：人民出版社，1991：1081.
② 毛泽东选集（第四卷）[M].北京：人民出版社，1991：1433.
③ 中共中央文献研究室.建国以来重要文献选编（第十九册）[M].北京：中央文献出版社，1998：483.

2017 年,党的十九大进一步提出新的"两步走"发展战略,即到 2035 年,基本实现社会主义现代化;到 2050 年,把我国建成富强民主文明和谐美丽的社会主义现代化强国。新时代"两步走"发展战略,向全党全国人民展现了在本世纪中叶建成社会主义现代化强国,实现中华民族伟大复兴中国梦的光明前景。

"艰难困苦,玉汝于成。"经过百年接续奋斗,中国人民在中国共产党的坚强领导下终于探索出了实现社会主义现代化的正确道路。由此,中国人民在实现社会主义现代化的大道上更加有理由以坚韧不拔、锲而不舍的意志阔步向前,奋力谱写社会主义现代化的壮丽篇章。

2. 实现社会主义现代化受到集中连片特困区严重制约

实现社会主义现代化必将是全面的现代化,涉及整体与部分的关系。整体由部分构成,离开部分的整体不复存在;部分又是整体的部分,离开整体的部分也不可能成为部分。就中国实现社会主义现代化而言,如果一个个地区没有发展好,或者有一些地区没有发展好,都将影响到社会主义现代化整体的发展状况。

按照当时国家贫困线标准(2011 年贫困线标准为 2300 元),2011 年,中国贫困人口共有 7017 万人。从区域分布来看,这些贫困人口主要分布在 14 个集中连片特困地区。其中,滇桂黔石漠化片区涉及云南、广西、贵州三省(区)的 15 个地(市、州)、91 个县(区、市),农村贫困人口达到 816 万,集老、少、边、穷于一体,贫困问题与石漠化问题交织叠加,生态环境十分脆弱,是全国 14 个片区中扶贫对象最多、少数民族人口最多、所辖贫困县数最多、民族自治县最多的贫困片区,成为新一轮扶贫攻坚的"硬骨头"。

由此可见,如果任由集中连片特困地区,特别是像滇桂黔石漠化连片特困区这样最为贫困落后地区的贫困状况持续下去,必将拖全国实现社会主义现代化的后腿,严重影响到中国社会主义现代化的进程。所以,针对集中连片特困区,特别是像滇桂黔石漠化连片特困区这样最为贫困落后的地区,大力开展精准扶贫社会动员显得尤其迫切。

第二节　开展精准扶贫社会动员的理论基础

　　滇桂黔石漠化连片特困区精准扶贫社会动员是一项极具特殊性的社会治理实践活动,自然有其独特的相应的理论基础作为支撑。滇桂黔石漠化连片特困区精准扶贫社会动员涉及社会学、政治学、民族学等相关理论。具体而言,滇桂黔石漠化连片特困区精准扶贫社会动员主要以社会动员理论和贫困治理理论作为其理论基础和理论依据。

一、社会动员理论

　　社会动员理论始于 20 世纪 60 年代,最早由美国政治学家多伊奇(Karl W. Deutsch)开创性地提出,后来逐渐得以发展。社会动员有三大理论视角,分别为资源动员理论、共意动员理论和框架动员理论。资源动员理论侧重分析资源的组织与应用对动员的影响,共意动员理论认为共意的达成是社会动员有效的基础,框架动员理论认为关系结构的改善是社会动员成功的关键。

(一)资源动员理论

　　资源动员理论(resource mobilization theory)兴起于 20 世纪 70 年代,主要是对 20 世纪 60 年代在美国涌现的大量社会运动(如公民权运动、黑人运动、新左派运动、反越战运动、女权运动、环境运动等)的反思和总结。在社会运动理论发展史上,最初的社会运动理论认为剥夺感和不满等非理性因素是集体行动产生和发展的动因。但是在研究 1960 年代美国社会运动时,麦卡锡和扎尔德却得出了新的结论:社会运动在 1960 年代的美国的增多,并不是社会矛盾加大或者社会上人们所具有的相对剥夺感或怨恨感增加,而是社会上可供社会运动发起者和参与者利用的资源大大增加了,社会运动是人们对资源动员理性选择的结果。① 麦卡锡和扎尔德在 20 世纪 70 年代发表的两篇论文(《社会运动在美国的发展趋势：专业化与资源动员》和《资源动员和社会运动：一个局部理论》)奠定了资源动员理论的基础。

在资源动员理论的发展过程中,形成了两个主要的研究方向:一是分析社会运动组织(social movements organization)的形态。资源动员理论关于"资源"的理解非常宽泛,它既包括有形的金钱、资本和设施,也包括无形的领袖气质、组织技巧、合法性支持等。科塞认为:"社会运动能够动员以下资源:时间、人数、资金、有政治影响的第三派势力、意识形态、领导人和沟通系统等。"② 资源动员理论认为,资源的组织化程度是决定一项运动成败的关键,组织化程度越高,成功的可能性越大。因此,一部分资源动员理论家倾力研究社会运动组织的运作过程和机制,比如成员资格的确定、领袖的产生、行动的策略等。二是社会运动的动员背景(mobilization context)。一些学者认为,社会运动的成功确实得益于社会运动组织对资源的动员,但同时也取决于社会运动组织所嵌入的社会背景。这一背景可分为两个方面:一是社会运动组织所在的政治体制的开放性或压制性,即"政治机会结构"(political opportunity structure);二是"社会运动产业"(social movement industry)的内部关系以及"社会运动部门"(social movement sector)与其他社会部门之间的关系。③

(二)共意动员理论

美国社会学家贝尔特·克兰德尔曼斯(Bert Klandermans)提出"共意动员"(consensus mobilization)概念,认为"共意动员"是指一个社会行动者有意识地在一个总体人群的某个亚群中创造共意的努力。为了深入考察"共意动员"这一概念,克兰德尔曼斯分辨出了两个层面:即在一个社会形成其动员潜力的情境中的共意动员,和行动动员情境中的共意动员。前者指的是要产生出一群容易接受社会运动理念并参加

---

① McCarthy John D., Mayer N Zald. Resource Mobilization and Social Movements: A PartialTheory [J]. *American Journal of Sociology*, 1977, 82 (6): 1212, 1241.

② 〔美〕科塞.社会学导论[M].杨心恒等译.天津:南开大学出版社,1990: 587.

③ 冯仕政.西方社会运动研究:现状与范式[J].国外社会科学,2003(5): 69.

社会运动的个体——因而意味着社会运动组织赢得了态度上的和意识形态上的支持；后者指的则是要激活集体行动的参加者——因此指的是具体的行动目标和行动方法的合法化。① 换言之，共意动员是一种价值传播与认同构建的过程，其核心在于价值理念的共意。

共意动员理论认为，文化符号的传播是共意产生的主要渠道和途径。如报刊、电视、电脑、手机等网络平台以及日常的宣传标语等媒介符号在共意动员的形成过程中发挥重要作用。共意动员中的主流话语导向往往隐含着容易获得大众认同的"象征性"与"价值观"，这样容易在大众中广泛地建构认知，即形成共意。这种共意可以是对该议题的态度、意见，也可以是一种行动框架，为后续的实际的动员行动明确方向。② 而大众媒体"晓之以理"，共同营造舆论氛围，获得社会广泛关注的同时，形成多种媒介协同互动的局面，将共意最大化。③

共意动员的形成发展依赖于具体的情境，在既定情境的前提下动员主体需要重新构建新的情境；共意的提升则与集体行动中集体力量的强弱、影响的持久性有关。④ 共有的理想信念、价值理念与规范制度是共识形成的核心内容与集中体现，共识的达成取决于人们对这些内容支持的意愿。⑤ 只有基于共同的价值理念，才能更好地形成共意动员。

（三）框架动员理论

"框架"（frame）的概念最早是由美国社会学家戈夫曼（Erving Goffman）在其著作《框架分析》中提出来的，认为"框架"是指人们用来认识和解释社会生活经验的一种认知结构。⑥ 换而言之，框架分析中所谓框架（frame）这一概念，指的就是一种能帮助人们认知、理解和标

① 〔美〕艾尔东·莫里斯，卡洛尔·麦克拉吉·缪勒.社会运动理论的前沿领域[M].刘能译.北京：北京大学出版社，2002：93，94.
② 朱明明.社交媒体对大学生共意动员的效果研究[D].大连：大连理工大学，2018：16.
③ 龚莉.微公益传播中的共意动员策略及成效[D].重庆：重庆大学，2019：31.
④ 〔美〕艾尔东·莫里斯，卡洛尔·麦克拉吉·缪勒.社会运动理论的前沿领域[M].刘能译.北京：北京大学出版社，2002：115.
⑤ 〔英〕戴维·米勒，〔英〕韦农·波格丹诺.布莱克维尔政治学百科全书[K].邓正来译.中国政法大学出版社，2002：11.
⑥ Erving Goffman. *Frame Analysis*: *An Essay on the Organization of Experience*[M].Boston: Northeastern University Press, 1986: 22.

记周围所发生事物的解读范式,是把若干具有相近的意识形态、价值或目标的组织通过运动目标和策略的改造联合起来的过程,也可以是指一个通过运动目标和策略的转换从而把社会运动组织的意识形态、目标和价值与动员对象的利益及怨恨联系起来的过程。[①] 而人们总是运用框架来把握外部世界,通过框架搭桥、框架扩大、框架延伸、框架转换和框架借用的方法能够形成某种主框架,从而达到统一思想主题的目的。

自戈夫曼提出"框架"理论以来,框架分析研究主要涵盖两大领域,一是新闻框架研究,二是社会运动框架研究。在框架理论看来,社会行动者的话语实践和社会互动是互相联系的整体。标语作为基层治理的一种话语实践,通过书写和传播来实现有目的的社会动员,它所借助的社会运动框架本身就是一种基于现实的有意识的、有选择性的意义建构,这种建构总是以某些更为基本的对社会现象和事件进行概述的意义结构为基础。社会运动组织或社会运动领袖赋予运动所涉事件或现象以特定意义,并扮演"信息发射体"的角色将其传播与推广,最终取得潜在参与者的共鸣,并成功地动员他们付诸行动。[②] 动员者制造和传递意义以动员他者的过程就是框架化过程,这一过程中不可避免地会受到一些情境因素的影响。[③]

二、贫困治理理论

与纯理性地将贫困作为一种现象去界定、说明的一般贫困理论不同,贫困治理理论是"探讨贫困产生的原因以及消除贫困途径的理论"[④]。在历史上产生过深远影响且具有典型代表性的贫困治理理论主要有以下几种。

(一)马尔萨斯"抑制人口增长"贫困治理理论

在对贫困产生的原因的认识与分析的基础上,英国人口学家马尔萨斯于 1789 年提出了著名的"人口剩余致贫论"。马尔萨斯认为,社会人

---

① 赵鼎新.社会与政治运动讲义[M].北京:社会科学文献出版社,2012:211.

② 夏瑛.从边缘到主流:集体行动框架与文化情境[J].社会,2014(1):55.

③ 夏瑛.从边缘到主流:集体行动框架与文化情境[J].社会,2014(1):54.

④ 赵茂林.马克思主义反贫困理论的发展及其对中国反贫困实践的指导意义[J].沧桑,2005(4):35-36.

口按几何数列增加,而生活资料因土地有限而只能按算术数列增加,因人口增长速度快于食物供应的增长速度,随时间推移,最后因食物不足导致人口过剩,必然导致贫困、恶习等出现。^① 马尔萨斯认为这就是支配人类命运的永恒的和自然的人口规律。而人口的过度增长是受人口规律支配的,是不以人的意志转移的必然,人口过剩实际上无法避免,大多数人注定要在贫困和饥饿的边缘上生活。因而贫困的主要责任在贫困者本身,同社会制度、财产的不平等分配和政府的形式没有关系。

马尔萨斯进一步指出,要解救工人、消除贫困的唯一办法不是革命,不是实行平等的社会制度,而在于直接"抑制人口增长"。而抑制人口增长的具体办法是:一是"道德抑制",即用节育、晚婚等方法减少人口的增加,以保持人口的增长和生活资料的增长相一致。二是"积极抑制",即通过提高人口死亡率来减少人口数量,如通过战争、饥荒、疾病以及瘟疫等办法达到抑制人口增长和消灭现存的多余的人的目的。他还认为,虽然"道德限制"是避免人口过剩的较好的办法,但是"积极抑制"又是有必要的。

马尔萨斯关于贫困与贫困治理的理论产生于 18 世纪末英国资本主义迅速发展、劳动人民日益贫困化时期。由于所处社会历史时代的制约,以及马尔萨斯的资产阶级本质立场,马尔萨斯的"抑制人口增长"的贫困治理理论存在着很多片面性乃至极端错误和反人类的观点。不仅明显忽略了技术进步和社会生产力发展的巨大作用,而且撇开具体的社会生产方式,制造了一个抽象的、永恒的"人口自然规律"。把由资本主义生产方式所造成的广泛的贫困、失业现象说成是自然规律作用的结果,并积极鼓吹通过战争、瘟疫、饥荒、贫困等残忍手段减少人口来达到实现消除贫困的目的。其实质就是试图通过"消灭贫困者来消灭贫困"的贫困治理理论,究其本质来讲不仅是错误的,更是反人类的。

当然,尽管由于生活时代和阶级的局限,马尔萨斯关于贫困的认识以及贫困治理的路径设计明显具有片面性甚至是极端错误,但辩证地来看,也有其合理的因素和一定的积极意义。马尔萨斯提醒人们在解决贫困问题中要高度关注人口问题,强调"人口增长应该与生活资料的增长相协调"的观点,以及提出利用晚婚、节育等社会和道德措施来抑制人

---

① 〔英〕马尔萨斯.人口原理[M].朱映等译.北京:商务印书馆,1992:6,17.

口增长的办法与当今世界的贫困治理工作仍然息息相关。正因为如此，恩格斯认为，"马尔萨斯的理论却是一个推动我们不断前进的、绝对必要的中转站。……我们由于他的理论，总的来说由于经济学，才注意到土地和人类的生产力"①。

（二）马克思主义贫困治理理论

马克思主义贫困治理理论，是基于对资本主义制度下贫困产生的原因以及贫困治理的道路等问题进行科学系统地研究而形成的贫困治理理论，为世界的贫困治理理论研究做出了巨大的贡献，在世界贫困治理理论中占有非常重要的地位。

马克思主义贫困治理理论立足于对资本主义生产的本质的研究。资本主义生产的本质就是生产剩余价值，就是资本家榨取雇佣工人所创造的剩余价值。而剩余价值被资本家无偿占有，这就是剥削。之所以如此，其根源在于资本主义私有制。正如恩格斯所指出，"工人阶级处境悲惨的原因不应当到这些小的弊病中去寻找，而应当到资本主义制度本身中去寻找。"②在这个制度下，无产阶级丧失了生产资料所有权，变得一无所有，要获得生存资料就不得不出卖劳动力，为资产阶级占有剩余价值而劳动。所以，在资本主义社会中，"劳动为富人生产了奇迹般的东西，但是为工人生产了赤贫"。"劳动创造了宫殿，但是给工人创造了贫民窟"③。这就从社会制度的视角指出无产阶级陷于贫困的深刻原因。

面对着资本主义制度下的贫困厄运，马克思、恩格斯明确指出，无产阶级摆脱贫困的唯一出路，只有"剥夺剥夺者"，"剥夺资本主义的私有制"④，通过暴力革命在政治上推翻资产阶级统治，"用建立新社会制度的办法来彻底铲除这一切贫困"⑤，从而彻底铲除无产阶级贫困的根源。

马克思和恩格斯倾注毕生精力，全面分析了整个无产阶级各个方面的贫困状况，从资本主义社会制度及生产关系的角度揭示出资本主义制度下无产阶级贫困化的根源，并指出了摆脱和消除贫困的道路和目标。马克思主义贫困治理理论对于帮助我们去看清世界范围内的贫困问题，

① 马克思恩格斯文集（第一卷）[M].北京：人民出版社，2009：81.
② 马克思恩格斯全集（第二十九卷）[M].北京：人民出版社，2020：395.
③ 马克思恩格斯全集（第三卷）[M].北京：人民出版社，2002：269,22.
④ 共产党宣言（俄文版注解）[M].北京：人民出版社，1977：74.
⑤ 马克思恩格斯选集（第一卷）[M].北京：人民出版社，1972：217.

去正确认识解决和消除世界贫困问题的历史走向,具有重要的理论意义和实践指导意义。

（三）"收入再分配"贫困治理理论

任何理论的产生都是特定历史下的产物,有着深刻的社会思想和时代背景,"收入再分配"贫困治理理论最主要源自以下两个方面。

一是社会现实使人们对传统贫困价值观的态度与认识发生了改变。欧洲主要国家在19世纪相继取得工业革命的胜利后,先后迈入了工业社会,资本主义也逐步由自由资本主义向垄断资本主义过渡。这是一次历史性的变革,它使劳动生产率得到了飞速的提高,也使资本主义的商品经济得到了迅猛的发展。但随着生产力的发展和社会财富的急剧增加,广大的工人阶级不但没有因此提高生活水平,反而更加贫困。贫困化的加剧促使人们重新认识贫困问题。这一时期,除了马克思、恩格斯从资本主义社会制度根源思考解决这一问题外,在资产阶级当中有不少人开始重新审视社会的贫困问题,进而对传统古典经济学关于"贫困是由于个人原因"的价值信念产生了动摇。其中影响较大的有费边社会主义、新自由主义和德国的新历史学派等。随着社会经济的发展,越来越多的经济学家或社会学家认为贫困的原因不仅仅是个人造成的,还包括国家或社会的因素,因此,国家或社会对于贫困人口也应负有一部分责任。

二是福利经济学的兴起为其提供了直接的理论基础。20世纪20年代福利经济学理论获得了很大发展,其主要代表人物英国经济学家庇古在其1920年出版的《福利经济学》中系统论述了福利经济学理论。他指出,在很大程度上,影响经济福利的是:第一,国民收入的多少;第二,国民收入在社会成员中的分配情况。[①] 进而在此基础上提出了增进普遍福利的路径,一是通过增加国民收入来增进普通福利,二是通过国民收入的再分配来增进普遍福利。福利经济学首次将贫困人口的福利问题与国家干预收入分配问题结合起来,主张通过国家干预收入分配来增加贫困人口社会福利的这一思想,成为"收入再分配"贫困治理理论的直接来源和理论依据。

---

① Arthur C. Pigou. *The Economics of Welfare*[M].Macmillan & Co London, 1932: 1.

收入再分配理论的核心在于通过国民收入的再分配,使社会财富在在职者与失业者之间、健康者与病残者之间、富裕地区和贫困地区之间合理地适当转移。与初次分配有所不同,初次分配着重的是效率,由于"市场失灵",扶助弱者就被看作弥补市场缺陷,因此再分配则强调注重公平。社会保障在贫困治理中发挥了巨大的作用,不仅保障了贫困人口的基本生活,而且维护了社会的公平,促进了社会的发展。但同时,我们也应看到,其自产生之日起就与广大工人的斗争分不开,所以,尽管今天的发达国家很富裕,但贫困问题依然比较严重,社会保障在维持贫困人口生存需要的同时,也维持贫困本身的存在和代际传递。"福利国家"的危机表明,创造财富和分享财富是一样重要的,否则不可能从根本上消除贫困。

(四)"涓滴效应"贫困治理理论

涓滴,很少的意思。"涓滴效应"又译作渗漏效应、滴漏效应。最初是由美国著名发展经济学家赫希曼在《不发达国家中的投资政策与"二元性"》一文中提出的,认为增长极对区域经济发展将会产生不利和有利的影响,分别为"极化效应"和"涓滴效应"。后来这一研究也由区域经济领域延伸至贫困领域,即在经济发展过程中并不给予贫困阶层、弱势群体或贫困地区特别的优待,而是由优先发展起来的群体或地区通过消费、就业等方面惠及贫困阶层或地区,带动其发展和富裕。虽然"涓滴效应"也承认,在经济增长的过程中,贫困人口只是间接地从中获得较小份额的收益,但随着经济不断增长,收益从上而下如水之"涓滴"不断渗透,形成水涨船高的局面,从而自动改善收入分配状况,贫困发生率也将不断减少,最终实现减缓乃至消除贫困的目的,实现共同富裕。

"涓滴效应"理论关于"市场经济的发展能够自动缓解和消除贫困"的观点,实质反映的是贫困治理中的市场机制与政府行为的关系问题。由于贫困的首要表现是物质和收入的匮乏,因此,经济增长是减少收入贫困的强大动力。"但是经济增长与收入贫困减少之间的联系远非自动形成的",减贫程度也不完全依赖于经济增长,"经济增长对贫困的影响程度取决于由经济增长所带来的额外收入是否为贫困人口所享有。如果经济增长能使最贫困人口所获得的收入份额增加,贫困人口收入的提高就会快于平均收入的提高,减贫幅度就大。如果经济增长使最贫困人口所获得的收入份额减少,贫困人口收入的增长就会滞后于平均收入的增长,贫困人口的贫困程度就会愈发深重"。所以这里必然涉及一国内的社会财富分配问题,政府若不干预收入分配,任由市场经济下"滴流效应"自发作用,只能导致富者更富、贫者更贫,使得整个社会的贫富差距进一步拉大。实践证明,减缓贫困仅靠经济增长是不够的,只有通过社会政策的调节和制度的安排,才能实现减缓贫困的目的。

(五)"赋权"贫困治理理论

赋权理论来自英文的"empowerment theory"的译文,主要是指"赋予权利、使有能力"。赋权理论研究始于20世纪60年代,自20世纪80年代以后迅速进入了兴盛发展时期。赋权理论最初发起于社会工作和女性主义运动研究领域,后因以该理论为指导的实践模式表现出明显的可行性和建设性,研究的对象逐渐扩大至尽可能多的失权个人或群体。赋权理论正是在这样的背景下延伸至贫困治理问题研究领域。但在贫困治理研究中,赋权真正成为一种贫困治理理论,最主要的还是与阿马蒂亚·森关于"贫困的实质源于权利的贫困"这一研究发现有关。

阿马蒂亚·森通过对饥荒的系统分析发现,在实际生活中一些最严重的饥荒发生,"只是他们未能获得充分的食物权利的结果,并不直接涉及物质的食物供给问题"[①],即"一个人支配粮食的能力或他支配任何一种他希望获得或拥有东西的能力,都取决于他在社会中的所有权和使用权的权利关系"[②]。因此他指出,无论是经济繁荣时期,还是在经济衰退时期,饥荒都可能发生。如果经济繁荣表现为社会不平等的扩大,则繁荣过程自身就有可能成为饥荒的诱因。要理解饥荒和贫困,就应当把他们放在权利体系中来加以分析,权利关系决定着一个人是否有权力得到足够的食物以避免饥饿。虽然这一权利体系分析方法具体地应用于饥荒分析,但同样"可以更一般地应用于贫困分析"。森以权利这一独特的视角对贫困产生原因所作的开创性研究,成为贫困治理理论发展的一个里程碑,深刻揭示了贫困和饥荒发生的深层次原因。

由于贫困的根源在于权利的匮乏,所以森指出,要解决贫困,"我们要做的事情不是保证"食物供给",而是保护"食物权利",但鉴于"权利

① 〔印〕阿马蒂亚·森.贫困与饥荒[M].王宇,王文玉译.北京:商务印书馆,2001:14.
② 〔印〕阿马蒂亚·森.贫困与饥荒[M].王宇,王文玉译.北京:商务印书馆,2001:189.

关系又决定于法律、经济、政治等的社会特性"①,所以面对贫困者在社会中存在的权利贫困现象,要实现保护他们的权利目的,只能通过对相应的制度安排,建立一套政治和社会体制,赋权以保障贫困者享有基本的政治与公民自由、获得基本生活需要和教育、医疗卫生等权利。由此可见,超越经济层面而从权利层面上向贫困人口"赋权"构成了赋权贫困治理理论的核心。其最显著的特征是通过对获得资源和参与决策发展活动的权力再分配,为贫困群体提供最基本的参与和决策权力,从而真正受益。所以,赋权不仅是一个理念,也是一个战略。赋权的实质并不在于制定一项项具体的经济、政治、社会和文化权利,而在于赋予贫困人群与其他个人、群体同等参与经济、政治、社会和文化发展并享有成果的权利。赋权反贫困理论在实践中的可取之处主要在于,一方面,它通过贫困人口的参与和意见表达,为政府和其他外部力量了解贫困人口的需求并提供有针对性的服务提供了有效机制;另一方面,它通过赋权予贫困人口平等参与,给了贫困人口"在干中学"的机会,因而有助于提升贫困人口的能力,也有助于增强贫困人口在扶贫项目的主人翁意识,发挥他们的主动性和创造性。

（六）"人力资本"贫困治理理论

人力资本理论最早是由舒尔茨在 20 世纪 60 年代提出的。他突破了传统理论中资本只是物质资本的束缚,将资本划分为人力资本和物质资本,开辟了人类关于人的生产能力分析的新思路,并很快从经济学领域被引入到社会领域中的贫困问题研究中。

人力资本理论认为贫穷的国家和个人之所以落后贫困,其根本原因不在于物质资本的短缺,而在于人力资本的匮乏,是缺乏健康、专业知识和技能、劳动力自由流动受阻、教育等高质量人力资本投资的结果。也就是说,"贫困人口的人力资本不足,使得他们没有足够的'能力'去追逐生存和发展的机会,进而被社会排斥,处于社会的最底层,过着贫困的生活"②。因此,对贫困人口进行人力资本投资,提升他们的可行能力就成为推进反贫困战略的理性选择。可见,在人力资本贫困治理理论

---

① 〔印〕阿马蒂亚·森.贫困与饥荒[M].王宇,王文玉译.北京:商务印书馆,2001: 198.
② 张友琴等.人力资本投资的反贫困机理与途径[J].中共福建省委党校学报,2008（11）: 47.

的视角下,贫困的产生主要是由于人力资本的严重短缺,不足以产生维持生存和促进发展所需要的内在动力和能力。因此改善贫困人口福利的关键,减少收入不平等,缩减、消除贫困的有效路径就是通过提高贫困人口的人员素质来增强其能力,即重点是加强贫困人群的人力资本投资,以此改善贫困人口的健康状况、提高其教育水平和劳动技能,促进贫困人口进入劳动力市场,促进就业,增加收入等实现消除贫困的目的。目前,人力资本投资路径作为一项重要的贫困治理战略已成为越来越多的国家,特别是发展中国家摆脱贫困状态的重要选择。

理论最大的功能在于指导实践。社会动员理论、反贫困理论的发展对世界社会动员实践、贫困治理实践的开展发挥了重要的作用。从马尔萨斯贫困治理理论与英国的新济贫制度、马克思主义贫困治理理论与社会主义实践、收入再分配理论与社会保障制度、涓滴理论与发展中国家普遍推行的经济增长反贫战略、赋权理论与公民权扩张和参与战略、人力资本反贫困理论与人力资本投资战略和工作福利等关系中,我们发现,每一种贫困治理理论都在推动世界的贫困治理实践中发挥了重要的作用,对指导世界各国制定正确的贫困治理战略和采取具体的贫困治理措施指明了前进的目标和方向。

基于上述理论与学术路径,本书尝试探讨根植于一定现实背景和社会语境的滇桂黔石漠化精准扶贫社会动员在资源动员、共意动员、框架动员过程中的实践体现——在精准扶贫社会动员主体、社会动员介体、社会动员对象、社会动员内容等方面所关联的各类社会性要素,以及滇桂黔石漠化连片特困区精准扶贫社会动员如何完成动员主体和动员客体在观念、价值、认识等方面的一致性塑造,从而搭建起精准扶贫社会动员的共意,社会动员对象积极投身精准扶贫中。

第三节　贫困治理与社会动员的内在逻辑关系

贫困治理与社会动员之间具有内在的逻辑统一性,贫困治理是社会动员的目标指向,社会动员是贫困治理的方式方法。

滇桂黔石漠化连片特困区精准扶贫社会动员机制研究

46

一、贫困治理是社会动员的目标追求

社会动员的目标追求多种多样，如战争革命、大生产运动、抗洪救灾、防疫抗疫，其中，贫困治理是社会动员众多目标追求之一。

首先，贫困治理社会动员的直接目标是消除绝对贫困。绝对贫困又叫生存贫困，是指个人和家庭依靠合法收入无法维持其衣、食、住等生活基本需要最低条件的贫困状态，面临的往往是"食不果腹，衣不遮体，住不避风寒"的状况。因此，消除绝对贫困现象是贫困治理的首要任务，也是贫困治理社会动员的最为直接目标追求。通过一系列的动员活动，贫困治理社会动员较容易达到的直接目标就是消除绝对贫困。只有消除了绝对贫困，才能为解决相对贫困创造前提条件，打下坚实基础。反之，如果连绝对贫困都没有解决，就谈不上解决相对贫困的问题。当然，这也体现出贫困治理社会动员的循序渐进的特征。

其次，贫困治理社会动员的最终目标是缓解相对贫困。相对贫困是指依靠个人或家庭合法收入能够维持基本生活，但在当地条件下被认为无法满足其最基本的其他生活需求的生活状态。由于相对贫困群体身处社会困境，他们的基础设施、公共服务、社会保障缺失，以及没有发言权、社会排斥等社会层面的"相对剥夺感"所导致的"心理冲击"，都让相对贫困治理变得更加复杂繁重。[①] 从本质上看，如果说绝对贫困是由于物质财富的匮乏所致，而相对贫困则是由于发展和分配的不平衡造成的。所以，缓解乃至消除相对贫困是社会公平正义的体现。党的十九届四中全会提出，"坚决打赢脱贫攻坚战，巩固脱贫攻坚成果，建立解决相对贫困的长效机制。"[②] 与消除绝对贫困比较而言，解决相对贫困的问题要艰难得多，不是一蹴而就的事情。这决定了贫困治理社会动员的长期性和常态化。贫困治理社会动员就是通过开展一系列的动员活动，从逐步消除绝对贫困，到最终缓解乃至消除相对贫困。

二、社会动员是贫困治理的有效方式

贫困治理需要多种方式方法，如救济、产业扶贫、扶贫搬迁、制度变

---

① 郭熙保.论贫困概念的内涵[J].山东社会科学，2005（12）：49.

② 中共中央关于坚持和完善中国特色社会主义制度 推进国家治理体系和治理能力现代化若干重大问题的决定[M].北京：人民出版社，2019：27.

革等,其中,社会动员是开展贫困治理最为有效的方式方法之一。社会动员不仅是贫困治理的重要推动力量,更是贫困治理的有效方式。

首先,社会动员是贫困治理的重要推动力量。社会动员本质上是动员主体通过有效方式向社会灌输其价值观和目标以实现对社会成员的组织和发动的过程。在贫困治理社会动员实践中,动员主体通过多种方式影响、改变动员对象的态度、价值观和思想认识,形成贫困治理的思想共识,引导、发动和组织动员对象积极参与贫困治理,进而实现贫困治理的目标。贫困治理社会动员实质上是社会动员主体深入社会、调动社会资源、依靠社会力量弥补自身贫困治理能力不足的过程,能够有机整合政府力量与社会力量,有力地推动贫困治理的有效开展。

其次,社会动员是贫困治理的有效方式。贫困治理需要调动、组织大量的人力、物力、财力。只有这样,才能有效地实现贫困治理。而社会动员有着"集中力量办大事"的优势,发挥资源整合的聚集作用,将人力、物力、财力等高效地聚集起来开展贫困治理。党的十八大以来开展的精准扶贫也是一场规模宏大的社会动员,在各动员主体的积极动员下,各级党政机关和党员干部、各事业单位、国有企业、军队和武警部队、民营企业、社会组织和个人通过多种形式参与扶贫开发,形成了政府、市场、社会协同推进的大扶贫格局。

最后,社会动员是贫困治理的重要保障。通过广泛开展贫困治理社会动员,动员主体将党和政府相关的贫困治理政策主张和政策目标传输给动员对象,增强他们对党和政府的贫困治理理念、方略和方针政策的认同和理解,获得人民群众的支持,将党和政府的贫困治理政策通过社会动员变为具体的贫困治理行动,为贫困治理提供政策保障。通过广泛开展贫困治理社会动员,动员主体可以充分动员人力、物力、财力、技术等资源,为贫困治理提供资源保障。通过广泛开展贫困治理社会动员,动员主体号召广大动员对象,形成声势浩大的贫困治理局面,将为贫困治理提供精神保障。

三、二者统一于国家治理现代化之中

从整体上看,不论是贫困治理,还是社会动员,其实都是国家治理体系中的重要治理方式、方法。贫困治理是社会动员的目标追求,贫困治理过程也是一个社会再动员的过程;社会动员是贫困治理的举措,社会

动员能够促进贫困治理的有效解决。不论是贫困治理,还是社会动员,都是推进国家治理现代化的结构性路径,二者在互动互进中统一于国家治理现代化逻辑之中。

（一）社会动员是国家治理的重要方式

首先,社会动员是一种基础性国家能力。社会动员属于国家治理的重要组成部分。社会动员作为一种国家治理的方式,本质上是国家治理主体通过有效方式向社会灌输其价值观和目标以实现对社会成员的组织和发动的过程。在动员实践中,动员主体通过多种方式影响、改变社会成员的态度、价值观和期望,形成一定的思想共识,引导、发动和组织社会成员积极参与社会实践,以实现一定的社会目标。社会动员实质上是执政党渗入社会、提取社会资源、依靠社会力量弥补自身能力不足的过程,适度的社会动员能够有机整合政府力量与社会力量,实现国家能力的强大。社会动员通过有效地组织群众、发动群众,从而提升国家的社会管控,整合社会资源、增进社会凝聚力、促进社会发展。

其次,社会动员能够"集中力量办大事"。在现代社会中,社会动员可以发挥资源整合的聚集作用,实现"1+1>2"的倍增效应,这也是中国特色社会主义"集中力量办大事"的制度优势。在各种重大的事件中,社会动员能够发挥"集中力量办大事"的制度优势,动员全社会的物质资源、人力资源等来克服和战胜困难,如抗洪救灾、抗震救灾、举办奥运会、打赢扶贫攻坚战、防疫抗疫,等等。因此,社会动员成了应对各种重大事件的基本手段和环节。党的十八大以来开展的精准扶贫也是一场规模宏大的社会动员,在党和政府的强力动员下,除了各级党政机关和党员干部外,各事业单位、国有企业、军队和武警部队、民营企业、社会组织和个人通过多种形式参与扶贫开发,形成了政府、市场、社会协同推进的大扶贫格局。

最后,社会动员能力是执政党执政能力的具体体现。社会动员能力是执政党的基本能力,是指执政党领导社会成员,整合社会资源,调动社会积极因素,促进社会发展进步的能力,是执政党执政能力的重要组成部分。"一个政党是否有强大的战斗力、凝聚力以及扎实广泛的群众基础,很重要的一点就是看其是否具有强大的社会动员能力。"[①] 通过开展广泛的社会动员,执政党可以将其政策主张和政策目标传输给公民,增强他们对党的执政理念、执政方略和方针政策的认同和理解,获得人民群众的支持,将党的政策通过社会动员变为具体的行动。中国共产党的组织动员能力是举世公认的,这种能力来源于强大的组织体系,来源于得力的干部队伍,来源于严密的组织纪律。这在贫困治理社会动员中有着鲜明的体现。

（二）贫困治理是国家治理的具体体现

首先,贫困治理是国家治理的重要任务。国家治理是自有阶级社会以来最重要的政治现象之一。国家治理的本质在于通过其属性及职能的发挥,协调和缓解社会的冲突与矛盾,以维持社会特定的秩序。阶级性和社会性是国家治理的根本属性。在阶级社会,国家治理主要体现为阶级性。在社会主义社会,国家治理既强调其阶级性,也突出其社会性,社会性主要通过政治、经济、文化以及社会职能的发挥来实现治理。具体来说,国家治理的基本方面在于民生经济、社会发展、民风民俗等。党的十八大以来,我国在推进国家治理体系和治理能力现代化方面取得了许多进展。但是这方面亟待解决的问题还比较多,任务依然艰巨。"民生领域还有不少短板,脱贫攻坚任务艰巨,城乡区域发展和收入分配差距依然较大,群众在就业、教育、医疗、居住、养老等方面面临不少难题;……国家治理体系和治理能力有待加强"[②]。贫困治理也是国家治理的一项重要而艰巨的任务。

其次,贫困治理反映国家治理的水平。贫困治理是国家治理的一个重要方面内容。它是党和政府联系和服务群众生动、鲜活的体现,它体现出党和国家对贫困群众的关心和支持。党的工作最坚实的力量支撑在人民群众,而经济社会发展和民生最突出的矛盾和问题也在人民群众,在人民群众中寻找问题、反映问题、解决问题的过程中,社会矛盾得到了缓解、群众困难得到了解决。贫困治理的程度和治理能力的高低决定了国家治理一系列方针政策在人民群众中的落实效果,包括老有所养

---

① 蔡志强.社会动员论:基于治理现代化的视角 [M].南京:江苏人民出版社,2015:10.

② 习近平.决胜全面建成小康社会 夺取新时代中国特色社会主义伟大胜利——在中国共产党第十九次全国代表大会上的报告 [M].北京:人民出版社,2017:9.

等一系列惠民生的方针政策都需要通过贫困治理切实落到人民群众身上,让人民群众有获得感。贫困治理反映国家治理的水平,也是衡量国家治理状况的尺度。

最后,贫困治理彰显国家治理的优越性。在贫困治理过程中,我们党统揽全局,精准施策,以非常之举应对非常之事。我们党作为最高政治领导力量,在国家治理体系中居于核心地位,发挥着总揽全局、协调各方的领导核心作用。为打赢脱贫攻坚战,在党中央的领导下,全党全军全国各族人民团结一心,众志成城,凝聚起脱贫攻坚的强大合力。在贫困治理过程中,我们党坚持把人民群众放在第一位,实施精准扶贫战略,实施"五个一批",采取因地制宜的精细化举措,制定一系列纾困惠民政策,出台多项精准扶贫精准脱贫的措施,推动精准扶贫精准脱贫有效开展,最大限度保障人民生产生活。贫困治理体现了我国国家治理体系和治理能力,彰显我国国家治理体系和治理能力巨大的优越性。

通过对社会动员理论、贫困治理理论的分析,本书认为对精准扶贫社会动员的研究,应该着眼于其实践创新对于之前动员关系的改善中,这种结构性的变化会导致动员环境甚至更为宽广的社会环境改善,如此才能保证社会动员资源转化成社会动员效果。因此,本书对精准扶贫动员创新的分析,侧重于分析动员主客体之间的互动变化对主客体的共意形成、社会动员客体参与之间的关联。

滇桂黔石漠化连片特困区
扶贫开发社会动员的演进

改革开放以来,滇桂黔石漠化连片特困区扶贫开发社会动员的历史进程一直在持续不断地向前推进着,并形成了不同发展阶段。在各个发展阶段,滇桂黔石漠化连片特困区扶贫开发社会动员呈现出不同的特点。概括起来,滇桂黔石漠化连片特困区扶贫开发社会动员演进历程大体可以划分为这样三个主要阶段,即,土地经营权制度改革社会动员阶段(1978—1985)、开发扶贫社会动员阶段(1986—2010)、精准扶贫社会动员阶段(2013—2020)。

第一节 土地经营权制度改革社会动员阶段
(1978—1985)

一、土地经营权制度改革

改革开放前,在农村实行的人民公社土地经营权制度严重地束缚了农村生产力的发展。生产指导上的主观主义和分配中的平均主义的盛行严重损害了群众的利益,挫伤了人民公社社员的积极性,引起农民的不安和不满。到了20世纪70年代后期,全国农村有1/3的人口不能解决温饱问题。

为了摆脱食不果腹的困境,1978年底,安徽省凤阳县小岗村的18户农民,冒着风险搞起了大包干,给传统的集体使用土地经营权制度打开了缺口。

鉴于陆续出现包产到户的现象,1980年9月,中共中央印发了《关于进一步加强和完善农业生产责任制的几个问题》的通知,提出在边远山区和贫困落后地区,长期"吃粮靠返销,生产靠贷款,生活靠救济"的生产队,群众对集体土地制度丧失信心,有包产到户要求的,政府应当给予支持,群众要求包产到户就支持包产到户,群众要求包干到户就支持包干到户,并且要保持政策的长期稳定性。随后,农业生产责任制在全国范围迅速得到推广。到1981年底,90%以上的农村生产队建立了不同形式的农业生产责任制。

随后,从1982至1985年,中共中央连续四年相继发出了四个1号文件,对家庭联产承包经营责任制进行不断完善。其中,1984年1号文件做出了延长土地承包期的决定,规定土地承包期一般应在15年以上,并鼓励农民增加投资,培养地力,实行集约经营。这为家庭联产承包经营责任制的有效实施和顺利发展提供了国家层面的政策保障。

二、土地经营权制度改革中滇桂黔石漠化连片特困区社会动员

随着土地经营权制度改革的展开以及家庭联产承包责任制度逐步推广,处于云南、广西、贵州交界地区的滇桂黔石漠化连片特困区扶贫社会动员集中表现出运用制度变革开展扶贫动员的特征。

在滇桂黔石漠化连片特困区贵州片区,早在1977年春季,安顺市关岭县顶云公社石板村陶家寨生产队的陈高忠(队长)等6人自发组成3组,采取每组各自找亲戚或者熟人进行自行分地的方式,实行"定产到组"。1977年当年,石板村的村民就率先摆脱饥饿。随后,附近其他一些寨子也跟着悄悄干起来。这是基层领导干部自发组织、动员贫困群众与贫困开展斗争的生动体现。

根据群众的强烈要求和农业生产的实际需要,经关岭县委主要领导的同意,在县委工作队的支持下,1978 年 3 月,顶云公社 16 个生产队试行"定产到组,超产奖励"的生产责任制试点,正式揭开了贵州农村土地经营权制度改革的序幕。进而在党的十一届三中全会后,农村土地经营权制度改革在贵州全省范围内轰轰烈烈地展开。到 1979 年底,贵州全省实行"定产到组"的生产队占生产队总数的 58.2%。[①] 党和政府支持推行"定产到组"责任制,在一定程度上改变了"一大二公"、平均主义的土地经营管理方式,调动了贫困群众生产的积极性、主动性和创造性,对于缓解贫困群众的贫困发挥着重要的促进作用。

但是,由于个人责任仍不明确,利益还不直接,还存在着一定的局限性,劳动者的积极性仍得不到充分发挥和调动。因此,一些地方出现了包产到户和包干到户的责任制。这一制度的实施,更加充分地动员农民、调动群众以更加积极的热情投入生产。结合出现包产到户和包干到户责任制的新状况,1980 年 7 月 15 日,贵州省委发出《中共贵州省委关于放宽农业政策的指示》,指出不论是包产到户,还是包干到户,"只要坚持生产资料公有制和按劳分配的原则,什么政策、办法最适合现实生产力的水平,最有利于调动广大社员群众的积极性,最有利于发展农业生产,最有利于提高农民的生活水平,就是好政策、好办法,就应当认真执行。""采取何种经营管理办法,应当由生产队社员群众讨论确定。在基层干部、社员相互之间,都不要扣'所有制倒退'或'思想僵化'的帽子。"[②] 由于贵州省委明确表态支持农民的正确选择,包干到户生产责任制获得空前发展。到 1981 年底,包干到户的生产队达到了 98.2%。[③]后来,在坚持群众自愿的原则下,贵州全省实行包干到户的农业生产责任制。

在滇桂黔石漠化连片特困区广西片区,1981 年 10 月 28 日,广西壮族自治区党委、自治区人民政府印发了关于农业生产责任制的试行办法,并明确了在广西实行家庭联产承包责任制的合法性。此后,在自治区党委、自治区政府的宣传、动员和组织下,广西全区实行家庭联产承

---

① 廖光珍.建国以来贵州少数民族地区农村土地制度变迁及其历史意义 [J].贵州民族研究,2004(2):147.

② 贵州省档案馆.贵州改革开放三十年重要档案文献 [M].北京:中国档案出版社,2008:20,23.

③ 龚晓宽.辉煌的探索——贵州农村改革三十年研究 [M].北京:中央文献出版社,2008:39.

包责任制。广西推行家庭联产承包责任制,大体经历了三个阶段①:

第一阶段,从 1978 年十一届三中全会起到 1980 年 8 月,广西包产到户只是在少数山区生产队实行。1979 年 1 月,广西壮族自治区委通过了《贯彻执行中共中央关于加快农业发展若干问题的决定草案的意见》,提出恢复扩大生产队自主权,在诸如农活安排、计酬形式、收益分配等方面,由生产队社员民主讨论决定,要坚持按劳付酬、多劳多得。从此,少数生产队开始恢复了一些合作化时期行之有效的责任制,实行包工到作业组,实行超产奖励,群众称之为"包产到组"责任制。在自治区党委、自治区人民政府的宣传、动员和组织下,滇桂黔石漠化连片特困区广西片区的百色、河池等地区一些长期解决不了温饱问题的山区生产队,坚定地实行"包干到户"责任制和"包产到户"责任制。

第二阶段,从 1980 年 9 月到 1981 年上半年,包产到户主要是在"吃粮靠返销、生产靠贷款、生活靠救济"的"三靠"队实行。1980 年 9 月,中共中央发布了《关于进一步加强和完善农业生产责任制的几个问题》文件,强调对那些"吃粮靠返销,生产靠贷款,生活靠救济"的生产队,群众要求包产到户的应当支持群众的要求,可以包产到户,也可以包干到户,并在一个较长的时间内保持稳定。于是,在自治区党委、自治区人民政府的支持、动员和组织下,到 1981 年夏收时期,广西全自治区实行包产到户或包干到户的生产队,由 1980 年上半年占全自治区生产队总数的 15%,逐渐发展到 60%。②

第三阶段,在 1982 年贯彻中央(1982)1 号文件后,包产到户在广西全自治区迅速铺展开来。1982 年中共中央 1 号文件充分肯定了当时农村存在的联产计酬,联产到劳,包产到户、到组,包干到户、到组等都是社会主义集体经济的生产责任制。此后,广西包产到户迅速发展。到 1982 年底,包干到户的生产队占生产队总数的 96.3%,1983 年达到99.24%。③ 1985 年,随着中共中央 1 号文件宣布"联产承包责任制和农户家庭经营长期不变",在自治区党委、自治区人民政府的宣传、动员和组织下,广西全区实行家庭联产承包责任制。这也意味着,滇桂黔石

① 樊端成.近现代广西农业经济结构的演变透视[D].北京:中央民族大学,2009:114-115.
② 广西地方志编纂委员会.广西通志·农业志[M].南宁:广西人民出版社,1995:60-61.
③ 左国金等.广西农业经济史[M].北京:新时代出版社,1988:365.

漠化连片特困区广西片区全部实行了家庭联产承包责任制。

在滇桂黔石漠化连片特困区云南片区,1977年9月,时任星火大队大塘子生产队会计的回乡知识青年李国有,向时任县委书记李香庭提出推行"联产到组责任制"的建议。随后,在时任县委书记李香庭的直接支持和动员下,1978年初,元谋县大塘子生产队在云南全省第一个推行了定工到组、联产计酬、超产奖励的生产责任制,初步调动了社员的积极性和主动性。在这种崭新的管理办法实施一年后,大塘子生产队就迎来了大丰收。1978年秋,"全队粮食产量由上年的7万公斤增到15万多公斤,比历史最高年增长50%;甘蔗产量增长4倍多;农民人均口粮、现金收入大幅度增加,48户农户户户增收。"[①]这其中少不了回乡知识青年和县委领导干部发挥重要的动员推动作用。

1979年3月,云南省委通过组织学习《中共中央关于加快农业发展若干问题的决定(草案)》和《农村人民公社工作条例(试行草案)》,在结合本省实际的基础上,拟定了《关于当前农村几项经济政策问题的补充规定(试行草案)》。该规定进一步明确,在农村建立切实可行的生产责任制,可以定工到组,可以按量计酬,可以超产奖励。后来进一步补充提出坚持"三级所有,队为基础"制度。到1979年底,云南全省有25%的生产队建立了联产到组责任制。这样,在云南省委和省政府的指导、动员和组织下,社员生产劳动的积极性被逐渐调动起来,为提高农业生产效率,增加农业土地产量创造了条件。

随着联产到组实践的推进,大多数农民对"包产到组"和"小段包工"等形式感觉还不够深入。于是,1979年,在文山州委和州政府、红河州委和州政府、曲靖市委和市政府的支持和鼓励下,文山州、红河州、曲靖市等地区又开始出现"包产到户""包干到户"。

据统计,到1982年底,云南全省实行大包干责任制的生产队达到91.7%,1983年又增加到99.9%。[②]至此,"大包干"成为云南农业生产责任制的主要形式,云南农业生产责任制得到全面落实推广。自然,"大包干"农业生产责任制在滇桂黔石漠化连片特困区云南片区也逐渐铺展开来。

这一时期,正是由于党和政府尊重农民的首创精神,大力推行家庭

---

① 杨旭东.元谋大塘子村:云南"包产到组第一村"的变迁之路[J].云岭先锋,2018(11):16.

② 张晖.云南推行家庭联产承包责任制[J].党的生活,2011(5):54.

联产承包责任制,使得农村土地模糊不清的产权部分明晰起来。由此,农民在经营权层面上的权益得到保证,极大地调动了农民的生产积极性,极大地促进了广大农村地区,特别是极大地促进了像滇桂黔石漠化集中连片特困地区农村经济社会的发展,我国贫困人口数量才有了大幅下降。按照当时的贫困线标准,我国农村贫困人口从 1978 年的 2.5 亿下降到 1985 年的 1.25 亿,农村贫困发生率从 30.7% 下降到 14.8%。[1]不过,还应该看到,虽然家庭联产承包责任制在一定程度上减缓了一定数量贫困人口的贫困,但是对于诸如滇桂黔石漠化连片特困区自身条件较差的贫困地区来说,其减贫的效果还是没有达到期待的效果。例如,在这一阶段,贵州贫困人口仅减少了 87 万左右,贫困率只下降了 10%左右。[2]现实表明,单纯地依靠土地经营权制度改革要促使像滇桂黔石漠化连片特困区这样贫困的地区彻底摆脱贫困不可能实现。这还需要进一步探索更加积极、有效的扶贫路径,实行更加有力的措施。

概而言之,在实行家庭联产承包经营制度的背景下,滇桂黔石漠化连片特困区党和政府通过土地经营权制度变革的动员方式来激发农民生产的积极性,动员农民群众积极投入到农业生产中,从而在一定程度上解放了农业生产力,提高了土地产量,为贫困农民脱贫起到了重要推动作用。显而易见,在这一阶段,党和政府基本上成为滇桂黔石漠化连片特困区扶贫脱贫社会动员的核心动员主体,其动员方式主要是运用土地经营制度变革开展对贫困农民的引导、组织和动员,具体动员内容主要是开展农业生产动员。

第二节　开发式扶贫社会动员阶段(1986—2010)

在土地经营权制度改革阶段之后,我国扶贫事业进入到开发式扶贫阶段。在这一阶段,我国从中央到地方建立扶贫开发领导机构,重点通

---

[1]　中国的农村扶贫开发[N].农民日报,2001-10-16(1).
[2]　杨颖,胡娟.贵州扶贫开发成效、历程及挑战思考[J].开发研究,2013(2):90.

过加强贫困地区基础设施建设,改善贫困地区的发展条件,来促进贫困地区发展。由此,我国扶贫由土地经营权制度改革激励扶贫开始转向开发式扶贫。相对于过去的土地经营权制度改革激励扶贫,开发式扶贫坚持以开发建设为中心,支持、鼓励贫困地区群众改善生产条件,开发当地资源,发展各种生产,增强自我发展的能力,注重促进贫困地区经济社会从自发的发展转向自为的发展,由纯粹的"输血"转向能动的"造血"。与此相对应,我国扶贫社会动员也由制度扶贫动员进入开发式扶贫动员阶段。在这一阶段,扶贫开发社会动员的特征主要表现为通过动员大量人力、物力、财力投入到西部大开发中的方式开展扶贫。

一、开发式扶贫政策的提出及实施

早在 1982 年 12 月,国务院启动实施了对甘肃河西地区、定西地区和宁夏西海固地区"三西"的农业建设扶贫工程。"三西"扶贫在改变单纯救济式扶贫为开发式扶贫所做的成功探索,对从 1986 年开始在全国范围开展有组织、有计划、大规模的开发式扶贫,具有开创性、先导性、示范性意义。

1986 年,党和政府正式确立了开发式扶贫战略,以调动全社会的力量、整合各种资源,综合开发、增强贫困地区"造血"功能为主,开始在全国实施有组织、有计划、大规模的社会动员,以开展扶贫开发。

1986 年 5 月,国务院发布《国务院办公厅关于成立国务院贫困地区经济开发领导小组的通知》,宣布成立专门扶贫机构——国务院贫困地区经济开发领导小组,小组下设国务院贫困地区经济开发领导小组办公室,负责办理日常工作。

1987 年 10 月,国务院发出《国务院关于加强贫困地区经济开发工作的通知》,提出"按照已经明确的方针和目标,深入调查,总结经验,研究问题,狠抓落实……加快低收入人口脱贫致富的步伐,为逐步改变贫困地区经济、文化落后面貌创造条件,这就是经济开发全部工作的基本出发点"。①

1988 年 7 月,国务院决定将贫困地区经济开发领导小组与"三西"地区农业建设领导小组合并为国务院贫困地区经济开发领导小组。

---

① 国务院关于加强贫困地区经济开发工作的通知(国发〔1987〕95 号)[Z].

1993 年 12 月,国务院贫困地区经济开发领导小组正式更名为国务院扶贫开发领导小组,下设国务院扶贫开发领导小组办公室。相应地,在县级以上政府建立了对应的专门扶贫领导机构。由此,党和政府在全国范围内建立起系统性的扶贫开发组织机构,形成了以政府为主导、主要依靠行政组织力量、自上而下的贫困治理、扶贫开发社会动员体系。

1994 年 3 月,国务院制定和公布了《国家八七扶贫攻坚计划》,要求在 20 世纪的最后 7 年,集中力量基本解决全国农村 8000 万贫困人口的温饱问题,并对扶贫攻坚的方针和途径、政策保障、社会动员、组织与领导等方面提出了明确要求。[1] 这标志着我国扶贫事业进入扶贫开发阶段,也标志着我国扶贫社会动员进入到开发式扶贫社会动员阶段。

1996 年 10 月,中共中央召开了扶贫开发工作会议,确定了东西对口帮扶政策。在东西对口帮扶政策的指导下,东部沿海省、市如北京、上海、广东、深圳与西部的云南、广西和贵州等贫困省(区)结对帮扶。这标志着我国在这一时期开始采取超常规的扶贫动员方式开展开发式扶贫社会动员。

2001 年 6 月,国务院发布《中国农村扶贫开发纲要(2001—2010年)》,提出坚持综合开发、全面发展,促进贫困地区经济、社会的协调发展和全面进步。各级党委和政府要"加强对扶贫开发工作的领导,不断加大工作和投入力度。同时,要发挥社会主义的政治优势,积极动员和组织社会各界,通过多种形式,支持贫困地区的开发建设。"[2] 这使得我国扶贫开发事业进入更加深入、以综合扶贫方式的阶段。与此同时,这必然要求我国开发式扶贫社会动员以更加深入、更加综合的方式来开展。

二、开发式扶贫中滇桂黔石漠化连片特困区社会动员

随着国家扶贫政策由通过土地经营权制度改革减少贫困转向通过开发扶贫减少贫困的调整,滇桂黔石漠化连片特困区扶贫社会动员也由土地经营权制度改革扶贫社会动员逐渐转向开发式扶贫社会动员。

在 1986 年国务院贫困地区经济开发领导小组办公室成立之后,滇

① 国家八七扶贫攻坚计划(1994—2000 年)(国发〔1994〕30 号)[Z].
② 中国农村扶贫开发纲要(2001—2010 年)(国发〔2001〕23 号)[Z].

桂黔石漠化连片特困区也积极行动起来,相对应成立专门扶贫机构负责扶贫工作,如贵州省成立贵州省扶贫开发办公室、黔西南布依族苗族自治州扶贫开发办公室、黔南布依族苗族自治州扶贫开发办公室、黔东南苗族侗族自治州扶贫开发办公室、普安县扶贫开发办公室等,云南省成立云南省人民政府扶贫开发办公室、红河哈尼族彝族自治州扶贫开发办公室、文山壮族苗族自治州扶贫开发办公室、广南县扶贫开发领导小组办公室等,广西成立广西壮族自治区扶贫开发办公室、崇左市扶贫开发办公室、河池市扶贫开发办公室、百色市扶贫开发办公室、都安瑶族自治县扶贫开发领导小组办公室等。毫无疑问,这些政府扶贫机构的成立,有利于协调各方和开展扶贫社会动员,进而提高开发扶贫效率。

在滇桂黔石漠化连片特困区贵州片区,根据国务院制定的《国家八七扶贫攻坚计划》,1994 年,贵州省委、省政府提出,要充分动员社会各界力量开展扶贫,力争到 2000 年底基本解决贵州农村贫困人口的温饱问题。于是,在这一阶段,贵州省委、省政府以 48 个相对集中连片的国定贫困县为主战场,通过安排大型开发项目、组织对口帮扶等,充分动员社会各界力量进行扶贫攻坚。

2000 年 5 月,贵州省委、省政府提出《关于我省实施西部大开发战略的初步意见》,提出实施西部大开发战略是一项艰巨的历史任务,既要有紧迫感,又要有长期艰苦奋斗的思想准备。要坚持从本省具体实际出发,对内扎实苦干,对外主动联合,对上积极争取。

为进一步贯彻落实《中国农村扶贫开发纲要(2001—2010 年)》扶贫开发精神,2001 年 7 月,贵州省委、省政府做出《关于切实做好新阶段扶贫开发工作的决定》,提出新阶段的扶贫开发要按照集中连片的原则,重点扶持自然环境恶劣的深山区、石山区、高寒山区和少数民族聚居区、革命老区的贫困群众发展生产力,提高生活水平。坚持整体推进与重点突破相结合,在继续巩固麻山、瑶山扶贫攻坚成果的同时,加大对月亮山、雷公山等地区贫困乡村的扶持力度,以点带面,推动全省的扶贫开发。要发挥社会主义的政治优势,积极动员和组织社会各界,通过多种形式,支持贫困地区加快发展。特别是在新阶段的扶贫开发中,必须坚持政府主导,全社会共同参与的指导方针。广泛动员社会各界开展智力支边、"光彩事业""送温暖、献爱心"等多种形式的扶贫济困活动。充分发挥民主党派和工商联、群众团体、大专院校、科研院所、人民解放军和武警部队在扶贫开发中的重要作用。①

在滇桂黔石漠化连片特困区广西片区，为落实《国家八七扶贫攻坚计划》，广西壮族自治区区委、区政府出台了《广西壮族自治区扶贫开发条例》等一系列扶贫开发的政策文件，采取了一系列扶贫开发的举措，如组织劳务输出、异地安置等，推进解决贫困地区特别是自治区石漠化地区贫困人口温饱问题的进程；不断增加对贫困地区扶贫开发的资金投入，同时积极引进外资扶贫；积极开展社会扶贫，组织广西区内一些先富发达地区和区外一些相对富裕的省区对口支援贫困地区发展；广泛动员社会各界力量参与扶贫，鼓励各民主党派、工商业联合会、无党派人士和工会、妇女联合会等人民团体，通过引进项目、资金、人才和技术等措施，参与扶贫开发。②

根据《中国农村扶贫开发纲要（2001—2010年）》提出的改变过去以贫困县为基本扶持单位的做法，转而通过"整村推进"的做法，广西壮族自治区政府印发了《广西壮族自治区人民政府贯彻落实〈中国农村扶贫开发纲要（2001—2010年）〉的若干意见》，对扶贫方式及时进行调整，提出坚持突出重点，整体推进。坚持政府主导、全社会共同参与。各级政府要适当加强对扶贫开发工作的领导，不断加大工作和投入力度。同时，要积极动员和组织社会各界，通过多种形式，支持贫困地区的开发建设。③

在滇桂黔石漠化连片特困区云南片区，根据《国家八七扶贫攻坚计划》，1994年，云南省委、省政府制定并实施《云南省七七扶贫攻坚计划》，提出组织动员广大干部群众，发扬艰苦奋斗精神，加快推进贫困地区经济和社会的发展。④

1999年3月，云南省政府做出《关于实施异地开发扶贫的决定》，指出，要根据工作需要，指定分管领导，明确工作职责，动员和组织有关部门共同搞好异地开发扶贫工作。省级各有关部门，尤其是财政、建设、土地、水利、公安、交通、科技、教育、卫生、农业、林业、畜牧、民委、民政、广

---

① 贵州省档案馆.贵州改革开放三十年重要档案文献[M].北京：中国档案出版社，2008：255，267.

② 广西壮族自治区扶贫开发条例（广西壮族自治区人大常委会公告九届第50号）[Z].

③ 广西壮族自治区人民政府贯彻落实《中国农村扶贫开发纲要（2001—2010年）》的若干意见（桂政发〔2003〕55号）[Z].

④ 云南省七七扶贫攻坚计划（云政发〔1994〕173号）[Z].

播电视等部门,要从贫困地区人民的利益出发,把异地开发扶贫工作纳入重要议事日程和职责范围,明确措施,做出具体部署,并保证落实。①

根据《中国农村扶贫开发纲要(2001—2010年)》精神,云南省委、省政府制定了《云南省农村扶贫开发纲要(2001—2010年)》,进一步提出继续动员全社会扶贫济困。在坚持政府主导的方针下,动员全社会力量参与扶贫,鼓励和倡导社会各界和企业参与扶贫开发。②

从总体上来看,在这一阶段,党和政府基本上依然是滇桂黔石漠化连片特困区开发式扶贫社会动员的核心动员主体,其动员方式主要是通过开发式扶贫开展对贫困群众的号召、组织和动员,广泛凝聚各方面力量,统筹推进扶贫开发,促进经济平稳较快发展。但是,在这一阶段,滇桂黔石漠化连片特困区扶贫社会动员一定程度上表现出"大水漫灌"式的动员态势。随着全面建成小康社会历史任务的提出以及扶贫工作的持续深入,全国乃至滇桂黔石漠化集中连片特困区更加强烈地呼唤开展精准扶贫社会动员。

第三节　精准扶贫社会动员阶段(2013—2020)

随着以往扶贫成效难以持续,扶贫效率愈来愈低下,党和政府开始探索扶贫的新方式。2011年底,中共中央、国务院发布《中国农村扶贫开发纲要(2011—2020年)》,明确了21世纪第二个十年扶贫工作的总体要求、目标任务、对象范围、国际合作、政策保障和组织领导等。由此,我国扶贫事业进入精准扶贫新阶段。与此同时,我国扶贫社会动员相应进入精准扶贫社会动员阶段。这一阶段我国扶贫社会动员表现出精准的鲜明特征。

① 云南省人民政府关于实施异地开发扶贫的决定(云政发〔1999〕67号)[Z].
② 云南省农村扶贫开发纲要(2001—2010年)[N].云南日报,2002-4-27(1).

一、精准扶贫思想的形成与发展

2011 年 12 月,中共中央、国务院发布《中国农村扶贫开发纲要（2011—2020 年）》,明确提出,持续推进扶贫开发,并划定 14 个集中连片特困地区作为这一阶段扶贫开发的主战场。此时,精准扶贫思想已在酝酿之中。

2012 年 12 月 29 日,党中央领导到河北省阜平县骆驼湾村考察时提出,"各级党委和政府要增强做好扶贫开发工作的责任感和使命感,做到有计划、有资金、有目标、有措施、有检查"[①]。这是精准扶贫思想的先声。

2013 年 11 月 3 日,党中央领导来到湖南省湘西花垣县十八洞村考察扶贫开发,首次提出"精准扶贫"概念,明确要求"实事求是、因地制宜、分类指导、精准扶贫"[②],进而为我国扶贫开发、脱贫攻坚提供了一把"金钥匙"。至此,精准扶贫思想被正式明确地提出。

2014 年 1 月,中共中央办公厅详细规划了精准扶贫工作模式的顶层设计,推动精准扶贫思想落地。此后,全国各地开始了一场浩浩荡荡的精准扶贫、精准脱贫攻坚战,特别是集中连片特困地区,更是将精准扶贫工作深入落到实处。

2014 年 3 月 7 日,十二届全国人大二次会议指出,精准扶贫,就是对扶贫对象精细化管理,对扶贫资源实行精确化配置,对扶贫对象实行精准化扶持,确保扶贫资源真正用在扶贫对象身上、真正用在贫困地区。[③]

2015 年 6 月,党中央领导来到贵州调研时提出"四个切实"和"六个精准"。"四个切实",即切实落实领导责任,才能确保扶贫工作落到实处;切实做到精准扶贫,才能确保扶贫工作事半功倍;切实强化社会合力,才能确保扶贫工作整体推进;切实加强基层组织,才能使扶贫工作稳步发展。"六个精准",即扶贫对象精准、项目安排精准、资金使用精准、措施到户精准、因村派人精准、脱贫成效精准的具体要求。[④] 由此,

---

① 习近平.习近平谈治国理政（第一卷）[M].北京：外文出版社，2018：189.
② 汪晓东等.总书记带领我们"精准脱贫"[N].人民日报，2018-10-5（1）.
③ 中共中央党史和文献研究院.习近平扶贫论述摘编[M].北京：中央文献出版社，2018：58.
④ 脱贫攻坚砥砺奋进的五年[N].人民日报，2017-10-17（8）.

"精准扶贫"成为指导全国扶贫脱贫的重要方略。

2015 年 10 月 16 日,2015 减贫与发展高层论坛指出,现在中国扶贫攻坚采取的重要举措,就是实施精准扶贫方略,注重"六个精准",开展"五个一批"(即发展生产脱贫一批、易地搬迁脱贫一批、生态补偿脱贫一批、发展教育脱贫一批、社会保障兜底一批),广泛动员全社会力量,采取灵活多样的形式参与扶贫。[①]

2015 年 11 月 27 日,中央扶贫开发工作会议指出,"要坚持精准扶贫、精准脱贫,重在提高脱贫攻坚成效。关键是要找准路子、构建好的体制机制,在精准施策上出实招、在精准推进上下实功、在精准落地上见实效。"[②] 这就明确了要解决好"扶持谁"的问题和"谁来扶"的问题。

2019 年 10 月 17 日,在第六个国家扶贫日到来之际,各级党委和政府把打赢脱贫攻坚战作为重大政治任务,强化中央统筹、省负总责、市县抓落实的管理体制,众志成城打赢脱贫攻坚战。[③] 至此,精准扶贫思想进一步得到完善与发展。

二、精准扶贫中滇桂黔石漠化连片特困区社会动员

在这一阶段,在精准扶贫思想的指导下,为了确保到 2020 年现行标准下集中连片特困地区贫困人口实现如期脱贫,贵州省委、省政府、广西壮族自治区区委、区政府、云南省委、省政府实施了一系列精准扶贫社会动员的举措。

在滇桂黔石漠化连片特困区贵州片区,为认真贯彻落实《中国农村扶贫开发纲要(2011—2020 年)》和中央扶贫开发工作会议精神,贵州省委、省政府提出《关于贯彻落实〈中国农村扶贫开发纲要(2011—2020 年)〉的实施意见》,制定的奋斗目标是,到 2015 年,实现 30 个国家扶贫开发工作重点县、500 个贫困乡"减贫摘帽";集中连片特困地区和重点县农民人均纯收入增长幅度高于全省农民人均纯收入平均增幅2 个百分点以上。到 2020 年,稳定实现扶贫对象不愁吃、不愁穿,保障

---

① 习近平.携手消除贫困 促进共同发展——在 2015 减贫与发展高层论坛的主旨演讲 [N].经济日报,2015-10-17(2).
② 习近平.习近平谈治国理政(第二卷)[M].北京:外文出版社,2017:84.
③ 咬定目标一鼓作气 确保高质量打赢脱贫攻坚战 [N].人民日报,2019-10-18(1).

其义务教育、基本医疗和住房；集中连片特困地区和重点县农民人均纯收入增长幅度高于全国平均水平，与全国同步全面建成小康社会。①

为了更好地实施精准扶贫精准脱贫攻坚战，贵州省委、省政府制定并实施了"33668"扶贫攻坚行动计划（即在 3 年时间内减少贫困人口300 万人以上，实施结对帮扶、产业发展、教育培训、危房改造、生态移民、社会保障精准扶贫"六个到村到户"，完成小康路、小康水、小康房、小康电、小康讯、小康寨基础设施"六个小康建设"任务，使贫困县农村居民人均可支配收入达到 8000 元以上），开展精准扶贫建档立卡工作，启动拉网式普查精准识别，启动贵州省领导干部遍访贫困村和贫困户行动，全面实施"六个到村到户"和"六个小康建设"，明确"一对一"结对帮扶。该计划还提出，整合社会扶贫资源，完善社会扶贫导向机制，培育多元社会扶贫主体，拓展领域，广泛动员。引导民营企业、社会组织、爱心人士参与扶贫开发，构建多元化大扶贫格局。

贵州省委通过的《贵州省大扶贫条例》则进一步提出，构建政府、社会、市场协同推进以及专项扶贫、行业扶贫、社会扶贫等多种举措有机结合的大扶贫格局，争取国家和其他省（区、市）支持，动员全社会力量广泛参与扶贫开发。②

在滇桂黔石漠化连片特困区广西片区，为了促进精准扶贫和有效脱贫，推动贫困人口脱贫致富，加快贫困地区经济社会发展，广西壮族自治区区委、区政府实施"八个一批"（即扶持生产、转移就业、移民搬迁、生态补偿、教育扶智、医疗救助、低保兜底、边贸扶助各脱贫一批）和"十大行动"（即特色产业富民行动、扶贫移民搬迁行动、农村电商扶贫行动、农民工培训创业行动、贫困户产权收益行动、基础设施建设行动、科技文化扶贫行动、金融扶贫行动、社会扶贫行动、农村"三留守"人员和残疾人关爱服务行动）。

广西壮族自治区政府制订的《广西脱贫攻坚"十三五"规划（2016—2020 年）》提出，强化社会帮扶脱贫，加强东西扶贫协作；全区各级各部门广泛动员；强化宣传，积极引导动员社会团体等积极参与扶贫开发，

① 中共贵州省委贵州省人民政府关于贯彻落实《中国农村扶贫开发纲要（2011—2020 年）》的实施意见（黔党发〔2012〕3 号）[Z].
② 贵州省大扶贫条例（贵州省第十二届人民代表大会常务委员会公告〔2016〕15 号）[Z].

落实社会组织参与脱贫攻坚各项优惠政策。①

在滇桂黔石漠化连片特困区云南片区，为打赢精准扶贫攻坚战，云南省委、省政府先后出台了《云南省农村扶贫开发纲要（2011—2020年）》《关于深入贯彻落实党中央国务院脱贫攻坚重大战略部署的决定》《云南省农村扶贫开发条例》《云南省脱贫攻坚规划（2016—2020年）》《中共云南省委云南省人民政府关于打赢精准脱贫攻坚战三年行动的实施意见》等文件，明确提出，建立健全从组织领导、社会动员等政策制度和体制机制，发挥中央国家机关定点扶贫和东西部扶贫协作的引领示范作用，凝聚国际国内各方面力量，进一步提升贫困人口帮扶精准度和帮扶效果，形成脱贫攻坚强大合力。②

值得一提的是，2015年7月，云南省委、省政府印发了《关于举全省之力打赢扶贫开发攻坚战的意见》，明确提出，协调推进"四个全面"战略布局，以贫困地区跨越式发展和贫困群众脱贫致富为核心，以区域发展与精准扶贫精准脱贫相结合为路径，以改革创新为动力，大力实施新时期扶贫开发"63686"行动计划，从2015年开始起在之后6年，紧扣脱贫、摘帽、增收3个主要目标，聚焦集中连片特困地区等重点区域，瞄准建档立卡贫困对象，推动产业扶持、安居建设、基础设施、基本公共服务社会保障、能力素质提升、金融支持6个到村到户，实施基础设施改善、特色产业培育、劳动力培训转移就业、移民新村建设、社会保障和社会事业发展、整乡整村整体推进、人口较少民族整族帮扶、生态建设8大工程，健全投入增长、项目资金整合使用管理、"三位一体"大扶贫、考核退出激励约束、"挂包帮"驻村帮扶、信息化动态管理6项体制机制保障，确保全省贫困人口2020年如期脱贫、贫困地区同步全面建成小康社会。

云南省委、省政府印发的《关于举全省之力打赢扶贫开发攻坚战的意见》还提出，搭建社会力量参与扶贫的合作平台，引导社会力量自愿参与扶贫。开展企业包扶行动，动员一批有实力的企业，开展联县、包族、包乡、包村帮扶。鼓励社会组织承接政府扶贫项目，创新扶贫方式，打造扶贫公益品牌。开展"圆梦"行动，以乡情乡愁为纽带，吸引和凝聚

① 广西脱贫攻坚"十三五"规划（2016—2020年）（桂政办发〔2016〕193号）[Z].
② 云南省脱贫攻坚规划（2016—2020年）（云政发〔2017〕44号）[Z].中共云南省委云南省人民政府关于打赢精准脱贫攻坚战三年行动的实施意见（云发〔2018〕20号）[Z].

个人力量实施精准帮扶。^① 这就将政府引导精准扶贫、市场主体担当精准扶贫、社会力量参与精准扶贫有机统一起来。

从总体上来看,在精准扶贫社会动员这一阶段,党和政府在滇桂黔石漠化连片特困区精准扶贫社会动员中依然担当着核心动员主体的角色。不过在这一时期发生明显变化的是,精准扶贫社会动员主体出现了多样化,既有党和政府这一核心动员主体,还有许多被动员起来的市场主体、社会组织等继而转变成为重要的动员主体。精准扶贫社会动员主体更加注重政策动员、行政动员等精准动员方式,充分动员、组织、激励社会力量参与精准扶贫,进而提高精准扶贫社会动员的效率和质量。

---

① 中共云南省委云南省人民政府关于举全省之力打赢扶贫开发攻坚战的意见(云发〔2015〕14号)[Z].

滇桂黔石漠化连片特困区
精准扶贫社会动员机制状况透视

第一节　精准扶贫社会动员机制概述

一、机制

　　"机制"本身是一个自然科学术语,基本含义是指机器的构造和工作原理,本义是指机器运转过程中各个部件之间相互作用的关系,并通过机器的运转实现一定的功能。20 世纪 80 年代以后,我国社会科学领域开始广泛地使用"机制"一词。通常"机制"是指"机器的构造和工作原理",或者是指"机体的构造、功能和相互关系",或者是"泛指一个工作系统的组织或部分之间相互作用的过程和方式"[①]。

　　从系统论的角度看,"所谓机制就是指系统内各子系统、各要素之间相互作用、相互联系、相互制约的形式及其运动原理和内在的、本质

――――――――――

[①]　中国社会科学院语言研究所词典编辑室 . 现代汉语词典 [K]. 北京:商务印书馆,2005:628.

的工作方式。"① 也可以说,机制是指系统内部诸要素之间的耦合关系与作用机理。从静态来看,机制是指系统内部诸要素之间的相互关联和结构方式。从动态来看,机制是指系统内部诸要素之间的作用关系和运行功能。

二、精准扶贫社会动员机制

"动员机制在短时期内调配和组织党政部门及人员,以工作组的形式分工,同时成立领导小组或指挥部,对所动员和调配的机构和人员进行统一指挥和调度,以高强度、突击式的工作方式完成中心工作。"② 具体到滇桂黔石漠化连片特困区精准扶贫社会动员机制,从构成要素来看,精准扶贫社会动员机制的构成要素主要包括:社会动员主体,即社会动员活动的发起者和组织者,如党和政府、社会组织甚至包括公民个体;社会动员客体,也可以说是社会动员对象,即社会动员活动的参与者和组成者,如社会组织、企业、公民个体;社会动员介体,即社会动员主体对社会动员客体动员时所运用的策略、方式和途径的总称,如政策、媒介等;社会动员环体,即社会动员活动发生和发展的场所、环境和条件的总称。从本质上来说,精准扶贫社会动员机制是指精准扶贫社会动员主体、社会动员客体、社会动员介体等诸要素有机地、合理地协调和组合而形成的耦合关系与作用机理。精准扶贫社会动员诸要素互为条件,相互融合,共同构成了一个不可分割的精准扶贫社会动员有机整体。从精准扶贫社会动员机制所包含的本质含义看,它体现了"团结起来力量大"精神,其核心在于强调社会多方相关利益群体的积极参与。其中,党和政府作为动员主体的身份由主导管控转向既是引导又是协调其他参与主体的双重身份,而其他社会性力量及公民个体则由被动的动员客体或动员对象转变为在场的参与性主体。在精准扶贫社会动员机制中,各方协同、上下联动和贯通,其中政策公开机制(决策与执行公开透明)和授权机制(赋权、对话、协商等)的建设和完善,起到至关重要的作用。

---

① 侯光明,李存金.现代管理激励与约束机制[M].北京:高等教育出版社,2002:73.
② 欧阳静.政治统合制及其运行基础——以县域治理为视角[J].开放时代,2019(2):188.

```
┌─────────────┐      ┌─────────────┐                                      ┌──────────┐
│党和政府:领导、│─────▶│政策公开机制  │                                      │          │
│引导和协调    │      │(决策、执行公开)│                                    │          │
└─────────────┘      └─────────────┘                                      │          │
      ║                    │                   ┌──────────────┐           │          │
      ▼                    ▼                   │动员决策科学化 │           │          │
┌─────────────┐      ┌─────────────┐           │治理能力提升  │──────────▶│ 良性动员 │
│动员主体      │─────▶│动员          │─────────▶│社会信任、合作增强│        │          │
│(复合型主体)  │      │(协同、联动、贯通)│        └──────────────┘           │          │
└─────────────┘      └─────────────┘                                      │          │
      ▲                    ▲                                               │          │
┌─────────────┐      ┌─────────────┐                                      └──────────┘
│市场主体、社会力│────▶│授权机制      │                                          ▲
│量、公民个体参与│     │(赋权、对话、协商)│                                      │
└─────────────┘      └─────────────┘──────────────────────────────────────┘
```

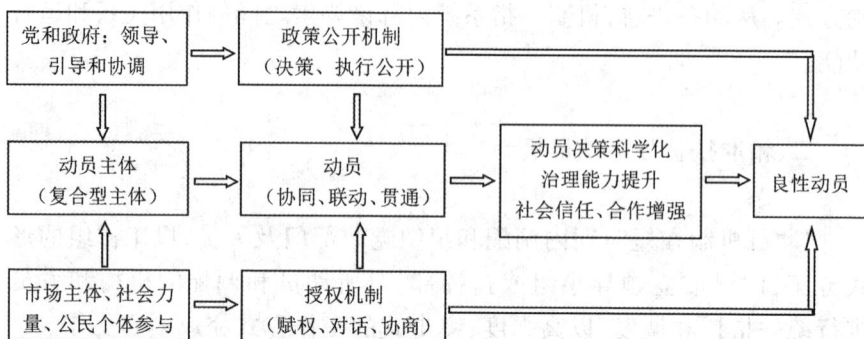

图 3-1　精准扶贫社会动员运行机理示意图

　　滇桂黔石漠化连片特困区精准扶贫社会动员主体对社会动员开展的状况,社会动员对象参与社会动员的程度,社会动员介体(方式)发挥社会动员的效果,以及社会动员模式丰富多样与否,在一定程度上反映出滇桂黔石漠化连片特困区精准扶贫社会动员机制的运行状况。

第二节　精准扶贫社会动员机制要素分析

一、精准扶贫社会动员主体

　　滇桂黔石漠化连片特困区精准扶贫社会动员主体主要包括党(党中央、党的领导人、各级党组织、共产党员,等等)和政府(国务院、地方政府、各级干部,等等)。从总体上来看,滇桂黔石漠化连片特困区精准扶贫社会动员主体对社会动员开展的状况是良好的。党和政府作为主动性的动员主体积极、主动地宣传、引导、动员、组织各种社会力量投入到滇桂黔石漠化连片特困区精准扶贫中,不断强化精准扶贫社会动员的特殊功能,发挥着正向动员的作用。

（一）党和政府

1. 党中央和国务院开展自上而下垂直动员

"政党动员社会的广度和深度是政党力量的重要体现"[1]。"中国共产党可以通过强大的组织动员能力、高效的组织执行能力、有效的组织问责能力，将科学战略规划一步步变为现实，从而满足人民群众日益增长的物质文化需要。"[2] 在精准扶贫社会动员开展的过程中，党中央、国务院作为顶层的主动性动员主体，充分发挥动员领导核心作用，总揽动员全局，协调动员各方，制定扶贫动员政策，进行扶贫动员政治领导，开展动员组织协调。党中央、国务院主要通过制定规划、提出指导性意见等，进行整体规划和宏观指导，开展自上而下的垂直动员。换而言之，党中央、国务院主要是从顶层视角制定扶贫政策，然后运用扶贫政策开展自上而下的垂直动员。

自 2011 年扶贫进入新阶段以来，党中央、国务院出台了 120 多个相关政策文件，这为开展精准扶贫社会动员提供了政策保障。这些政策文件包括《关于公布全国连片特困地区分县名单的说明》《滇桂黔石漠化片区区域发展与扶贫攻坚规划（2011—2020 年）》《关于进一步动员社会各方面力量参与扶贫开发的意见》《关于打赢脱贫攻坚战的决定》《"十三五"脱贫攻坚规划》《关于支持社会工作专业力量参与脱贫攻坚的指导意见》《关于广泛引导和动员社会组织参与脱贫攻坚的通知》《关于打赢脱贫攻坚战三年行动的指导意见》《社会救助兜底脱贫行动方案》，等等。其中，中共中央、国务院制定的《中国农村扶贫开发纲要（2011—2020 年）》成为指导新时期我国扶贫开发的纲领性文件，为我国开展精准扶贫社会动员提供了重要的政策指引。

表 3-1　党中央、国务院发布扶贫政策文件（主要文件）一览表（2011—2020）

文件名称	文件主要内容	发布单位
《中国农村扶贫开发纲要（2011—2020 年）》（中发〔2011〕10 号）	坚持政府主导，坚持统筹发展，广泛动员社会各界参与扶贫开发，努力推动贫困地区经济社会更好更快发展	中共中央、国务院

---

[1]　田先红.政党如何引领社会？——后单位时代的基层党组织与社会之间关系分析 [J].开放时代，2020（2）：138.

[2]　唐亚林.中国共产党绘就治国济世蓝图 [N].人民日报，2017-6-25（5）.

文件名称	文件主要内容	发布单位
《关于下发集中连片特殊困难地区分县名单的通知》(国开发〔2011〕7号)	明确了全国集中连片特殊困难地区以及分县名单,并且提出要按照"两不愁、三保障"的目标要求,紧紧抓住最困难的地区、最困难的群体和最迫切需要解决的问题	国务院扶贫办
《滇桂黔石漠化片区区域发展与扶贫攻坚规划(2011—2020年)》(国开发〔2012〕54号)	按照"区域发展带动扶贫开发,扶贫开发促进区域发展"基本思路,明确了区域发展与扶贫攻坚的总体要求、空间布局、重点任务和政策措施	国务院扶贫办
《关于进一步动员社会各方面力量参与扶贫开发的意见》(国办发〔2014〕58号)	对如何创新社会扶贫参与机制、形成协同推进大扶贫格局、推动精准扶贫等提出明确的指导性意见	国务院办公厅
《左右江革命老区振兴规划(2015—2025年)》(国函〔2015〕21号)	规划包括广西百色市、河池市、崇左市全境、贵州黔西南州全境,黔东南州、黔南州部分地区;云南省文山州全境	国务院
《关于打赢脱贫攻坚战的决定》(中发〔2015〕34号)	广泛动员全社会力量,合力推进脱贫攻坚,包括健全社会力量参与机制、"万企帮万村"、发挥好"10·17"全国扶贫日社会动员作用、探索发展公益众筹扶贫等举措	中共中央、国务院
《"十三五"脱贫攻坚规划》(国发〔2016〕64号)	阐述"十三五"时期国家脱贫攻坚总体思路、主要任务和重大举措	国务院
《贫困残疾人脱贫攻坚行动计划(2016—2020年)》(残联发〔2016〕77号)	通过全面落实保障制度、减少贫困残疾人医疗康复费用刚性支出、动员社会各界力量参与等,深入开展助残扶贫行动	中国残联、国务院扶贫办等
《关于支持社会工作专业力量参与脱贫攻坚的指导意见》(民发〔2017〕119号)	支持社会工作专业力量参与脱贫攻坚工作;充分发挥社会工作专业人才、资源、组织协调、宣传动员优势,促进贫困群众提高脱贫能力和发展能力	民政部、国务院扶贫办等
《关于广泛引导和动员社会组织参与脱贫攻坚的通知》(国开发〔2017〕12号)	按照党的十九大关于动员全党全国全社会力量参与脱贫攻坚的要求,发挥自身专长和优势,促进社会帮扶资源进一步向贫困地区、贫困人口汇聚,在打赢脱贫攻坚战中发挥重要作用	国务院扶贫办
《关于打赢脱贫攻坚战三年行动的指导意见》(中发〔2018〕16号)	动员全社会力量参与脱贫攻坚,加大东西部对口支援帮扶力度,加强定点扶贫工作力度,激励市场主体、社会团体参与扶贫等	中共中央、国务院

文件名称	文件主要内容	发布单位
《关于深入开展消费扶贫助力打赢脱贫攻坚战的指导意见》(国办发〔2018〕129号)	通过帮助消费贫困地区的农产品、手工艺品、提供服务等,促进贫困群众收入增加,稳定脱贫	国务院办公厅
《社会救助兜底脱贫行动方案》(民发〔2020〕18号)	通过发挥相关部门救助制度合力和引导社会组织、社会工作、志愿服务力量参与等方式,妥善解决特殊困难群体个案性困难	民政部、国务院扶贫办

资料来源:根据中共中央、国务院发布相关扶贫政策文件整理

上述制定并发布的政策文件,都是党中央、国务院以及相关职能部门为开展精准扶贫社会动员而制定的政策文件。这些文件的制定和发布体现了党和政府运用政策凝聚社会力量参与扶贫的显著政治优势,同时凸显出党和政府为推进扶贫事业而激发出自上而下动员的强大动员能力。这些政策文件的制定和发布对集中连片特困地区,特别是对像滇桂黔石漠化连片特困区这样扶贫任务特别艰巨、脱贫难度特别大的特困地区开展精准扶贫社会动员,提供了政策指导,发挥着重要的政策动员作用。

2.地方各级党委政府开展承上启下垂直动员

(1)开展政策动员

基于组织层级和隶属关系,滇桂黔石漠化连片特困区各地方党委、政府,承上启下地对党中央、国务院制定、发布的政策进行贯彻落实,或直接贯彻党中央、国务院的相关政策,或结合党中央、国务院制定的相关政策、本地实际再制定具体政策,进一步明确本地区精准扶贫社会动员目标方向、具体举措等,以打赢精准扶贫攻坚战。

在滇桂黔石漠化连片特困区贵州片区,在结合党中央、国务院制定《中国农村扶贫开发纲要(2011—2020年)》的基础上,贵州省委、省政府提出《关于贯彻落实〈中国农村扶贫开发纲要(2011—2020年)〉的实施意见》。2015年,贵州省委、省政府下发扶贫攻坚"1+10"配套文件,包括《关于坚决打赢扶贫攻坚战确保同步全面建成小康社会的决定》《滇桂黔石漠化片区(贵州省)区域发展与扶贫攻坚实施规划(2011—2015年)》《贵州省"33668"扶贫攻坚行动计划》《关于进一步动员社

会各方面力量参与扶贫开发的意见》《关于深入实施打赢脱贫攻坚战三年行动发起总攻夺取全胜的决定》,等等。黔西南州委、州政府制定了《黔南州精准扶贫决战决胜同步小康行动纲要(2015—2020年)》《关于深入实施打赢脱贫攻坚战三年行动发起总攻夺取全胜的实施意见》等。

在滇桂黔石漠化连片特困区云南片区,云南省委、省政府先后制定并出台了《云南省农村扶贫开发纲要(2011—2020年)》《关于深入贯彻落实党中央国务院脱贫攻坚重大战略部署的决定》《云南省脱贫攻坚规划(2016—2020年)》《中共云南省委云南省人民政府关于打赢精准脱贫攻坚战三年行动的实施意见》《关于进一步做好易地扶贫搬迁就业帮扶工作的通知》《关于做好农村最低生活保障制度与扶贫开发政策有效衔接的实施意见》《省委组织部关于切实为打好精准脱贫攻坚战提供坚强组织保障的通知》等政策文件。其中,《云南省脱贫攻坚规划(2016—2020年)》提出,发挥中央国家机关定点扶贫和东西部扶贫协作的引领示范作用,凝聚国际国内各方面力量,进一步提升贫困人口帮扶精准度和帮扶效果,形成脱贫攻坚强大合力。

在滇桂黔石漠化连片特困区广西片区,广西壮族自治区区委、区政府除了贯彻党中央、国务院制定的政策外,还结合本地实际制定《关于创新和加强扶贫开发工作的若干意见》《广西脱贫攻坚"十三五"规划(2016—2020年)》《脱贫攻坚移民搬迁实施方案》《广西壮族自治区扶贫开发条例》《广西壮族自治区扶贫开发领导小组关于进一步加强和完善精准帮扶基础工作的通知》《关于打赢脱贫攻坚战三年行动的实施意见》《关于坚决打赢疫情防控阻击战保障决胜脱贫攻坚的若干措施》等政策文件。

表3-2　滇桂黔石漠化连片特困区地方党委、政府发布扶贫政策文件(部分文件)一览表(2011—2020)

文件名称	文件主要内容	发布单位
《关于贯彻落实〈中国农村扶贫开发纲要(2011—2020年)〉的实施意见》(黔党发〔2012〕3号)	为认真贯彻落实《中国农村扶贫开发纲要(2011—2020年)》和中央扶贫开发工作会议精神,加快贵州省贫困地区经济社会发展,确保到2020年与全国同步建成全面小康社会,结合贵州省实际,就深入推进新一轮扶贫攻坚工作提出具体实施意见	贵州省委、省政府

文件名称	文件主要内容	发布单位
《关于坚决打赢扶贫攻坚战确保同步全面建成小康社会的决定》（黔党发〔2015〕21号）	明确坚持精准扶贫、精准脱贫的基本方略,强化责任,推进改革创新,加强政策扶持,采取超常规措施,尽快增加贫困人口收入,不断提高贫困人口素质,举全省之力坚决打赢扶贫攻坚战,确保同步全面建成小康社会	贵州省委、省政府
《滇桂黔石漠化片区（贵州省）区域发展与扶贫攻坚实施规划（2011—2015年）》（黔扶通〔2017〕4号）	依据《滇桂黔石漠化片区区域发展与扶贫攻坚规划（2011—2020年）》确定的指导思想、战略定位、发展目标、空间布局和产业发展重点等,编制具体实施规划	贵州省扶贫办、省发改委
《贵州省"33668"扶贫攻坚行动计划》（黔党办发〔2015〕13号）	确保到2020年与全国同步全面建成小康社会,贵州省委、省政府决定实施"33668"扶贫攻坚行动计划,在3年时间内减少贫困人口300万人以上,实施结对帮扶、产业发展等"六个到村到户",完成小康路、小康水等"六个小康建设"任务,使贫困县农村居民人均可支配收入达到8000元以上	贵州省委、省政府
《关于进一步动员社会各方面力量参与扶贫开发的意见》（黔委厅字〔2015〕33号）	为打好新时期的扶贫攻坚战,进一步动员社会各方面力量参与扶贫开发,创新完善人人皆愿为、人人皆可为、人人皆能为的社会扶贫参与机制,经省委、省政府同意,现提出具体意见	贵州省委办公厅、省政府办公厅
《黔南州精准扶贫决战决胜同步小康行动纲要（2015—2020年）》（黔南党发〔2015〕18号）	根据省委、省政府工作部署,切实抓好精准扶贫决战决胜,实现到2020年全面建成小康社会奋斗目标,结合黔南实际,特制定精准扶贫决战决胜同步小康行动纲要	黔南州委、州政府
《云南省脱贫攻坚规划（2016—2020年）》（云政发〔2017〕44号）	到2020年,稳定实现农村贫困人口不愁吃、不愁穿,义务教育、基本医疗和住房安全有保障；实现贫困地区农村常住居民人均可支配收入增长幅度高于全省平均水平,基本公共服务主要领域指标接近全省平均水平	云南省委、省政府
《中共云南省委云南省人民政府关于打赢精准脱贫攻坚战三年行动的实施意见》（云发〔2018〕20号）	为推动脱贫攻坚工作更加有效开展,根据《中共中央、国务院关于打赢脱贫攻坚战三年行动的指导意见》精神,结合云南省实际,提出具体实施意见	云南省委办公厅

文件名称	文件主要内容	发布单位
《关于进一步做好易地扶贫搬迁就业帮扶工作的通知》（云人社通〔2019〕139号）	把就业帮扶纳入易地扶贫搬迁工作总体部署，做到搬迁及后续扶持工作和就业帮扶工作同谋划、同部署、同推进。在总结云南省前期易地扶贫搬迁就业帮扶工作经验的基础上，就进一步做好相关工作提出意见	云南省人力资源和社会保障厅等
《关于广泛动员社会力量参与扶贫开发的工作方案》（桂政发〔2012〕24号）	为动员社会力量参与广西扶贫开发，推进贫困地区经济社会更好更快发展，制定具体方案	广西壮族自治区人民政府
《关于创新和加强扶贫开发工作的若干意见》（桂发〔2014〕12号）	创新扶贫工作体制机制，走出一条富有广西特色、更加精准有效的扶贫开发新路子，加快实现广西"两个建成"目标，提出具体意见	广西壮族自治区党委、人民政府
《广西脱贫攻坚"十三五"规划（2016—2020年）》（桂政办发〔2016〕193号）	主要阐明"十三五"时期脱贫攻坚的指导思想、目标任务和重大举措，指导和推进广西"十三五"脱贫攻坚工作，规划范围是54个贫困县，5000个建档立卡贫困村和452万建档立卡贫困人口	广西壮族自治区人民政府办公厅政府
《关于打赢脱贫攻坚战三年行动的实施意见》（桂发〔2018〕22号）	为确保坚决打赢脱贫攻坚战，与全国同步全面建成小康社会，推动脱贫攻坚工作更加有效开展，制定具体实施意见	广西壮族自治区党委、人民政府
《关于坚决打赢疫情防控阻击战保障决胜脱贫攻坚的若干措施》（桂开办发〔2020〕7号）	为在做好疫情防控工作的同时，扎实推进脱贫攻坚各项工作，确保全面完成脱贫攻坚目标任务，根据《自治区人民政府办公厅印发关于支持打赢疫情防控阻击战促进经济平稳运行的若干措施的通知》（桂政办发〔2020〕6号）精神，制定具体措施	广西壮族自治区扶贫办等

资料来源：根据贵州省委、贵州省政府、云南省委、云南省政府、广西壮族自治区党委、广西壮族自治区人民政府等发布相关扶贫政策文件整理

显而易见，滇桂黔石漠化连片特困区涉及的各级地方党委、政府，以党中央、国务院制定的政策和本地实际为依据，既具有开展精准扶贫社会动员的具体政策依据，又能将开展精准扶贫社会动员联系实际，推动了滇桂黔石漠化连片特困区精准扶贫社会动员的有效开展。

（2）开展人力资源动员

人是社会生产力中最活跃的因素。要促进经济社会发展,就要重视人在经济社会发展中的重要作用。这在精准扶贫事业中也不例外,只有人力资源有了保障,才能为精准扶贫提供智力支持。而人力资源动员是资源动员中的重要内容。为此,滇桂黔石漠化连片特困区党委、政府非常重视开展人力资源动员,为精准扶贫提供人力和智力支持。

在滇桂黔石漠化连片特困区云南片区,云南省实行省、州(市)、县(市、区)、乡(镇)四级干部整体联动,建立完善全省"领导挂点、部门包村、干部帮户"定点挂钩扶贫工作长效机制。借助四级联动工作机制,云南省组织40万干部职工挂职4个集中连片特困地区、93个贫困县(含重点县和片区县),涉及476个贫困乡(镇)、4277个贫困村、194.5万贫困户、574万贫困人口。在四级联动过程中,切实保证每一个贫困县、每一个贫困村、每一个贫困户都有相应扶贫领导、扶贫部门、扶贫单位、扶贫干部挂包,做到不脱贫不脱钩。①

在滇桂黔石漠化连片特困区贵州片区,为确保实现整县顺利"减贫摘帽",黔东南苗族侗族自治州三穗县把各行政村按村民组划分为若干网格,1350余名干部下到一线,担当起村级脱贫攻坚网格员职务,与群众同吃同住开展精准扶贫。这样,三穗县建立以"县为总指挥、乡镇为前线指挥部、村为下沉驻点工作队、组为包保落实工作组"的四级联动指挥体系,坚持"组(网格)为单元、户为单位、户户过关"的工作原则,为精准扶贫提供人力资源保障,2018年实现贫困发生率下降到2%以内,群众认可度达90%以上。②

在滇桂黔石漠化连片特困区广西片区,自治区将"一帮一联"作为推动脱贫攻坚工作的重要抓手,每年都召开一次会议专门部署推进。2019年,自治区全区各单位共安排52.3万人结对帮扶贫困户、联系贫困学生,共有9112家区内定点扶贫单位派出5379名第一书记和3.74万名工作队员驻村帮扶,推动教育、医疗、住房、低保等扶贫政策落细落地,取得了显著成效。③

① 中共云南省委办公厅、云南省人民政府办公厅关于建立扶贫攻坚"领导挂点、部门包村、干部帮户"成效机制扎实开展"转作风走基层遍访贫困村贫困户"工作的通知(云办通〔2015〕38号)[Z].
② 实施网格化管理 助力脱贫攻坚[N].贵州日报,2018-10-7(2).
③ 韦继川.我区部署推进"一帮一联"工作[N].广西日报,2020-3-1(3).

（3）开展财力资源动员

财力资源动员同样是资源动员的重要内容。如果没有财政资金的支持，精准扶贫工作难以开展，难以取得应有的成效。为了进一步提高精准扶贫的成效，滇桂黔石漠化连片特困区地方党委、政府进一步加大财力资源动员的力度，增强精准扶贫的财力支持。

在滇桂黔石漠化连片特困区云南片区，为保障贫困村第一书记（工作队长）扶贫工作有序开展，云南省红河州及时、足额下拨相关经费。红河州2018年798个贫困村第一书记（工作队长）工作经费下达表如表3-3。

表3-3 红河州2018年798个贫困村第一书记（工作队长）工作经费下达表

县市名称	合计（万元）	备注
个旧市	30	
开远市	36	
蒙自市	45	
建水县	56	
弥勒市	49	
石屏县	45	贫困县
泸西县	55	贫困县
屏边县	76	贫困县
元阳县	125	深度贫困县
红河县	88	深度贫困县
金平县	90	深度贫困县
绿春县	83	深度贫困县
河口县	20	
合计	798	

资料来源：红河州财政局中共红河州委组织部红河州扶贫办关于下达2018年798个贫困村第一书记（工作队长）工作经费的通知[Z].

文山州广南县人民政府金融办按照县委、县人民政府的安排部署，借力地方政府出台的扶贫攻坚扶持政策，组织金融机构加强宣传金融精准扶贫工作，进一步加大扶贫再贷款对贫困地区的支持力度。截至2018年8月底，广南县累计发放扶贫再贷款2.65亿元。其中，支持8户企业贷款1.2亿元，与此同时带动服务2800户建档立卡贫困户，累计发放贷款 1.45 亿元。[①]

在滇桂黔石漠化连片特困区广西片区,为更好地发挥扶贫专项基金的帮扶效益,进一步助力脱贫攻坚,南宁市上林县积极探索精准扶贫新模式,专门设立扶贫基金专户,利用专项资金投入建设所产生的项目分红、净利润等收益金,为县内贫困对象发放生活补助及在医疗、养老等社会保险方面提供兜底保障,发挥了良好的财政动员效果。上林县扶贫专项基金扶贫模式主要为两种:一是"项目收益 + 贫困户补助"模式,利用国家、自治区、市、县等扶贫资金投资依托项目经营产生的收益,直接分配补助给指定贫困户。如 40MW 光伏扶贫电站项目,利用粤桂对口扶贫资金 2000 万元入股上林县鑫安光伏电力有限公司,占股 40%,每年可获固定分红 400.2 万元。二是"扶贫产业效益 + 贫困兜底"模式,以扶贫产业项目计提收益注入扶贫基金专户,为全县贫困户在医疗、养老等社会保险方面提供兜底保障。截至 2019 年 10 月,投入白圩高值渔项目 3496.73 万元、三里蛋鸡项目 1100 万元、40MW 光伏扶贫电站项目 2000 万元,其中,三里蛋鸡项目获得收益 19.55 万元用于发展村级集体经济;40MW 光伏扶贫电站项目获得收益 400 万元,第一批 200 万元用于扶持 1333 户特殊群体贫困户。[②]

在滇桂黔石漠化连片特困区贵州片区,黔东南州黎平县遵照群众意愿,按照"一村一品"进行产业扶持。2015 年,该县紧紧围绕"两年减贫摘帽,三年巩固发展"的目标,按照"茶旅一体化、药旅一体化、菜旅一体化"的要求,相继组织投入财政专项扶贫资金 345 万元新建 24100 亩艾纳香、钩藤等中药材基地。安排 300 万元,推进天香谷园区建设。投入 1095.9 万元,新建油茶基地 13000 亩,实现油茶低产林改造 2500 亩。安排 650 万元在水口镇、永从乡实施省领导集团帮扶整乡推进扶贫项目。[③]

(4)开展专项行动动员

共意动员就是统一意识,统一行动。为了提高精准扶贫效率,打赢脱贫攻坚战,滇桂黔石漠化连片特困区地方各级党委、政府开启共意动员,统一意志,统一行动,持续开展"春风行动""春季攻势""夏季攻势""秋季攻势""冬季充电"等精准扶贫专项行动。

① 根据 2019 年 1 月 23 日课题组在广南县财政局调研资料整理.
② 上林县多措并举坚决打赢脱贫攻坚战 [N].南宁日报,2019-10-17(6).
③ 陆书明,张万桃.向精准扶贫发起"总攻"[N].黔东南日报,2015-11-3(A6).

在滇桂黔石漠化连片特困区贵州片区，从 2017 年开展脱贫攻坚"春季攻势""秋季攻势"，到 2018 年"春风行动""夏秋攻势"，再到"冬季充电"，贵州省集中精力开展精准扶贫专项行动动员。贵州省人民政府发布《2017 年脱贫攻坚春季攻势行动令》，提出以精准为着力点，重点攻坚精准实施产业扶贫、精准实施易地搬迁扶贫、精准实施教育扶贫等。在 2018 年脱贫攻坚春风行动中，贵州省重点攻坚产业扶贫、基础设施建设、易地扶贫搬迁、"三保障"。在攻坚产业扶贫方面，全面推行产业发展，包括产业规划、产业项目、技术指导等，做到建立农民专业合作社、技术指导团队对贫困村、贫困户全覆盖。在攻坚基础设施建设方面，以实现"组组通"为目标，采取量质并重、权责一致等行动举措，增建"组组通"公路 1.5 万公里，增加投资 100 亿元，进一步夯实贫困地区脱贫基础。在攻坚易地扶贫搬迁方面，全面实行城镇化集中安置，确保实现搬迁群众搬得出、稳得住、能致富。在攻坚教育医疗住房"三保障"方面，全面落实教育精准扶贫政策、"四重医疗保障"、农村"危改"任务，切实保障各项计划、工作任务顺利推进。[1]

在滇桂黔石漠化连片特困区广西片区，2019 年 1 月 14 日，广西崇左市天等县委、县政府召开 2019 年脱贫攻坚部署动员会，对全年春夏秋冬四场脱贫攻坚战开展做系统部署动员。天等县将紧扣"核心是精准、关键在落实、确保可持续"的总要求，围绕"两不愁、三保障"的目标，按照"12345"的思路抓好各项工作，确保圆满完成脱贫摘帽任务。"12345"即：出台 1 套政策组合拳，明确 1 个脱贫摘帽任务；召开 2 次宣誓大会；明确 3 项工作制度，组织 3 次考核验收，补齐 3 项参考指标；落实 4 项清单，打好"春、夏、秋、冬"4 场战役；重点打好产业扶贫、基础设施建设、易地扶贫搬迁、村集体经济发展、粤桂扶贫协作等 5 场硬仗。[2]

在滇桂黔石漠化连片特困区云南片区，为确保如期高质量完成脱贫攻坚目标任务，云南省制定《云南省决战决胜脱贫攻坚百日总攻行动方案》，决定从 2020 年 3 月 6 日至 6 月 30 日，在全省范围内组织开展决战决胜脱贫攻坚百日总攻行动。对剩余未申请摘帽的 7 个贫困县和剩余贫困人口超过 5000 人的 8 个县，由省级领导定点督战；对未出列的 429 个贫困村，由州（市）、县（市、区）两级挂牌督战；对 11 个万人以上

① 李薛霏.我省发布 2018 年脱贫攻坚春风行动令[N].贵州日报，2018-2-24（1）.
② 黄城松.天等吹响脱贫摘帽"春季攻势"集结号[N].左江日报，2019-2-16(1).

易地搬迁集中安置点,由省级相关职能部门实行挂牌督战。建立省、州(市)、县(市、区)三级直通联动督战机制,强化脱贫攻坚主体责任,全面排查"两不愁三保障"和饮水安全漏项弱项。着力加强产业扶贫,优先支持扶贫产业恢复生产,做好贫困地区生产资料保障、春耕备耕、种苗农资供应等工作。①

(5)开展招商推介动员

招商引资属于资源动员的范畴,目的就是增强经济社会发展财力的支持。滇桂黔石漠化连片特困区党委、政府动员、组织召开一系列扶贫攻坚招商推介会,以期提高精准扶贫的财力支持力度。

在滇桂黔石漠化连片特困区贵州片区,贵州省政府先后组织在北京、上海、深圳等地举办一系列扶贫攻坚招商推介会。2019年8月12日,杭州市—黔东南州扶贫协作产业招商引资推介会在杭州举行。杭州市有关部门主要负责同志,黔东南州有关部门主要负责同志、有关县市党委或政府主要负责同志,杭州市各界企业、有关媒体等共计180余名嘉宾代表参加推介会。在推介会上,与会嘉宾观看了大美黔东南宣传片,岑巩、三穗、天柱、榕江、剑河分别作了优质产业招商引资项目推介。推介会还举行了项目签约仪式,共签约10个招商引资项目,总投资26.85亿元,涉及大健康、现代高效农业、文化旅游、农特产品深加工、生态环保等多个领域。②2020年5月,通过深圳驻点招商工作队,贵州省与珠三角地区企业签订第二期项目框架协议32个,拟投资金额69.55亿元;签订投资合同74个,合同投资额176.33亿元。签约项目中,一产项目16个、二产项目44个、三产项目14个,其中亿元以上投资项目达到35个。③

在滇桂黔石漠化连片特困区广西片区,2018年4月23日,深圳宝安广西都安扶贫协作暨招商推介会在都安瑶族自治县举行。在此次招商推介会上,一些企业家被组织、动员到都安,参与深圳与都安双方结对帮扶在人才支持、旅游扶贫、技能培训、产品供销等领域的深化合作,多措并举推进深圳与都安双方扶贫协作,帮助都安打赢脱贫攻坚战。④

---

① 云南决战决胜脱贫攻坚百日总攻行动部署[J].云岭先锋,2020(4):7.
② 杨洪光.杭州市—黔东南州扶贫协作产业招商引资推介会在杭州举行[N].黔东南日报,2019-8-14(1).
③ 王法,王红.贵州赴深圳驻点招商结硕果[N].贵州日报,2020-5-7(1).
④ 黄鹏欢.深圳宝安广西都安扶贫协作暨招商推介会在都安举行[N].河池日报,2018-4-25(5).

在滇桂黔石漠化连片特困区云南片区,2018 年 6 月 25 日,文山州委州政府在上海举行沪文扶贫协作招商推介会,在上海"云品中心"举行文山特色农产品专场推介活动,在静安区举行"云品入沪·静安活动周",为文山高原特色产品开拓市场,进一步深入推进上海—文山扶贫协作。其中,上海复星集团、冠生园、上海长业控股等 130 多家企业负责人出席此次招商推介会。在推介会上,麻栗坡县政府与大唐融合信息服务有限公司、上海牛旭食品贸易有限公司,富宁县政府与上海牛旭食品贸易有限公司签署项目合作投资协议,资金共计 1.5 亿元。[①]

3. 基层党组织

组织动员是社会动员的一项重要内容。"政治动员的对象是党的下级组织和党员干部,尤其是党政部门的主要领导。政治动员伴随着政治责任和政治压力的传输,传输渠道是党的组织系统。"[②] 基层党组织是宣传党的主张、贯彻党的政策、领导基层治理和团结动员群众的坚强战斗堡垒,可以发挥政治、制度、体制优势,开展自上而下的组织动员。在滇桂黔石漠化连片特困区精准扶贫社会动员的过程中,基层党组织充分发挥战斗堡垒作用,通过组织、动员党员干部,激发党员干部精准扶贫社会动员的内在动力,使贫困群众有了组织依靠。

在滇桂黔石漠化连片特困区贵州片区,从江县农村基层党组织紧紧围绕推进精准扶贫,充分发挥组织、动员优势,做好"党组织+"大文章,实现党建与精准扶贫有效联动,发挥着精准扶贫社会动员的重要作用。近年来,从江县充分发挥立体气候、生态良好等突出优势,组建由县级干部领衔的工作专班,坚持以市场为导向,强化产销衔接,采取"党社联建""支部+合作社+贫困户"等模式,重点发展"四大产业"。截至2020 年 8 月,全县养殖生态鸡 226 万只,种植百香果 1 万亩,种植蔬菜 2.5万亩,种植食用菌 0.3 万亩,有效实现贫困人口产业全覆盖。另外,从江县还把劳务就业作为"四大产业"兜底产业,按照"近期就业、中期创业、远期产业"总体思路,坚持党建引领,着力打造有组织的"365"劳务就业模式,充分发挥党组织战斗堡垒和党员先锋模范作用,在实施有组织化劳务就业 14.8 万人(其中贫困劳动力 6.5 万人)的基础上,以开展"党

---

① 资云波,颜宏幸.沪文扶贫协作推介会举行[N].文山日报,2018-6-27(1).
② 杨华,袁松.行政包干制:县域治理的逻辑与机制[J].开放时代,2017(5):
187.

建引领促就业、公益岗位助脱贫"活动为抓手,整合各类帮扶资源,认真开展调查研究,精准开发"水利三员"、护路员、护林员等公益性岗位12061 个,实有公益性岗位就业 11433 人(其中贫困劳动力就业 11130 人)。① 产业扶贫是稳定脱贫的根本之策,也是变"输血"为"造血",帮助群众就地就业的长远之计。

在滇桂黔石漠化连片特困区云南片区,文山州广南县坚持把抓党建促精准扶贫作为最大的政治任务,始终把优化结构、健全体系、理顺关系作为基层党组织建设的基础性工作来谋划推动,不断建强基层党组织战斗堡垒,确保基层党组织和广大党员干部在精准扶贫中发挥战斗堡垒、模范带头作用。广南县曙光乡充分发挥党组织联系群众优势,坚持红色引领"转思想、变观念"理念,充分调动了群众的积极性、主动性、创造性,激发了群众内生动力促进脱贫。曙光乡以增强党组织班子整体功能为着力点,建立健全培养机制,结合实际,从致富带头人、优秀农民、大学毕业生中选拔敢于啃硬骨头的村两委班子,配齐配强 6 个村两委班子,选优配强第一书记 6 名,驻村工作队员 23 名,建设党组织 76 个,发展党员 704 名,确保每一个基层党组织都成为精准扶贫的战斗堡垒,每一名党员都成为脱贫攻坚的"领头雁"。乡党委政府注重农村党员队伍建设,充分发挥党员队伍中"土专家"先锋模范作用,成立曙光乡特色产业联合党支部,有种植、养殖意愿和能力的贫困群众送技术、送政策,深入挖掘党员队伍建设中创业致富典型案例,结合"流动党校"进农村,深入 6 个村 128 个村小组开展党建促脱贫宣讲 100 余场次,组织致富带头人参加培训班学习。通过致富带头人"一对多"结对帮扶,带动劳动力就近就业实现增收,进一步增强群众脱贫致富信心,彻底摒除"等、靠、要"思想,从"要我脱贫"变"我要脱贫"。积极发挥基层党组织在脱贫攻坚中的基础作用,结合"短期 + 中期 + 长效"产业规划和"四色四果"主打产业布局,成立广南县亿农种猪养殖合作社、广南县曙光乡新雨金边玫瑰种植农民专业合作社、广南县曙光乡忠卫韭黄种植农民合作社等辐射带动力强的专业合作社,引导群众吸附在产业链上,带动建档立卡贫困户 1368 户 6692 人"抱团"发展。②

① 符爱波,刘久锋.贵州从江县秧里村:党建引领多元产业发展 [N].农民日报,2020-8-27(6).
② 王怀琼.广南县曙光乡激发群众内生动力促脱贫 [N].云南经济日报,2019-9-25(8).

在滇桂黔石漠化连片特困区广西片区,广西壮族自治区党委组织部点对点直接帮扶最偏远贫困的凌云县弄怀屯、天峨县纳岜屯。着眼于增强贫困地区的可持续发展能力,自治区党委组织部探索出新村建设、产业开发、教育扶贫、党建保障"四位一体"的扶贫开发新模式,把贫困村建成示范点,把贫困户变成示范户,高扬催人奋进的攻坚旗帜。近年来,自治区党委组织部坚持"把组织资源变为发展资源,把组织优势变成扶贫优势,把组织活力变为攻坚动力"的理念,把围绕中心、服务大局落到实处。2012年,首次选派3000名机关干部担任贫困村党组织第一书记领衔扶贫,继续选派3万名新农村建设指导员驻村帮扶,组织近14万名党员志愿者服务群众,实施"培训扶贫大行动"和"万名人才服务基层大行动"。2013年以来,广西各级组织部门创新推进扶贫开发举措,实施"十乡百村"结对帮扶工程,14个市级组织部门分别结对帮扶一个困难乡镇,112个县级组织部门各结对帮扶一个贫困村,开创出率先合力助推扶贫攻坚的新局面。同时,结合全区开展的"美丽广西清洁乡村"活动,派出8万名党员干部组成1.4万多支工作队,覆盖到全区所有市县乡村,努力把扶贫联系点打造成清洁示范点,齐心共建美丽广西,加快推进富民强桂新跨越。①

(二)党政领导

1.发挥领袖动员作用

资源动员理论中的"资源",既包括有形的金钱、资本和设施,也包括无形的领袖气质、合法性支持,等等。党政领袖可以运用自身的形象、声望和气质,开展社会动员,能够起到"一呼百应"的效果。

2015年1月19日至21日,党中央领导人来到云南昭通、大理、昆明等地,针对灾后恢复重建、经济社会发展情况、精准扶贫推进状况等展开调研。强调指出,我们要以更加明确的目标、更加有力的举措、更加有效的行动,深入实施精准扶贫、精准脱贫。在项目安排和资金使用上,都要提高精准度,扶贫要扶到点上,扶到根上,切实使贫困群众得到

① 组织活力变为攻坚动力——广西组织工作深度融入扶贫开发剪影[N].中国组织人事报,2013-6-17(8).

实惠。①

2015 年 6 月 16 日至 18 日,党中央领导人来到贵州开展调研,深刻地指出,好日子是干出来的,贫困并不可怕,只要有信心、有决心,就能克服困难。同时,习近平总书记还希望村党支部、村委会和村干部齐心协力,共同把群众的事情办好,打好精准扶贫精准脱贫攻坚战。②

2017 年 4 月 19 日至 21 日,党中央领导人在广西考察时强调指出,脱贫攻坚形势依然严峻,必须倒排工期,落实精准扶贫精准脱贫方略。要针对贫困形成的深层次原因,分类施策,力戒形式主义,力戒搞花架子。特别是对贫中之贫、困中之困,要采取超常规方法和措施。③

2015 年 2 月 13 日至 15 日,党中央领导人到贵州黔东南苗族侗族自治州和贵阳进行考察。李克强总理在考察时指出,打好扶贫攻坚战,根本要靠发展。还需要进一步加大对贫困地区一些基础设施的投入和支持,如公路修建、水利工程、医疗健康设施,等等。扶贫要在根子上、关键点上下功夫,还进一步提出,广大干部要扑下身子,真抓实干,一起努力拔掉"穷根子"。④

2017 年 1 月 23 日至 25 日,新春佳节前夕,党中央领导人来到云南考察,深入了解扶贫开发和精准扶贫情况,强调指出,党和政府一定会帮助困难群众改善生产生活条件,有关部门要支持地方因地制宜、创新机制,多渠道筹集易地扶贫搬迁资金,加快脱贫攻坚进度。⑤

2.地方党政"一把手"开展动员

在以习近平同志为核心的党中央的坚强领导下,地方各级党委、政府积极行动起来,切实负起党政"一把手"在精准扶贫社会动员中的责任。强化党政"一把手"负总责的领导责任制,压紧各级党委书记和第一书记工作责任。这是打赢精准扶贫攻坚战的关键。各地各级党委政

府切实建立起精准扶贫社会动员党政"一把手"负责制,层层签订脱贫攻坚责任书,层层压实责任,层层传导压力,形成了省、市、县、乡、村五级书记一起抓扶贫的工作格局。

在滇桂黔石漠化连片特困区贵州片区,为切实抓好、落实好精准扶贫社会动员工作,2018年9月3日至4日,时任贵州省委书记孙志刚深入黔西南布依族苗族自治州晴隆县、贞丰县、安龙县、兴义市调研脱贫攻坚工作,并强调要加强党对脱贫攻坚工作的领导,深入推进工作作风转变。各级各部门都要聚精会神抓脱贫攻坚,以较真促认真、以碰硬求过硬,各项工作都要往深里做、往实里做,深入研究和解决具体问题,做精致、出精品,坚决杜绝形式主义、官僚主义,确保脱贫攻坚务实扎实。要着力提高基层党组织的组织能力、动员能力,带领合作社把农民群众组织起来调整结构、对接市场、增收致富。①

在滇桂黔石漠化连片特困区广西片区,为切实抓好、落实好精准扶贫社会动员工作,2017年6月14日至15日,时任广西壮族自治区党委书记彭清华带队深入龙州县开展扶贫立法调研,走村入户,访贫问苦,与各级干部和基层群众座谈,广泛听取意见建议,坚定信心、决战决胜,打响广西国家扶贫开发工作重点县脱贫摘帽第一炮,坚决完成龙州县脱贫摘帽任务,为广西革命老区、边境地区、民族地区脱贫攻坚发挥示范带头作用。②

在滇桂黔石漠化连片特困区云南片区,为切实抓好、落实好精准扶贫社会动员工作,2018年10月11日至12日,时任云南省委书记陈豪率领调研组在文山壮族苗族自治州马关县、文山市开展调研,强调要深入学习贯彻关于脱贫攻坚的重要论述,进一步强化攻坚责任、提高攻坚本领、锤炼攻坚作风,在统筹做好易地扶贫搬迁、产业扶贫、就业扶贫等工作方面多思良方,以实实在在的成效确保贫困县如期实现脱贫摘帽。③

为深入贯彻党中央、国务院、省委、省政府、市(州)委、市(州)政府关于精准扶贫的决策部署,按照"中央统筹、省负总责、市(地)县抓落

① 许邵庭.大力锤炼较真碰硬的工作作风 坚决夺取脱贫攻坚战全面胜利[N].贵州日报,2018-9-5(1).
② 魏恒.坚决打响我区国家扶贫开发工作重点县脱贫摘帽第一炮[N].广西日报,2017-6-16(1).
③ 盛廷.统筹做好易地扶贫搬迁和产业扶贫工作 以实实在在成效确保如期实现脱贫摘帽[N].云南日报,2018-10-14(1).

实"的工作机制和管理体制,坚持发挥各级党委总揽全局、协调各方的作用,建立各负其责、各司其职的责任制,涉及滇桂黔石漠化连片特困区的省(区)委书记、省(区)长、市(州)委书记、市(州)长、县委书记、县长等毅然签下《脱贫攻坚责任状》,切实扛起党委政府脱贫攻坚主体责任、党政主要领导脱贫攻坚第一责任,认真实施精准扶贫方略,以推动精准扶贫有组织、有保障地有序开展,发挥好相应的组织、动员的重要作用。

不难看出,在滇桂黔石漠化连片特困区精准扶贫过程中,党政领导人以身作则,不仅大力宣传党和政府的扶贫政策,而且积极参与其中,考察、指导集中连片特困地区精准扶贫开展,发挥着引领、示范、动员的重要作用。

(三)党员干部

滇桂黔石漠化连片特困区精准扶贫社会动员是一个以群众参与为载体,由党和政府发动的、自上而下进行的社会动员过程,需要依靠党员干部来动员群众,投入其中。广大党员干部是开展精准扶贫工作的先锋模范。而开展精准扶贫更多具体的、落地的工作基本上都是由基层来落实、实现。"上面千条线,下面一根针"。如果把上级的政策和工作要求形象地比作"千条线",那么基层就是"一根针",基层干部就是"穿针引线人"。通过宣传引导,基层干部使基层群众更加明白无误地理解党和政府的政策、路线、方针,自觉行动起来,投身到国家建设和事业发展之中。

1. 驻村"第一书记"

"支部书记拥有权威,可以调动支部内部的人力物力,不仅能够有效承接自上而下的各种治理事务,也能够真正实行基层社会自治,达到有效治理。"[①]滇桂黔石漠化连片特困区充分发挥"第一书记"的领导、动员、组织作用,加大贫困村基层党组织整顿转化力度,选好派强"第一书记"和驻村党员干部,与村、户"一对一"结对,提升基层党员干部抓精准扶贫工作的积极性。

---

① 田先红.政党如何引领社会?——后单位时代的基层党组织与社会之间关系分析[J].开放时代,2020(2):129.

在滇桂黔石漠化连片特困区广西片区,在 2012 年和 2014 年,自治区先后两批次从自治区、市、县三级机关企事业单位选派 3000 名优秀年轻干部到贫困村担任党组织第一书记。2015 年第三批新增派的 3500 名第一书记中,区直、中直驻桂单位共新选派 699 人。[①] 第一书记在开展精准扶贫社会动员中起到模范带头作用,有力地推动精准扶贫社会动员工作的开展。

在滇桂黔石漠化连片特困区贵州片区,为充分发挥第一书记在精准扶贫工作中的重要作用,贵州省制定了《贵州省村党组织第一书记管理办法(暂行)》(黔党建办发〔2016〕8 号),明确了第一书记的选派办法、选派条件、工作职责、日常管理、工作考核、保障激励等。第一书记的工作职责中最为重要的是推进精准扶贫工作有效开展。例如,根据"33668"扶贫攻坚行动计划,实施好精准扶贫战略,保障扶贫攻坚战能够如期完成。2015 年 8 月,刘为由国务院扶贫办选派到黔东南州雷山县朗德镇南猛村任第一书记。在第一书记刘为的带领下,原是空壳村的南猛村,在 2015 年底成立了共济乡村旅游专业合作社,下设芦笙表演、民族手工艺、农业经营、电子商务 4 个组,涵盖了全村 35 户建档立卡贫困户。2016 年 12 月 13 日,在刘为的牵线搭桥下,南猛村又与北京大基石文化旅游开发有限公司等 4 家公司在产业扶贫、旅游扶贫、教育扶贫、消费扶贫、扶贫保险等方面签订了精准扶贫项目,为南猛村全面小康按下了"快捷键"。截至 2017 年 1 月,全村 35 户贫困户有 26 户通过合作社实现户均增收 2700 元。[②] 这充分反映出第一书记开展精准扶贫社会动员的显著成效。

在滇桂黔石漠化连片特困区云南片区,2018 年 5 月,云南省委组织部下发《关于切实为打好精准脱贫攻坚战提供坚强组织保障的通知》,提出坚持在脱贫攻坚一线培养锻炼、考察识别、选拔任用干部。通知还特别强调,对在脱贫攻坚中实绩突出的优秀干部要及时提拔重用,对在脱贫攻坚中实绩不佳的干部要降级使用,目的是推动驻村第一书记在精准扶贫社会动员中切实担当起来,作为起来。2018 年,云南全省共下派驻村扶贫第一书记(工作队长)9111 名。[③]

① 李贤.我区新增派 3500 名第一书记驻村扶贫 [N].广西日报,2015-9-27(1).
② 陆丹.让青春在乡间闪光——记国务院扶贫办派驻雷山县南猛村第一书记刘为 [N].贵州日报,2017-1-4(2).
③ 左超.把党组织的力量挺在脱贫攻坚最前沿 [N].云南日报,2018-4-30(2).

2. 驻村干部

精准扶贫,任务繁重而艰巨。如果没有领导干部发挥引领、指导、动员、组织的作用,精准扶贫难以取得预期效果。滇桂黔石漠化连片特困区各级政府非常注重发挥领导干部精准扶贫的动员、组织作用,即开展人力资源动员。

在滇桂黔石漠化连片特困区云南片区,2018 年 3 月,云南省委组织部下发《关于切实为打好精准脱贫攻坚战提供坚强组织保障的通知》。该《通知》提出,为了打好精准脱贫攻坚战,要选优配强贫困地区领导班子和干部队伍。要统筹好干部资源,切实加强各级扶贫开发机构及其干部队伍建设,选优配强扶贫工作力量。特别要充分发挥中央、国家机关和有关单位及上海、广东援滇挂职干部作用。紧紧抓住中央、国家机关和有关单位定点帮扶云南省有关县(市、区),上海、广东与云南省开展东西部扶贫协作的机遇,主动对接、联系沟通、跟踪服务,深化沪滇、粤滇扶贫协作,积极争取政策、项目、人才等方面支持。

在云南省委、省政府脱贫攻坚政策的指导下,2018 年,文山州选派了 375 名驻村扶贫工作队员充实到脱贫攻坚一线。通过严把选派、培训、管理关,让驻村扶贫工作队员全力推进全州脱贫攻坚战。在各贫困村任命第一书记(队长)的基础上,各乡镇(街道)任命本乡镇(街道)驻村工作队长,负责本辖区内驻村干部日常管理。截至目前,全市有乡镇(街道)扶贫工作队长 16 名,驻村第一书记兼队长 100 名,实现了 30 个深度贫困村、70 个贫困村驻村干部全覆盖。将驻村干部培训纳入全市干教培训计划,着重从工作方法和政策引导两大方面加强培训,大力提升驻村干部履职能力,实现驻村干部培训全覆盖。[①]

在滇桂黔石漠化连片特困区贵州片区,2015 年 10 月,贵州省委、省政府做出《关于坚决打赢扶贫攻坚战确保同步全面建成小康社会的决定》,明确提出,要健全完善各级党政机关和领导干部联乡驻村包户帮扶责任制,坚持因村派人、强化责任。例如,黔南州在州县乡村分别设立脱贫攻坚指挥部、工作站、作战室,以"四级联动"扶贫模式,优化指挥系统,突出脱贫攻坚实效。截至 2016 年 9 月,黔南全州成立州级指挥部 1 个,县级指挥部 13 个,镇级工作站 106 个,村级作战室 1213 个,镇级专职扶贫工作人员 383 人。全州组织、动员到脱贫攻坚一线的驻村干部

① 张鸿.文山市加强驻村干部队伍建设[N].文山日报,2018-3-29(2B).

3738 名,对脱贫攻坚形成了攻坚合力。①

在滇桂黔石漠化连片特困区广西片区,选派优秀机关干部任贫困村"第一书记",是广西扶贫攻坚的重要战略举措。为促进农村发展,从 2007 年起,广西连续 5 年共选派 15 万多名干部担任新农村建设指导员,进村入户服务群众。2012 年除继续派出 3 万多名干部外,还增派 3000 名优秀干部担任贫困村"第一书记"。3 万多名新农村建设指导员共组成 112 个工作队,每县一队,每乡一组,全区 14353 个建制村每村都有 2 名干部驻村帮扶。统计数字显示,广西各级指导员 5 年间共为所驻村引进项目 1.2 万多个,引进项目资金 15 亿多元,引进发展产业带动农户 10 万多户,帮助农民创业就业 126 万多人。全区农民人均纯收入已从 2006 年的 2771 元上升到 2011 年的 5231 元,是广西历史上农民人均纯收入增长最快的时期。围绕农村行路难、饮水难、用电难、上学难、看病难等问题,各级指导员为农民群众办了一大批看得见、摸得着的好事实事。在 2007 年至 2012 年间,广西各级指导员共为所驻村群众办好事实事 6.5 万多件,帮扶修建村屯道路 3.2 万多公里、校舍 1.6 万多间、饮水工程 1.04 万多处,解决了 260 多万群众的饮水难问题。②

值得一提的是,在滇桂黔石漠化连片特困区开展精准扶贫社会动员过程中,涌现出一大批像黄文秀、姜仕坤、王文华、王永帅、邓迎香等勇于担当、甘于奉献的党员干部。这些党员干部成为滇桂黔石漠化连片特困区精准扶贫社会动员的核心力量,充分发挥着动员、组织的关键作用。

在滇桂黔石漠化连片特困区精准扶贫过程中,从党中央、国务院到地方各级党委、政府,以及各级党员、干部,从各级党组织到每位党员,这些社会动员主体都积极开展宣传、动员、组织,对打赢精准扶贫攻坚战发挥着不可或缺的动员作用,并取得了显著的动员效果,为精准扶贫事业做出了巨大的贡献。这是"中国特色社会主义最本质的特征是中国共产党领导,中国特色社会主义制度的最大优势是中国共产党领导"③最为生动的体现和诠释。

① 刘雪红.黔南:党建扶贫"四级联动"向贫困发起总攻[N].黔南日报,2016-9-3(1).
② 郑盛丰,庞革平.广西干部深入群众扶贫攻坚[N].人民日报,2012-4-18(1).
③ 习近平.决胜全面建成小康社会 夺取新时代中国特色社会主义伟大胜利——在中国共产党第十九次全国代表大会上的报告[M].北京:人民出版社,2017:20.

二、精准扶贫社会动员客体

(一)社会力量广泛参与

随着社会的不断发展,社会力量逐渐发展壮大。在我国实施精准扶贫方略的背景下,越来越多的社会力量被动员、组织起来,进而参与到精准扶贫事业中,逐渐形成人人皆愿为、人人皆可为、人人皆能为的社会参与局面。这可以说是人力资源动员的充分体现。一方面,从动员主体的角度来看,这些社会力量被动员起来参与精准扶贫,进而成为社会动员对象;另一方面,从动员客体自身的角度来看,这些被动员起来的社会力量在参与精准扶贫之后,进而发展成为社会动员参与主体。从总体上来看,被动员参与滇桂黔石漠化连片特困区精准扶贫中来的社会力量主要包括社会组织、公民个体、港澳台同胞、华人华侨、国际社会力量,等等。这些社会力量或社会组织"有庞大的自上而下的人员队伍,有强大的动员能力和执行能力"[①]。在一定程度上,这反映出滇桂黔石漠化连片特困区精准扶贫社会动员客体的广泛参与性。

1.动员社会组织

对社会组织的动员,党和政府依然发挥政策动员的优势,通过政策宣传、动员社会组织参与精准扶贫。《国务院办公厅关于进一步动员社会各方面力量参与扶贫开发的意见》明确提出,积极引导社会组织参与精准扶贫。支持社会团体、民办非企业单位等各类组织积极从事扶贫开发事业。地方各级政府和有关部门要对社会组织开展扶贫活动提供相应支持,鼓励社会组织参与扶贫资源动员、配置等,建立健全充满生机的参与扶贫机制。

在滇桂黔石漠化连片特困区贵州片区,贵州省委、省政府发出《关于进一步动员社会各方面力量参与扶贫开发的意见》,提出充分发挥各类市场主体、社会组织和社会各界作用,多渠道、全方位引导社会力量参与扶贫开发,如在扶贫资金筹集、技能培训等方面,可以发挥社会组织专业优势。贵州省民政厅联合省扶贫办制定《"社会组织帮百村"精准扶贫行动实施方案》,提出要搭建各级类型社会组织参与精准扶贫平台,构建政府、市场、社会协同推进脱贫攻坚的格局。贵州省扶贫办、

---

① 李培林.社会治理与社会体制改革[J].国家行政学院学报,2014(4):10.

贵州省民政厅制定了《关于进一步动员社会组织参与脱贫攻坚实施方案》，提出坚持调动社会组织积极性，鼓励支持社会组织有序参与脱贫攻坚。发挥社会组织自身优势，通过实施产业扶贫、捐赠帮扶、志愿帮扶等方式，在打赢脱贫攻坚战中发挥其独特作用。

为进一步动员、组织社会组织参与到精准扶贫中来，2016 年 5 月 27 日，贵州省在黔南州长顺县启动了"社会组织帮百村"精准扶贫行动。这次行动选取在贵州省民政厅登记的作用发挥较好、综合能力较强、诚信度高、社会影响力大的全省性社会组织，以扶贫部门认定的贫困村为帮扶对象，进行一对一结对，在产业、智力、商贸、捐赠等各方面进行精准帮扶。选取的各社会组织从中确定 100 个以上贫困村结对开展帮扶。其中，贵州省浙江总商会等 7 家社会组织向长顺县广顺镇石板村捐赠20 万元扶贫资金，有效缓解了石板村因扩大种植养殖规模所造成的建设资金缺口，帮助石板村更好地进行产业发展。贵州省华文夜郎研究院还与石板村签署了结对帮扶协议，派专人入驻该村，因地制宜，因户而异进行精准帮扶。此外，贵州省信合公益基金会等 9 家社会组织向全省脱贫攻坚事业捐助资金 1.34 亿元、物资折合人民币 1000 余万元。在这次参与"社会组织帮百村"精准扶贫行动中，开展自愿结对帮扶的社会组织共有 80 多家，成为贵州省各地各级政府开展精准扶贫工作的重要补充和不可或缺的社会力量。①

在滇桂黔石漠化连片特困区广西片区，《广西脱贫攻坚"十三五"规划》明确提出，积极引导、组织、动员社会团体、基金会、民办非企业单位等社会组织充分发挥各自优势，积极参与扶贫产业开发和助医、助教、助学、助残等扶贫济困活动中来。

在广西区委、区政府和广东省委、省政府的大力宣传和动员下，自 2016 年开始，深圳市盐田区率先到百色市凌云县开展对口帮扶工作，充分利用自身沿海经济发达地区的经济、资源、人才、经验等优势，为凌云县支援资金、支援人才、支援技术等的同时，充分调动各种社会力量和社会资源参与到凌云县的脱贫攻坚工作中，为凌云县的脱贫攻坚注入强大的合力。自 2016 年 9 月至 2019 年 6 月，深圳市盐田区对口广西百色市凌云县扶贫协作工作以来，努力在产业合作、劳务协作、人才支援、资

---

① 周宇航，詹尚美.贵州省"社会组织帮百村"精准扶贫行动在长顺启动 [NL].黔南日报，2016-5-30（1）.

金支持、动员社会参与等方面开展协作，深入推进扶贫协作各项工作。在近三年时间里，凌云县共有 38 个贫困村摘帽，实现 8383 户 38204 人脱贫，贫困发生率由 2016 年初 25.43% 降至 6.21%。[①]

大化县云彩关爱中心自 2009 年扎根大化瑶族自治县，开展了"给孤儿一个家"助养、散居孤儿及困境儿童关爱、山区留守儿童关爱、残障困境儿童家庭支持等服务项目。在大化瑶族自治县残联的支持下，大化云彩于 2018 年对大化县的 48 名残障儿童进行了上门走访，共走访了大化县大化镇、六也乡、贡川乡、江南乡、羌圩乡、雅龙乡、都阳乡、岩滩乡等 10 个村镇，为这些贫困残障儿童家庭送去慰问。2018 年 3 月，大化彩云康复班顺利开班，为 13 名残障儿童提供免费的服务；2019 年，为 12 名残障儿童提供服务。仅这两年间，大化云彩累计为 25 名残障儿童提供了免费的康复教育服务，为这些家庭减免康复训练费用达 70 万元。通过系统的训练后，残障儿童各方面能力都得到了提高。[②]

在滇桂黔石漠化连片特困区云南片区，为充分动员社会力量参与精准扶贫，云南省政府印发了《关于进一步动员社会各方面力量参与扶贫开发的实施意见》，明确提出，引导社会组织参与扶贫。支持省内外社会团体、民办非企业单位等各类合法社会组织，通过开展扶贫资金募捐、志愿服务等多种形式，积极参与扶贫开发事业。这充分体现了精准扶贫参与主体的多元性，体现了社会力量的参与性，更加注重民营企业、社会组织和公民个体在扶贫开发中的地位和作用，有利于汇全省之力、聚各方之财、集全民之智，加快推进扶贫开发进程。

在云南省委、省政府的大力宣传和动员下，文山州积极推进东西部扶贫协作，健全党政机关、部队等扶贫机制，鼓励支持民营企业、社会组织、个人参与扶贫开发。自"万企帮万村"行动在全国开展以来，文山州积极拓宽非公有制经济人士履行社会责任、参与公益慈善事业的途径，深入扎实开展"万企帮万村"精准扶贫行动。截至 2022 年 3 月底，累计 780 个企业参与，实施 1817 个项目，投入资金 13.5 亿元，帮扶 669 个村，受帮扶贫困人口 65 万余人，非公有制经济人士履行社会责任、回报社会

---

① 第五燕燕.盐田对口帮扶凌云县 3 年助 8383 户脱贫 [N].深圳特区报，2019-6-21（A07）.

② 国务院扶贫办社会扶贫司，清华大学公共管理学院.中国社会组织扶贫案例 50 佳（2019）[M].北京：经济管理出版社，2020：184-186.

的积极性前所未有。①

2. 动员定点单位

《国务院办公厅关于进一步动员社会各方面力量参与扶贫开发的意见》明确提出,要进一步深化定点扶贫工作,提高定点单位参与精准扶贫攻坚的力度。2015 年 8 月,国务院扶贫开发领导小组办公室等 9 个部门联合发出《关于进一步完善定点扶贫工作的通知》,提出深化细化强化定点扶贫工作,还对定点扶贫结对关系进行了局部调整,在 2012 年原有部署的基础上新增 22 个单位。调整后,参与定点扶贫的中央、国家机关和有关单位共 320 个,帮扶全国 592 个国家扶贫开发工作重点县,并明确了中央、国家机关和有关单位定点扶贫结对关系名单。其中,涉及滇桂黔石漠化连片特困区的单位定点扶贫结对关系名单如表 3-4。

表 3-4　滇桂黔石漠化连片特困区的单位定点扶贫结对关系名单

序号	单位	定点帮扶的国家扶贫开发工作重点县	
		个数	名称(所在片区、省)
1	中央组织部	1	台江(滇桂黔石漠化区、贵州)
2	中央统战部	2	晴隆、望谟(滇桂黔石漠化区、贵州)
3	中央财办	1	剑河(滇桂黔石漠化区、贵州)
4	中央 610 办公室	1	三江(滇桂黔石漠化区、广西)
5	最高人民检察院	2	西畴、富宁(滇桂黔石漠化区、云南)
6	外交部	1	麻栗坡(滇桂黔石漠化区、云南)
7	国家发展改革委	1	田东(广西)
8	国家民族事务委员会	1	德保(滇桂黔石漠化区、广西)
9	公安部	2	兴仁、普安(滇桂黔石漠化区、贵州)
10	国家审计署	1	丹寨(滇桂黔石漠化区、贵州)
11	国家林业局	4	罗城、龙胜(滇桂黔石漠化区、广西);荔波、独山(滇桂黔石漠化区、贵州)
12	国家旅游局	1	巴马(滇桂黔石漠化区、广西)
13	国家宗教事务局	1	三都(滇桂黔石漠化区、贵州)

---

① 马蕊,唐仕明."万企兴万村"激活文山发展新动能 [N].中华工商时报,2022-3-1(6).

序号	单位	定点帮扶的国家扶贫开发工作重点县	
		个数	名称(所在片区、省)
14	中国科学院	1	水城(滇黔桂石漠化区、贵州);环江(滇桂黔石漠化区、广西)
15	国家铁路局	1	榕江(滇桂黔石漠化区、贵州)
16	国务院扶贫办	1	雷山(滇桂黔石漠化区、贵州)
17	中国国际贸易促进会	1	从江(滇桂黔石漠化区、贵州)
18	中国投资有限责任公司	1	施秉(滇黔桂石漠化区、贵州)
19	中国中信集团公司	1	屏边(滇桂黔石漠化区、云南)
20	中国农业发展银行	3	隆林(滇桂黔石漠化区、广西);锦屏(滇桂黔石漠化区、贵州);马关(滇桂黔石漠化、云南)
21	中国农业银行	1	黄平(滇桂黔石漠化区、贵州)
22	中国人寿保险集团有限公司	2	龙州、天等(滇桂黔石漠化区、广西)
23	中国航空工业集团公司	4	镇宁、普定、关岭、紫云(滇桂黔石漠化区、贵州)
24	中国船舶重工集团公司	1	丘北(滇桂黔石漠化区、云南)
25	中国兵器装备集团公司	2	泸西、砚山(滇桂黔石漠化区、云南)
26	中国南方电网有限责任公司	1	东兰(滇桂黔石漠化区、广西)
27	中国大唐集团公司	1	大化(滇桂黔石漠化区、广西)
28	中国电信集团公司	1	田林(滇桂黔石漠化区、广西)
29	中国联合网络通信集团公司	1	册亨(滇桂黔石漠化区、贵州)
30	中国第一汽车集团公司	1	凤山(滇桂黔石漠化区、广西)
31	东风汽车公司	1	马山(滇桂黔石漠化区、广西)
32	宝钢集团有限公司	1	广南(滇桂黔石漠化区、云南)
33	武汉钢铁(集团)公司	1	上林(滇桂黔石漠化区、广西)
34	中粮集团有限公司	1	隆安(滇桂黔石漠化区、广西)
35	国家开发投资公司	2	罗甸、平塘(滇桂黔石漠化区、贵州)

滇桂黔石漠化连片特困区精准扶贫社会动员机制研究

序号	单位	定点帮扶的国家扶贫开发工作重点县	
		个数	名称（所在片区、省）
36	中国港中旅集团公司〔香港中旅（集团）有限公司〕	1	黎平（滇桂黔石漠化区、贵州）
37	中国中车股份有限公司	2	那坡、靖西（滇桂黔石漠化区、广西）
38	中国中丝集团公司	1	忻城（滇桂黔石漠化区、广西）
39	中国能源建设集团有限公司	1	西林（滇桂黔石漠化区、广西）
40	中国黄金集团公司	1	贞丰（滇桂黔石漠化区、贵州）
41	中国广核电集团有限公司	2	乐业、凌云（滇桂黔石漠化区、广西）
42	华侨城集团	2	天柱、三穗（滇桂黔石漠化区、贵州）
43	民进中央	1	安龙（滇桂黔石漠化区、贵州）
44	北京邮电大学	1	长顺（滇桂黔石漠化区、贵州）
45	中国矿业大学（北京）	1	都安（滇桂黔石漠化区、广西）
46	南京农业大学	1	麻江（滇桂黔石漠化区、贵州）
47	电子科技大学	1	岑巩（滇桂黔石漠化区、贵州）
48	西北工业大学	1	融水（滇桂黔石漠化区、广西）
49	中国科技大学	1	六枝特区（滇桂黔石漠化区、贵州）

资料来源：关于进一步完善定点扶贫工作的通知（国开办发〔2015〕27号）[Z].

在滇桂黔石漠化连片特困区贵州片区，根据《国务院办公厅关于进一步动员社会各方面力量参与扶贫开发的意见》，结合本省实际，贵州省委、省政府制定了《关于进一步动员社会各方面力量参与扶贫开发的意见》，提出推进中央单位（企业）对贵州重点县的定点扶贫。借助中央统战部、公安部、水利部、国家烟草专卖局等32个中央单位（企业）对贵州贫困县定点扶贫这一工作平台，建立定点扶贫定期沟通和联络机制，加强与中央单位（企业）的沟通和合作。

2018年，贵州参与定点扶贫的省直单位贵州省文联、航空工业集团公司、中国人寿保险股份有限公司等共有233个，在84个县（其中，66个贫困县，有扶贫任务的18个县）开展定点扶贫工作。经过贵州省扶贫开发领导小组的考核，其中省委办公厅、省政府办公厅、省人大办公厅、省政协办公厅、省统计局、贵州大学、贵州师范大学、贵州轻工职业技术学院、开磷集团等 94 个单位被评为"优秀"等次,139 个单位被评为"达标"等次。[1] 其中,2018 年,黔东南州参与定点扶贫的州直单位黔东南州气象局、凯里学院、黔东南民族职业技术学院、雷公山保护区管理局等共有 156 个。经过黔东南州扶贫开发领导小组的考核,92 个单位被评为"优秀"等次,62 个单位被评为"达标"等次,2 个单位被评为"不达标"等次。[2]

在滇桂黔石漠化连片特困区广西片区,《广西脱贫攻坚"十三五"规划》明确提出,强化定点扶贫工作。全区各级各部门广泛组织、动员党政机关、企事业单位、院校和驻桂军警部队参与定点帮扶工作,落实好帮扶责任。"十三五"时期,广西区直定点扶贫单位、中直驻桂定点扶贫单位共计 269 个,定点帮扶贫困村 728 个。其中,定点帮扶滇桂黔石漠化连片特困区广西片区的区直定点扶贫单位、中直驻桂定点扶贫单位共计 185 个,定点帮扶贫困村 505 个,具体定点单位定点帮扶贫困村安排见表 3-5。

表 3-5 "十三五"时期滇桂黔石漠化连片特困区广西片区定点单位定点帮扶贫困村(部分)安排

序号	贫困村				帮扶单位	帮扶村数
	市	县(区)	乡(镇)	村		
1	南宁市	隆安县	城厢镇	东安村	自治区党委统战部	2
			南圩镇	爱华村		
2	南宁市	隆安县	城厢镇	那可村	自治区台办	1
3	南宁市	隆安县	南圩镇	望朝村、南兴村	自治区残疾人联合会	2
4	南宁市	隆安县	乔建镇	龙弟村	自治区工商业联合会	1
5	南宁市	隆安县	屏山乡	群力村	自治区红十字会	1

[1] 贵州省扶贫开发领导小组关于 2018 年度省直单位定点扶贫工作考核情况的通报(黔扶领〔2019〕4 号)[Z].

[2] 黔东南州扶贫开发领导小组关于 2018 年度州直单位定点扶贫工作考核情况的通报(黔东南扶领〔2019〕18 号)[Z].

序号	贫困村				帮扶单位	帮扶村数
	市	县(区)	乡(镇)	村		
6	南宁市	隆安县	南圩镇	联伍村	广西中医药大学	5
			城厢镇	良安村		
			都结乡	欧里村、念潭村		
			布泉乡	新盏村		
7	南宁市	隆安县	乔建镇	龙尧村	民盟广西区委	1
8	南宁市	隆安县	都结乡	荣朋村	农工党广西区委	1
9	南宁市	隆安县	南圩镇	古信村	民进广西区委	1
10	南宁市	隆安县	城厢镇	东信村	民建广西区委	1
11	南宁市	隆安县	屏山乡	上孟村	民革广西区委	1
12	南宁市	隆安县	城厢镇	四兴村	九三学社广西区委	1
13	南宁市	隆安县	南圩镇	銮正村	致公党广西区委	1
14	南宁市	隆安县	屏山乡	文化村	武警水电第一总队	1
15	南宁市	上林县	西燕镇	岜独村、北林村	自治区住房和城乡建设厅	5
			白圩镇	大浪村		
			大丰镇	云里村、云城村		
16	南宁市	上林县	大丰镇	皇主村	自治区国税局	5
			三里镇	韦寺村		
			巷贤镇	三水村、长联村、六联村		
17	南宁市	上林县	巷贤镇	大山村	中国银行广西区分行	2
			明亮镇	九龙村		
18	南宁市	上林县	塘红乡	万福村	中国东方资产管理公司南宁办事处	1

序号	贫困村				帮扶单位	帮扶村数
	市	县(区)	乡(镇)	村		
19	南宁市	上林县	西燕镇	覃浪村	广西电网公司	3
	柳州市	融安县	长安镇	安宁村		
	河池市	大化县	都阳镇	加城村		
20	南宁市	上林县	白圩镇	陆永村、玉峰村	南宁职业技术学院	5
			乔贤镇	绿浪村		
			镇圩乡	龙贵村		
			塘红乡	古春村		
21	南宁市	马山县	林圩镇	东庄村、九平村、新华村、合理村、伏兴村	自治区人力资源和社会保障厅	5
22	南宁市	马山县	白山镇	兴华村	自治区法制办公室	1
23	南宁市	马山县	白山镇	民族村、民新村	自治区档案局	2
24	南宁市	马山县	白山镇	造华村	自治区农业区划委员会办公室	1
25	南宁市	马山县	古零镇	羊山村、安善村、新黄村	自治区社会保险事业局	3
26	南宁市	马山县	古零镇	里民村	自治区公务员局	1
27	南宁市	马山县	里当乡	龙琴村、加荣村、太平村、青龙村、内钱村	广西医科大学	5
28	柳州市	融水县	融水镇	新安村	自治区水利厅	4
			安陲乡	暖坪村、龙口村		
			永乐乡	毛潭村		

序号	贫困村				帮扶单位	帮扶村数
	市	县(区)	乡(镇)	村		
29	柳州市	融水县	洞头镇	洞头村、高安村	自治区水文水资源局	2
30	柳州市	融水县	大浪镇	潘里村、大德村	南宁铁路局	2
31	柳州市	融水县	白云乡	枫木村、田里村	广西科技师范学院	3
			洞头镇	甲烈村		
32	柳州市	融水县	安陲乡	吉曼村、大田村、乌吉村、九同村	广西柳州钢铁(集团)公司	4
33	柳州市	融水县	三防镇	本洞村	广西汽车集团有限公司	4
			安陲乡	江门村		
			白云乡	帮阳村、白照村		
34	柳州市	融水县	大浪镇	高培村	建设银行广西区分行	1
35	柳州市	三江县	老堡乡	老巴村	自治区工商行政管理局	3
			独峒乡	八协村、平流村		
36	柳州市	三江县	八江镇	马胖村、布代村、高迈村	自治区水产畜牧兽医局	3
37	柳州市	三江县	独峒乡	具盘村、牙寨村、知了村、唐朝村、岜团村	柳州职业技术学院	5
38	柳州市	三江县	林溪乡	枫木村、高友村	广西柳工集团有限公司	4
			斗江镇	扶平村、思欧村		

续表

序号	贫困村				帮扶单位	帮扶村数
	市	县(区)	乡(镇)	村		
39	柳州市	三江县	同乐乡	岑甲村	广西鱼峰集团有限公司	2
			梅林乡	梅林村		
40	柳州市	融安县	大坡乡	同仕村	自治区扶贫开发办公室	1
41	柳州市	融安县	桥板乡	古板村、良老村、中村	自治区监狱管理局	3
42	柳州市	融安县	潭头乡	新桂村	广西科技大学	5
			泗顶镇	寿局村、三坡村、泗顶村、儒南村		
43	柳州市	融安县	长安镇	隘面村	信达资产管理公司广西分公司	1
46	桂林市	龙胜县	三门镇	交其村	桂林医学院	5
			乐江乡	西腰村、同乐村		
			平等镇	平熬村、城田村		
……	……	……	……	……	……	……

资料来源：自治区扶贫开发领导小组办公室关于增加"十三五"时期区直、中直驻桂单位定点帮扶贫困村的通知(桂扶领办发〔2017〕33号)[Z].

　　在滇桂黔石漠化连片特困区云南片区,在云南定点单位帮扶的过程中,中央和省级定点扶贫、上海对口帮扶力度不断加大。教育部、国土资源部等定点帮扶单位加大对云南滇桂黔石漠化片区支持的力度。云南全省开展"领导挂点、部门包村、干部帮户"扶贫行动。截至2015年底,云南省级300个、州市级2087个、县级10948个单位挂包88个贫困县(其中包括85个片区县以及未纳入片区县的东川区、富源县、文山市等3个国家扶贫开发工作重点县)和4277个贫困村,组织、动员57万名干部职工帮扶159万户贫困户。[1] 由此,云南省社会扶贫力量空前壮大。

① 云南省脱贫攻坚规划（2016—2020年）（云政发〔2017〕44号）[Z].

不难看出,这些被组织、动员起来的定点扶贫单位能够充分发挥自身优势,将滇桂黔石漠化连片特困区决战脱贫攻坚推向纵深,为滇桂黔石漠化连片特困区打赢脱贫攻坚战、实现同步小康目标贡献了智慧和力量。

3.动员公民个体

精准扶贫离不开公民个体的参与。《国务院办公厅关于进一步动员社会各方面力量参与扶贫开发的意见》提出,广泛动员个人扶贫。积极倡导"我为人人、人人为我"的全民公益理念,畅通社会各界交流交融、互帮互助的渠道。其实,扶贫事业是全民的事业,每一个公民都有责任和权利,任何有志于扶贫事业的人,都应为之做出应有的贡献。特别是党员干部,更应该积极带头履行全心全意为人民服务的宗旨,为扶贫事业多做贡献。"动员群众的方法主要是团结和组织群众中的积极分子,通过少数带动多数,最终实现群众的普遍参与。"[①]

中国人不仅有"乐善好施"的美德,而且切实会以实际行动参与到"扶困济贫"中来。在滇桂黔石漠化连片特困区精准扶贫社会动员过程中,涌现出无数参与精准扶贫事业的公民个体,他们或是党员,或是普通群众,或是工人,或是师生,或是捐款捐物的爱心人士,或是积极参与消费扶贫的不计其数的消费者……他们或是捐款捐物于贫困地区、贫困群众、"希望工程",或是致力于健康扶贫,或是默默参与消费扶贫……

在滇桂黔石漠化连片特困区贵州片区,在 2015 年至 2016 年度"扶贫日"期间,贵州省开展"扶贫济困·崇德向善"为主题的系列活动。由贵州省扶贫开发领导小组向全社会发出公募倡议书,发布公募账号,通过发动全省党政机关、企事业单位、群众团体、社会各界人士等多方共同参与,聚焦农村贫困群体,募集捐赠资金。截至 2015 年 10 月 22 日,黔东南州黎平县该年收到捐款共计达到 101 万余元。[②]

为动员广大公民个体等社会力量参与消费扶贫,2019 年 4 月,贵州省政府印发了《贵州省深入开展消费扶贫助力打赢脱贫攻坚战的实施意见》,提出以全省贫困县为重点,以建档立卡贫困户为主要支持对象,以购买贫困地区农特产品和服务为主要手段,形成社会各界广泛参与消

---

① 欧阳静.简约治理:超越科层化的乡村治理现代化 [J].中国社会科学,2022(3):150.
② 向精准扶贫发起"总攻" [N].黔东南日报,2015-11-3(A6).

费扶贫助力打赢脱贫攻坚战的新格局。发挥行业协会商会、慈善机构等社会组织作用,组织、动员爱心企业、爱心人士等社会力量参与消费扶贫。

在滇桂黔石漠化连片特困区云南片区,为拓宽农产品销路,解决滞销问题,云南省文山州丘北县充分发挥沪滇扶贫协作机制优势,培育丘北青年电商创业孵化基地牵头做好运营,引进国内多家电商平台,甄选优质丘北农特产品上架销售,灵活定制爱心企业礼包,积极探索线上线下相互促进的销售模式,助力农特产品销售。截至 2020 年 4 月,已开通上海拼多多、京东商城、苏宁易购、叮咚买菜、上海母婴联盟、景域驴妈妈等知名电商销售渠道,开通了农业银行、平安银行、民生银行等金融机构网上商城销售渠道。开发了微信小程序"丘北好礼",通过上海交通广播电台访谈、微信朋友圈推送、上海虹口区公众号报道等方式,动员上海各界力量,共同帮助丘北滞销农产品找销路、解难题。

在上海援滇干部的呼吁和协调下,上海益海嘉里集团、上海国际集团和长江联合集团旗下公司、人保上海虹口公司、中建三局、上海慈善基金会、上海志愿服务公益基金会、建行虹口分行、虹口区机管局、华菁证券等多家上海企业单位,组织团购丘北县羊肚菌、沃柑、雪莲果、蔬菜等农特产品金额约 30 万元,助力消费扶贫。在电商运营团队的积极尝试下,开创了"电商 + 直播"带货扶贫产品销售新模式。2020 年 3 月21 日,由上海驴妈妈平台联合多家单位共同举办的全国百名"县长直播"活动,邀请了上海援滇干部、丘北县副县长出镜直播,亲自为丘北农产品代言,丘北青创电商运营团队共同参与完成了以普者黑游船、《三生三世十里桃花》拍摄地等场景直播,吸引百万流量观看。3 月 26 日,与京东京喜平台合作,推出京喜溯源直播,首次尝试 5 小时联播,当天直播间人气最高峰达到 51 万。两次直播共计销售雪莲果 5 吨,后续销售订单不断。"县长直播"活动吸引了全国主流媒体关注,新华社总社、新华社云南分社、人民网、新华网、中新社云南分社、国际商报、北京商报、环球网、经济日报、云南日报、云南电视台、春城晚报、云南信息报、都市时报、今日头条等近 20 家媒体联合云采访丘北"网红县长",关注丘北优质农产品。"电商 + 直播"模式有效缓解了丘北农副产品滞销的现状。截至 2020 年 4 月 15 日,丘北县滞销沃柑全部售罄,滞销雪莲果剩余 300 吨,电商带动线上线下农特产品销售额超过 100 万元。①

在滇桂黔石漠化连片特困区广西片区,2020 年以来,广西以消费扶贫行动为抓手,以销售扶贫产品为重点,通过村民合作社代购代销、帮扶单位以买代扶、龙头企业订单收购、电商线上销售等方式,大力开展消费扶贫行动。柳州职业技术学院在广西高校中首家以"以购代捐,以买代帮"、以消费助扶贫的方式开设的公益超市,旨在助力该校对口三江侗族自治县独峒镇牙寨、唐朝、岜团、知了、具盘 5 个贫困村脱贫摘帽。消费扶贫公益超市里整齐地陈列着大米、香肠、香菇、木耳等一大批"土得掉渣"的正宗土货,均来自贫困村里的贫困户。2020 年春节前,该校800 余名师生在超市选购了共计 23 万元的土特产品,为脱贫攻坚添了一把柴。② 柳州市国资系统举行消费扶贫企业定点帮扶村农产品展销周活动。国资委机关及 9 大集团各驻村第一书记、突击队员成为带货员,推销三江侗族自治县同乐乡的高山红茶、老树红茶,良口乡的古树红茶、野生藤茶;融水苗族自治县大年乡的紫黑香糯米、浪花飞鸡,白云乡的蓝莓果干、蓝莓酒;融安县大将镇的金橘片、野蜂蜜、马蹄、笋干等共计 20 个村 75 种特色农产品。③

上述状况表明,在滇桂黔石漠化连片特困区开展精准扶贫社会动员过程中,不论是开展教育扶贫、健康扶贫,抑或是消费扶贫,要取得巨大成效,都需要公民个体的积极参与。由此,广大公民个体成为滇桂黔石漠化连片特困区精准扶贫需要动员的重要对象。从动员的情况看,公民个体参与比例占 23.36%。

4. 动员港澳台同胞及华人华侨

港澳台同胞、华人华侨是推动我国经济社会发展不可或缺的重要力量。吸引港澳台同胞和华人华侨积极参与精准扶贫事业、社会主义现代化建设是实现社会主义现代化和中华民族伟大复兴的迫切需要。《国务院办公厅关于进一步动员社会各方面力量参与扶贫开发的意见》提出,引导港澳同胞、台湾同胞、华侨及海外人士,通过多种形式参与扶贫。在滇桂黔石漠化连片特困区精准扶贫社会动员的过程中,港澳台同胞积极响应,并以实际行动深度参与到所联系对接的贫困地区开展精准扶贫。

---

① 丘北沪滇协作培育青创电商拓展消费扶贫 [N]. 文山日报, 2020-5-11 (2B).
② 石玉丹 朱敬民. 以购代捐 以买代帮 [N]. 柳州日报, 2020-4-7 (8).
③ 罗秋振. 以购代捐 以买代帮 [N]. 柳州日报, 2020-8-25 (1).

（1）动员港澳台同胞

首先，动员香港同胞参与精准扶贫。2016 年 9 月 23 日，香港全国青联委员协进会组织、动员的香港青年领袖“一带一路”学习考察团一行 58 人到广西百色田阳县进行交流、考察，并在那满镇露美小学举行关爱留守儿童项目资金捐赠仪式。代表团向露美小学爱心捐赠了 100 万元，用实际行动弘扬慈善公益，传递爱心精神。①

2017 年 9 月 4 日，香港南南教育基金会向广西百色田阳县巴别中心小学捐资 396 万元，帮助巴别中心小学建设教学综合楼。这是该基金会响应精准扶贫号召，经过实地考察后，在内地捐助建设的首个项目。2018 年 10 月，教学综合楼竣工并交付使用，建成后的教学综合楼建筑面积 200 平方米，有效地改善了当地教育教学基础条件。②

2015 年 8 月 28 日，中国华侨公益基金会胡国赞爱心基金黔西南州奖学金发放仪式在兴义八中举行，捐款捐物以支持黔西南州扶贫助教事业。此次“胡国赞爱心基金”拿出 100 万元资助黔西南州学子。其中，20 万元用于奖励 2015 年考取重点大学的学生，另外 80 万元用于资助黔西南州贫困的优秀高中生，帮助他们完成三年学业。③

其次，动员澳门同胞参与精准扶贫。响应党和政府开展精准扶贫的号召，自 2018 年对口帮扶贵州从江县以来，澳门特区政府始终坚持“从江所需”和“澳门所长”相结合，在与从江县签订 9 个帮扶项目协议的基础上，从教育、医疗、旅游、文化、产业和人才培养等重点领域开展帮扶工作。

澳门特区政府还广泛动员澳门社会各界积极参与从江帮扶，鼎力推动从江县经济社会发展。例如，澳门社会各界在贵州积极开展旅游扶贫、产业扶贫等，涉及对从江县旅游人才培训、对从江县旅游形象宣传、协助从江县举办光影艺术节、签订农特产品合同、开展中医药产业合作，等等。澳门对从江县的帮扶是全方位、高效率、见真情的，诠释了澳门同胞对内地扶贫开发、社会公益事业以及经济社会发展的关心和支持，并取得了实质性的进展。在各方（其中包括澳门特区政府）共同努

① 黄显标，梁中贵. 香港青年领袖“一带一路”学习考察团到我市考察——彭晓春周异决在百色会见考察团一行[N]. 右江日报，2016-9-25（A01）.

② 徐顺东，卢秀灵. 让山区孩子享受现代化教育——香港南南教育基金会援助巴别中心小学记[N]. 广西日报，2019-6-13（12）.

③ 中国华侨公益基金会胡国赞爱心基金100万元捐助我州学子[N]. 黔西南日报，2015-9-2（2）.

力下,从江县 2018 年贫困人口减少了 2.83 万人,贫困发生率从 21.92%
下降到 14.77%。[①]

澳门水电工会长期以来一直关心支持广西民族教育事业发展,捐款
捐物帮助民族学校和学生,弘扬着全民公益和捐资助学的良好社会风
尚。2016 年 10 月 29 日至 11 月 2 日,澳门水电工会捐资助学交流团一
行 42 人来到广西河池东兰县、凤山县等贫困地区,进行捐资助学活动,
并向东兰县东兰镇乐里小学、东兰县民族中学、凤山县民族中学各捐赠
2 万元,为改善这些学校教学条件、奖励优秀学生、资助困难学生等提供
捐助。

2017 年 7 月,澳门水电工会还邀请东兰县民族中学、凤山县民族中
学少数民族优秀学生各 10 名、学校教师各 2 名,到澳门参加"爱心之旅"
交流活动。[②]

2018 年 4 月 26 日至 28 日,由澳门真善总会会长、澳门广西百色联
谊会会长赵文炎为团长的澳门真善之友协会代表一行 16 人到百色市开
展捐建儿童家园活动。其间,赵文炎一行前往乐业县同乐镇央林村、六
为村和逻沙乡逻瓦村举行"儿童家园"揭牌仪式,入户慰问贫困儿童,并
参观考察了甘田镇自治区级巾帼脱贫示范基地。据悉,澳门代表团此行
为百色市筹集善款 35 万元,捐建 7 所儿童家园。[③]

据不完全统计,2017 年一年澳门同胞共向内地捐资折合人民币
2.86 亿元,资助地域范围涉及广东、广西、贵州、云南等 7 省区。[④]

再者,动员台湾同胞参与精准扶贫。在滇桂黔石漠化连片特困区精
准扶贫社会动员的过程中,不仅动员港澳同胞积极参与其中,而且还动
员台湾同胞切实动起来。2012 年 6 月,台商彭荫刚先生到右江区永乐
乡百练小学捐资助学。自 2006 年以来,彭荫刚已为右江区中小学贫困
学生捐资助学 10 万元,受助学生达 500 人(次)……近年来,随着两岸
关系进一步和平发展,百色与台湾的交流交往也经历了由少到多、由低
层次到高层次、由单纯的观光旅游到全面开展经贸、农业、文化、教育、
科技等多领域交流,交流合作成果丰硕。

① 李薛霏.山海一线牵 贵澳心相连——澳门对口帮扶从江县一年综述[N].贵州
日报,2019-4-4(2).
② 刘琴.澳门水电工会再次赴桂捐资助学[N].广西日报,2016-10-31(2).
③ 梁中贵.澳门友人捐建 7 所儿童家园[N].广西日报,2018-5-3(12).
④ 苏宁.澳门各界积极参与内地扶贫和公益事业——去年共向内地捐资近三亿
元[N].人民日报(海外版),2018-1-12(4).

截至 2012 年 7 月,百色市已有台资企业 13 家,落户在百色市右江区、田阳县、田东县、平果县、德保县、田林县、乐业县等县区,投资涉及农业、畜牧业开发、石材、矿产开发、农副产品加工、房地产、电子、机械、运动器材等领域和项目。其中,1000 万美元以上投资规模的企业有 3 家(分别是平果超能电子五金科技有限公司、田阳建诚石材有限责任公司、广西天坑房地产有限公司)。据统计,台资合同投资额达到 11588 万美元,实际利用台资 5121 万美元,常驻百色市的台籍管理人员 18 人,安排从业人员有 600 多人。这为百色经济社会发展注入了新活力,也为百色反贫困事业的开展做出重要贡献。①

(2)动员华人华侨

"长期以来,一代又一代海外侨胞,秉承中华民族优秀传统,不忘祖国……,热情支持中国革命、建设、改革事业"②。近年来,在我国开展精准扶贫的过程中,华人华侨成为重要的支撑力量。这其中既有华人华侨强烈的社会责任意识发挥作用,又有华人华侨难以忘却的家国情怀驱动使然,还有党和政府宣传和动员的重要因素,促使华人华侨能够以积极的态度、高昂的激情参与祖国扶贫事业。尽管滇桂黔石漠化连片特困区处在西部边疆比较偏远的地区,但是人们依然能够看到广大华人华侨积极投身滇桂黔石漠化连片特困区精准扶贫事业的身影。

在滇桂黔石漠化连片特困区广西片区,澳大利亚"光明之行"一直秉持扶贫济困、奉献社会的宗旨,每年派遣志愿医疗队到中国贫困地区,开展义诊和扶贫助学慈善公益活动。2016 年 5 月,澳大利亚"光明之行"在荔浦县人民医院举行澳大利亚"光明之行"白内障扶贫手术活动启动仪式,并为当地 125 名贫困的白内障患者实施免费手术治疗。荔浦慈善义诊启动仪式后,澳大利亚"光明之行"参与文化扶贫和助学捐赠活动的队员还到龙胜各族自治县实验中学为学生们进行验光义诊、为需要矫正视力的学生配制眼镜,为龙胜镇小学开展义诊、发放奖学金和捐赠活动,为龙脊镇小寨希望小学捐赠桌椅、被褥、书包等用品,为满田分校捐赠电脑和打印机,并探访村里贫困户。澳大利亚"光明之行"慧贤会与龙胜各族自治县下埠红瑶文艺队举行了明亮农村文化扶贫联欢演出,慧贤会为红瑶文艺队捐赠演出音响、锣鼓、大锣等,探访龙脊下埠

---

① 黄显标,岑平和.深化合作 携手共赢——我市与台湾交流合作纪实 [N].右江日报,2012-7-19(1).
② 习近平.习近平谈治国理政(第一卷)[M].北京:外文出版社,2018:63.

贫困户。①

在滇桂黔石漠化连片特困区云南片区,为落实中国侨联与云南省政府签署的《实施精准扶贫助力乡村振兴合作备忘录》,2019 年 6 月 12日,中国侨联组织、宣传、动员 7 家侨团基金会分别与云南华商公益基金会、5 个深度贫困地区的市(县)侨联签署"一对一"结对帮扶协议,捐赠 3400 余万元,支持当地精准扶贫事业。②

在滇桂黔石漠化连片特困区贵州片区,在贵州省委统战部、省侨联、省侨办等的推动下,海外侨胞及港澳台同胞积极行动,以"侨联 + 精准扶贫"新模式,或者捐资,或者助学,以实际行动参与到贵州脱贫攻坚中。以贵州省侨联开展的"侨爱心"工程为例,中国华侨公益基金会在贵州共捐赠 11 所侨心小学,其中包括黔西南州安龙县新桥镇纳堡小学、贞丰县小屯乡龙井小学、贞丰县沙坪乡沙坪小学、兴仁县雨樟镇青底小学、册亨县冗渡镇长坪小学等。截至 2018 年 6 月,贵州省侨联累计接收捐款共计 2 亿多元。这些捐赠款物主要用于集中连片特困地区教育扶贫、产业扶贫项目、医疗卫生事业等。③

5. 动员国际社会力量

《国务院办公厅关于进一步动员社会各方面力量参与扶贫开发的意见》提出,加强国际减贫交流合作。这表明,一方面,中国十分重视参与国际减贫合作,为世界减贫贡献中国力量;另一方面,中国也需要国际社会力量积极参与到中国扶贫事业中来,以推动中国扶贫事业高效开展。在滇桂黔石漠化连片特困区精准扶贫社会动员的过程中,国际社会力量也被大力动员并积极参与扶贫开发之中,他们或实施相关扶贫项目,或开展技能培训,或捐款捐物……这为滇桂黔石漠化连片特困区贫困群众摆脱贫困,走上富裕的发展道路做出了重要贡献。这也开启了精准扶贫开发动员模式。

在滇桂黔石漠化连片特困区云南片区,美国福特基金会是最早进入云南实施扶贫项目的境外 NGO 之一。1988 年,美国福特基金会驻北京

① 黄蓉.澳大利亚"光明之行"到我市开展爱心活动[N].桂林日报,2016-5-5(2).
② 杨宁,郑雨珂.海外华侨大爱助力脱贫攻坚[N].人民日报(海外版),2019-7-17(6).
③ 王礼全.华侨华人是贵州开放发展脱贫攻坚后发赶超的重要推动力量[N].贵州日报,2018-6-27(10).

办事处首席代表盖思南一行,在中国驻世界粮农组织首席代表孔灿东及国务院扶贫办有关人员陪同下到云南考察,决定由福特基金会资助开展"云南省贫困山区综合开发试验示范与推广项目"。该项目于 1990 年在云南怒江州福贡县、普洱市江城县、文山州广南县、昭通市楚雄县的四个行政村实施。迄今,福特基金会在教育、资助贫困大学生、艾滋病防治、扶贫研究等领域给予许多资助,扶持的项目上百个,每个项目的资金不同,从几千元到上千万元不等。[①]

1992—2012 年,中国外交部和云南省外事办公室通过驻外领馆在文山州麻栗坡县、红河州金平县实施德国、西班牙、意大利、日本、韩国、英国、丹麦、挪威、澳大利亚、瑞士、美国、加拿大、新加坡、印度尼西亚、马来西亚、欧盟、联合国发展计划署、联合国人口基金等外国政府和国际组织、机构、公司、华人华侨资助的上千个扶贫项目。截至 2012 年,外交部通过募集扶贫资金,共向麻栗坡、金平两县投入资金和实物累计达到 2 亿多元人民币,其中温饱工程 6290 万元,希望工程 5640 万元,医疗卫生 2040 万元。[②]

欧盟人权项目针对红河州金平县和文山州麻栗坡县的妇女健康问题,对医务人员进行了多次培训,提高了项目区妇女卫生和健康水平,取得了非常好的效果。金平县和州麻栗坡县在卫生健康方面获得国际援助组织捐款已超过千万元。在麻栗坡县卫生工程方面,1992 年至 2011 年,投入资金达到了 1934.9 万元,实施项目 62 个,修建了 8 个乡镇卫生院的医技综合楼、县妇幼保健院和县批复防治站综合楼,占全县 11 个乡镇的 2/3 以上;建成村卫生室 43 个,占全县 93 个村委会卫生室的 1/3 以上;实施新农合项目,为 8 万余贫困群众解决了参合经费。与此同时,还实施了配备医疗设施项目和白内障复明手术等项目,覆盖人口达 110575 人。[③]

自 1992 年定点帮扶麻栗坡县以来,外交部充分发挥外交平台资源优势,为麻栗坡县创建起国际帮扶大通道,动员、协调各方力量、资金汇集麻栗坡,逐步走出一条以整村推进、教育、卫生和培训项目为基础,以

---

① 张惠君.外资扶贫对云南省民族地区的影响与可持续研究 [M].北京:中国社会科学出版社,2017:95,96.

② 张惠君.外资扶贫对云南省民族地区的影响与可持续研究 [M].北京:中国社会科学出版社,2017:105.

③ 张惠君.外资扶贫对云南省民族地区的影响与可持续研究 [M].北京:中国社会科学出版社,2017:111.

产业发展、群众增收为重点，引资扶贫为努力方向的特色帮扶之路。截至 2021 年 3 月，外交部累计向麻栗坡县筹集投入扶贫资金 2.2 亿元，先后实施了温饱、教育、卫生、整村推进、培训、产业扶持 6 类工程共 685 个项目。①

在滇桂黔石漠化连片特困区广西片区，2017 年 1 月 6 日至 7 日，美国中药联商会副会长张瑞齐一行 6 人到广西巴马瑶族自治县，先后在所略乡、甲篆镇、巴马镇对现有中医药产业进行实地考察，并对当地气候、土壤、水质等进行了解。考察组对巴马本地中医药产业发展环境非常满意，认为巴马凭借其独特的自然资源和广为人知的长寿品牌优势，可大力发展中医药产业。联商会计划在巴马建设中药材种植示范基地，并在巴马建设中药材加工厂。这对该地区中医药产业的发展起到极大推动作用，同时带动贫困农户增收致富，拉动当地经济发展，取得产业发展和脱贫工作的双赢。②

在滇桂黔石漠化连片特困贵州片区，2014 年 9 月，联合国儿童基金会早期综合发展试点项目首先在黎平县启动，主要在经济、文化、交通相对滞后的 8 个乡镇的 20 个行政村实施，项目周期为 3 年。通过项目的实施，到 2016 年，项目村的孕产妇及 0—3 岁的儿童享有更好的基本卫生、营养、早期启蒙、儿童福利及转介等综合服务，家庭能够掌握并实施促进儿童心理、发展、保护、智力开发等的正确育儿行为，建立健全促进儿童早期综合发展跨卫生、妇联、民政等多部门的合作机制，探索总结出偏远贫困地区儿童早期综合发展的干预模式。③该项目的实施，对于促进黎平县贫困儿童健康发展、早期教育具有重要的意义。而且，这对黎平县的教育扶贫起到极大的推动作用。

（二）市场主体担当重要角色

作为市场主体的各类企业（主要包括国有企业、民营企业、外资企业），具有资金优势、产业优势、人才优势、信息优势、管理优势、渠道优势等，在产业扶贫、就业扶贫、专项扶贫、工程扶贫等方面能够发挥自身

① 陆志芳.外交部真情帮扶麻栗坡 6 类工程大变样[N].文山日报，2021-3-15（2B）.
② 黄英年.美国中药联商会到巴马考察中医药产业[N].河池日报，2017-1-12（2）.
③ 姚进忠.黎平启动联合国儿童基金会项目[N].贵州日报，2014-9-3（6）.

优势和长处,可以为精准扶贫事业进行担当,做出贡献。因此,市场主体也是精准扶贫需要动员的重要对象。从总体上来看,在滇桂黔石漠化连片特困区,绝大多数市场主体被动员起来参与精准扶贫,对开展精准扶贫发挥着积极的促进作用。

1.动员国有企业

(1)动员中央企业

与其他所有制企业相比较,中央企业不仅是现代企业,而且是国有企业,具有规模大的资源优势,国家政策支持的发展优势,成为打赢精准扶贫攻坚战需要动员的中坚力量。在滇桂黔石漠化连片特困区精准扶贫过程中,被动员、组织起来的国家开发投资集团有限公司、中国广核集团、中国兵器装备集团公司等中央企业开展定点帮扶,只是中央企业被动员起来参与精准扶贫的一个个缩影。作为承担定点扶贫任务的中坚力量,中央企业从教育扶贫、产业扶贫、绿色扶贫等多方面发力,在精准扶贫中发挥着重要支撑力量的作用。截至 2018 年 4 月,中央企业贫困地区产业投资基金规模已达 154 亿元,基金投资范围覆盖全部 14 个集中连片特困地区。[1] 截至 2020 年 3 月,中央企业定点扶贫的 246 个贫困县中,219 个已脱贫摘帽或正在检查验收,约占中央企业定点扶贫县数量的 90%。[2]

在滇桂黔石漠化连片特困区贵州片区,被动员起来的国家开发投资集团有限公司,自 1995 年以来始终定点帮扶贵州黔南州罗甸县、平塘县。截至 2019 年,24 年来,国家开发投资集团有限公司累计派出 7 名优秀干部到一线挂职,投入帮扶资金 1.59 亿元,实施扶贫项目 130 多个,涉及罗甸县、平塘县水电、石材、种植、养殖、教育扶贫、医疗卫生等产业扶贫项目。针对 2020 年及后续扶贫工作,按照中央"四个只增不减"工作要求,国投公司将继续加大对罗甸县、平塘县的帮扶力度,着力从产业、教育、医疗等方面提供支持。[3]

① 马钦麟.扶贫,用好企业"特长"[N].人民日报,2018-7-3(5).
② 周雷.中央企业扶贫投入持续加码[N].经济日报,2020-3-25(9).
③ 国家开发投资集团有限公司:24 年深情帮扶培育特色优质产业[N].贵州日报》,2019-12-12(21).

表3-6　国投公司医疗精准扶贫情况（2017—2018）

时间	内容
2017 年 8 月	在贵州省黔南州罗甸县开展白内障患者免费手术医疗和现场培训公益活动，帮助患者重见光明
2017 年 11 月	联合开展精准医疗公益活动——"天下无盲"遗传性眼病基因筛查项目，组织医疗专家到地处黔南州都匀市的黔南州特殊教育学校开展防盲基因筛查，累计筛查师生和家长 120 余人，其中筛查盲童 28 人，发现疑似遗传性眼病的家庭 11 个，为 13 名患有屈光不正的聋哑学生验配眼镜
2018 年 2 月	捐赠 200 万元，设立"爱之光·国投集团防盲治盲专项基金"，专项用于在贵州省联合开展的"眼科医疗·精准扶贫"公益项目，提升当地眼科医疗卫生水平

资料来源：曲天军等.中国企业精准扶贫案例 50 佳（2018）[M].北京：经济管理出版社,2019.

在滇桂黔石漠化连片特困区广西片区，被动员起来的中国广核集团定点帮扶广西凌云县陇槐村，是滇桂黔石漠化集中连片大石山区的国家级深度贫困村，全村近 80% 的面积为大石山。为帮助贫困村尽早脱贫致富，仅 2017 年，中国广核集团投入 1646 万元帮扶凌云和乐业两县，重点推进凌云少数民族班教育项目和乐业千亩猕猴桃产业园建设，同时帮扶费用也集中投向凌云县加尤镇陇槐村和乐业县逻沙乡全达村，帮助解决两村危房改造 76 户，解决陇槐村 33 户安全饮水问题，并采取"以奖代补"的方式帮扶全达村 91 户贫困户参加村种植产业，帮扶两村村集体经济项目，增加贫困户稳定收入。在此基础上，两村辅以教育扶贫、劳务就业、医疗救助以及政府兜底等多种扶贫手段，实现两村 410 户贫困户 1758 人于 2017 年底脱贫，占两村贫困户的 90.5%。[①]

2003—2017 年，中国广核集团 15 年帮扶凌云县教育事业，从校园、校舍、住宿条件等硬件方面着手，逐步发展到对学校师资力量和教学水平提高的软件水平帮扶。例如，中国广核集团为凌云县泗城镇览金小学援建了一栋建筑面积达 700 平方米的学生宿舍楼，与此同时还修建一些教学基础设施，购买了一些教学用具。据统计，截至 2017 年 11 月，中国广核集团通过各种方式累计资助凌云、乐业两县贫困学生达 11298人，援助凌云、乐业两县 19 家县医院、乡和镇卫生院改造。[②]

---

① 一人不脱贫 坚决不撤岗 [N].人民日报，2017-11-30（13）.
② 一人不脱贫 坚决不撤岗 [N].人民日报，2017-11-30（13）.

在滇桂黔石漠化连片特困区云南片区,中国兵器装备集团有限公司在云南省泸西县扶贫 19 年、在砚山县扶贫 7 年,直至 2019 年 4 月 30 日两县正式退出贫困县序列。在国务院扶贫开发领导小组公布定点扶贫工作评价结果中,中国兵器装备集团公司 2017 年度、2018 年度连续两年荣获"好"评。2001—2018 年,中国兵器装备集团有限公司累计投入社会责任帮扶资金 5.14 亿元。在产业扶贫方面,中国兵器装备集团有限公司运用"政府 + 基地(合作社) + 龙头企业 + 贫困户"的扶贫模式,参与砚山县盘龙乡三七种植、阿舍乡高原苹果基地建设,泸西县向阳乡优质桃种植基地项目等 23 个产业扶贫项目。在教育扶贫方面,中国兵器装备集团公司积极参与泸西县、砚山县希望工程事业、贫困学生资助、职业教育培训等。另外,中国兵器装备集团公司还积极参与促进就业、消费扶贫等。例如,2016—2018 年,中国兵器装备集团公司动员成员单位开展消费扶贫,购买泸西高原水果近 564 吨,消费金额 530 万元,近 200 户贫困户从中受益。①

(2)动员省级国有企业

在滇桂黔石漠化连片特困区精准扶贫攻坚战场上,云南、广西、贵州各省级国有企业也被充分动员、组织起来参与其中,担当着重要的扶贫社会责任。

在滇桂黔石漠化连片特困区贵州片区,充分发挥国有企业的资源优势,2015 年,贵州省委办公厅、省人民政府办公厅正式下发了《关于动员国有企业结对帮扶贫困县推进整县脱贫的指导意见》,大力动员贵州开磷控股(集团)、瓮福(集团)有限责任公司、贵州电网公司、贵州中烟工业有限责任公司等 12 家省级国有企业"一对一"结对帮扶关岭县、榕江县、紫云县、晴隆县等 12 个贫困县整县脱贫,为这些贫困县脱贫提供了有力的支持。

2017 年,贵州国资委进一步动员更多的国有企业参与到结对帮扶工作中来,使贵州的精准扶贫工作取得更多、更大的成效。2017 年 11 月,贵州省人民政府办公厅发出《关于新增国有企业结对帮扶贫困县脱贫攻坚的通知》,提出在 18 家国有企业结对帮扶 17 个贫困县不变的基础上,新增 3 家国有企业帮扶 3 个贫困县,由此实现国有企业结对帮扶

① 雷明.扶贫攻坚的兵装足迹——中国兵器装备集团扶贫攻坚纪实 [J]. 国防科技工业,2019(8):14.

对 14 个深度贫困县全覆盖。其中,贵州省级国有企业结对帮扶涉及滇桂黔石漠化连片特困区贵州片区的贫困县见表 3-7。

表 3-7 省级国有企业结对帮扶滇桂黔石漠化连片特困区贵州片区贫困县一览表

结对年份	结对帮扶国有企业名称	结对帮扶县
2015	贵州开磷控股(集团)有限责任公司	关岭县
2015	瓮福(集团)有限责任公司	榕江县
2015	贵州电网公司	紫云县
2015	贵州中烟工业有限责任公司	晴隆县
2015	中国移动贵州分公司	望谟县
2015	中国农业银行贵州省分行	从江县
2015	保利久联控股集团有限责任公司、保利贵州置业集团有限公司	册亨县
2017	贵州产业投资(集团)有限责任公司	剑河县
2017	贵州建工集团有限公司	雷山县
2017	贵州银行	丹寨县
2017	中国工商银行贵州省分行	普安县
2017	中国烟草总公司贵州省分公司	水城县
2017	中国人民财产保险股份有限公司贵州省分公司	三都县

资料来源:贵州省人民政府办公厅.关于新增国有企业结对帮扶贫困县脱贫攻坚的通知(黔府办函〔2017〕198 号)[Z].

据贵州省国资委统计数据表明,2016 年度,贵州 12 家国有企业共向 12 个贫困县直接投入帮扶资金 3.01 亿元,其中涉及基础设施建设、产业扶贫、教育扶贫、技能培训等。如贵州开磷控股(集团)在结对帮扶关岭县过程中,抓住"关岭牛"这一产业品牌,大力开展产业扶贫。在开磷集团结对帮扶下,"关岭牛"投资有限公司最终建成了 500 头养牛场,新增 100 头以上规模的养殖场 24 个,成立养牛专业合作社 134 个,带动贫困户 1033 户 4443 人发展致富。在瓮福(集团)有限责任公司结对帮扶榕江县的过程中,榕江小香鸡、香菇、锡利贡米知名度不断提高,市场规模不断扩大,产业规模持续扩大。据相关统计,瓮福(集团)有限责任公司累计向榕江县投入帮扶资金 2020 万元,支持榕江企业发展壮大。[①] 中国农业银行贵州省分行结对帮扶从江县,积极开展精准扶贫精准脱贫活动。截至 2016 年底,该行在从江县贷款投放较 2016 年初净增 2.01 亿元。截至 2017 年 2 月,贵州电网投资 2913 万元用于紫云县青山村等 12 个中心村的配电设施整体升级改造。贵州中烟工业有限责任公司投入 900 万元扶贫资金,支持晴隆县文丰村修建和硬化 10 个村民组的 10 条通村联组道路,以改善当地交通基础设施。中国移动贵州分公司结对帮扶望谟县,2015—2016 年,共在望谟县投资 7938 万元,新增 4G 基站、传输光缆,为 26 所中小学提供小、中、高全学科的电子化教育资源公共服务平台接入。[②]

在滇桂黔石漠化连片特困区广西片区,自开展精准扶贫工作以来,广西大化瑶族自治县积极动员省级国有企业,不断强化省级国有企业对脱贫攻坚的支持力度,吸引更多资源资金参与扶贫开发,切实为打赢打好脱贫攻坚做出积极贡献。一是投融资平台牵头扶贫。大化县国有资产投资经营有限公司积极盘活国有资产,将财政资金、金融资本和社会资本有机结合,加强与各金融机构、投融资部门的交流与合作,全力做好县委、县人民政府下达的项目建设工作。截至 2020 年 3 月,完成易地扶贫搬迁资金 23.68 亿元,建设县内安置点 16 个,实现 6600 户 2.98 万人易地搬迁安置;在易地扶贫搬迁与城镇化结合试点工程古江安置区打造达吽小镇,实现旅游业、康养美食产业、餐饮住宿业等多业态联动融合发展,为搬迁群众提供近 2000 个工作岗位。二是引领扶贫产业发展。截至 2020 年 3 月,大化县农村投资经营有限公司通过银行融资完成 7.5 亿元乡村振兴建设资金筹措工作,并积极与大化县杨光食品有限公司联营桂西北农产品加工和冷链物流项目;建成扶贫种养场 409 个,带动贫困户 8600 多户 4.3 万人增收,实现每个贫困村建立 2—3 个扶贫种养场;建成七百弄鸡养殖场 158 个(含 3 个县级示范场),以及肉牛、七百弄鸡扶贫产业核心示范区。三是致力旅游扶贫开发。大化县旅游发展投资有限公司致力于该县旅游扶贫项目开发。大化县达吽小镇被命名为"中国慢生活休闲体验区",并被广西壮族自治区党委、政府列为广西重点建设特色文化旅游小镇;达吽小镇功能区奇美水城景区获评为国家 4A 级旅游景区、红水河百里风情画廊景区被评为广西生态旅

① 王璐瑶.企地携手共绘小康图 [N].贵州日报,2017-2-15(1).
② 王璐瑶.企地携手共绘小康图 [N].贵州日报,2017-2-15(2).

游示范区、大化尧泉山庄和古道山庄获评为第一批广西"四星级森林人家"。①

自精准扶贫号角吹响后,广西柳州钢铁集团切实履行国有企业职责,积极参与精准扶贫工作,为决胜脱贫攻坚贡献最大的力量。2012年以来,柳钢先后在融水县安陲乡大田村、柳城县大埔镇六休村、罗城县乔善乡古城村等8个定点帮扶村开展脱贫攻坚工作,动员、组织全公司力量,通过扶持发展产业、开展教育扶贫、进行技能培训、消费扶贫、驻村结对子等多种形式参与扶贫事业。在柳钢结对帮扶下,柳钢结对帮扶村修通了20多条近100公里的村屯路,修建铁索桥、滚水坝桥,修建连接道路桥涵80多座。截至2020年3月,柳钢已与融水县、柳城县的贫困学生结对帮扶57对。柳钢扶贫消费融水县安陲乡、红水乡的黑香猪肉、黑山羊肉、土鸡土鸭、黑香糯、紫薯等原生态土特产品。柳钢集团近三万职工发挥着巨大消费潜力的作用。柳钢还与地方政府共同推进"政+银+企+村+农"五位一体整县推进贫困村经济发展模式。截至2019年末,这一模式为贫困村集体经济贡献34.88万元。②

在滇桂黔石漠化连片特困区云南片区,2019年8月,云南省委组织部、省国资委、省扶贫办联合下发了《关于省属企业助力脱贫攻坚工作的指导意见》,明确28家省属企业在前期结对帮扶的基础上,结合现实情况,再增加结对帮扶1—2个贫困县,全力以赴脱贫攻坚。该《意见》还明确地提出了"十大帮扶行动"("十大帮扶行动"是指产业帮扶、集体经济帮扶、就业帮扶、建企帮扶、教育帮扶、金融帮扶、健康帮扶、生态帮扶、党建帮扶、定点帮扶。),不仅规定了具体帮扶路径,而且提出了一些硬性规定。随着一大批扶贫项目密集落地,云南省属国有企业如云南机场集团有限责任公司、云南省农村信用社联合社、云南能源投资集团有限公司、云南省投资控股集团有限公司、云南广电网络集团有限公司等掀起精准扶贫的新高潮。其中,根据云南省委、省政府部署安排,云南机场集团有限责任公司挂职扶贫文山州广南县杨柳井乡海子村、石笋村。这两个村自然条件恶劣,土少,石漠化严重,河流、湖泊等水源少,农作物种植难度大,产量低;经济发展基础薄弱,基础设施建设滞后,资金需求量大。截至2016年2月,机场集团按照"一对一、一对多"原则,

---

① 黄炼.大化国有企业为脱贫"唱大戏"[N].河池日报,2020-3-18(2).
② 肖克,刘久锋.烈火淬钢显担当——广西柳州钢铁集团聚力脱贫攻坚纪实[N].农民日报,2020-3-26(2).

共结对帮扶建档立卡贫困户 246 户 939 人。[①] 云南省农村信用社联合社借助自身优势,精准对接贫困地区基础设施建设、产业发展、贫困户创业等方面的金融需要,持续为脱贫攻坚提供金融支持。截至 2019 年 11 月,云南省农村信用社联合社在挂包点麻栗坡县发放精准扶贫贷款共计 5672 笔、15942 万元,惠农 POS 实现村村通。[②]

在开展精准扶贫的过程中,云南省各国有企业均开展了产业帮扶行动,如采取"公司＋合作社＋基地＋贫困户"等模式,帮助贫困户发展特色产业。各帮扶国有企业还与挂钩县共同设立贫困学生奖学金,开展教育扶贫、就业培训、"送岗下乡"活动等。如云南省投资控股集团有限公司组建"教育卫生扶贫事业部",负责全省 208 个职业教育和医疗卫生项目管理推广,涉及 14 个州市的 60 个教育卫生扶贫项目。

2. 动员民营企业

打赢脱贫攻坚战是全面建成小康社会的底线目标,民营企业也是打赢脱贫攻坚战的重要力量。由此,"中国政府始终注重广泛动员民营企业参与扶贫开发,争当脱贫攻坚的贡献者、精准扶贫的实践者、社会风尚的引领者,为打赢脱贫攻坚战贡献力量。"[③]《国务院办公厅关于进一步动员社会各方面力量参与扶贫开发的意见》提出,大力倡导民营企业扶贫。鼓励民营企业积极承担社会责任,充分激发市场活力,发挥资金、技术、市场、管理等优势,通过资源开发、产业培育、市场开拓、村企共建等多种形式到贫困地区投资兴业、培训技能、吸纳就业、捐资助贫,参与扶贫开发,发挥辐射和带动作用。其实,民营企业具有自身独特的优势,作为市场主体的重要组成部分,作为社会力量的重要源泉,有能力也有条件在脱贫攻坚事业中大展身手,展现作为。截至 2019 年 6 月,全国参与"万企帮万村行动"的民营企业已达 8.8 万家,帮扶的行政村数量超过了 10 万个,一共带动了 1100 多万建档立卡贫困人口增收脱贫。[④]

在滇桂黔石漠化连片特困区贵州片区,为进一步动员社会各方面力量参与扶贫开发,创新完善人人皆愿为、人人皆可为、人人皆能为的社

①　畅婉洁.致力航空大众化目标——专访云南机场集团董事长周凯[J].民生周刊,2016(22):43.
②　郎晶晶.省属国有企业实施"十大帮扶行动"——掀起国企精准扶贫新高潮[N].云南日报,2019-11-8(3).
③　胡富国.读懂中国脱贫攻坚[M].北京:外文出版社,2018:183.
④　顾磊.外企已成为扶贫新生力量[N].人民政协报,2019-12-24(10).

会扶贫参与机制,贵州省委、省政府发出了《关于进一步动员社会各方面力量参与扶贫开发的意见》。该《意见》提出,鼓励民营企业参与扶贫开发。鼓励民营企业到贫困地区投资兴业、培训技能、吸纳就业、捐资助贫。以村企共建为平台,通过产业带村、项目兴村、招工帮村、资金扶村等不同形式,带动一批项目,带强一批产业,带活一批市场,带建一批基础设施,增强贫困村及贫困人口自我发展能力。以"万达集团对口帮扶丹寨整县脱贫行动"和"阿里巴巴集团与铜仁市合作推进'农村淘宝'"为契机,积极探索民营企业扶贫新模式,引导更多的全国知名民营企业到贵州参与扶贫开发。

自 2016 年 2 月召开民营企业"千企帮千村"精准扶贫行动动员大会以来,黔东南州一直致力于把"千企帮千村"打造成为黔东南州脱贫攻坚的重大品牌。黔东南州工商联与州委统战部、州扶贫办、州工信委联合成立"千企帮千村"精准扶贫行动领导小组,组织、引导"帮扶千村"企业科学谋划扶贫项目,提高扶贫效率。而今,一企帮一村、一企帮多村已在黔东南州各市县遍地开花,形成一派欣欣向荣景象。例如,贵州思府牧业有限公司在参与岑巩县大有镇"千企帮千村"活动中,聚合该镇茂隆、木召、和平等 7 个村以"党社联建"模式组建的区域集体公司,发展特色养殖产业,辐射带动贫困户 1040 户 3957 人。据统计,2017 年,黔东南州共引导 421 家企业、22 家商协会结对帮扶 499 个贫困村,共计投入项目资金 4.48 亿元,开展产业帮扶、就业帮扶、技能帮扶、公益帮扶,帮扶 12 万余名贫困群众脱贫致富。①

在贵阳举办的 2018 中国国际大数据产业博览会结对帮扶签约仪式上,13 家全国知名企业从产业转型、种植养殖、人才扶持等方面入手,结对帮扶贵州 10 个深度贫困县。58 集团、蒙牛雅士利集团、易果集团、北京马蜂窝网络科技有限公司、多彩贵州网有限责任公司、北京智者天下科技有限公司、唯品会(中国)有限公司、好未来教育集团,将为正安县、紫云县、纳雍县、三都县、威宁县、榕江县、沿河县、从江县、晴隆县、望谟县等 10 个深度贫困县在农产品销售、教育、技术、人才等方面提供帮扶。毋庸置疑,这些企业的结对帮扶直接增强了当地贫困群众"自我造血"的能力。其中,万达集团与丹寨县签署扶贫协议,首创全国"企业包县、

---

① 陈丹.黔东南州"千企帮千村"惠及 12 万贫困群众[N].贵州日报,2018-2-8(17).

整体脱贫"社会扶贫新模式。结对帮扶以来,截至 2017 年 7 月,万达集团已经投入 15 亿元帮扶丹寨,其中,涉及万达小镇建设、万达职业技术学院、万达扶贫产业等。①

在滇桂黔石漠化连片特困区广西片区,随着精准扶贫方略的实施,碧桂园集团积极响应国家东西部扶贫协作号召,与广东省扶贫办、广西壮族自治区扶贫办、广西壮族自治区工商联等单位积极沟通,结对帮扶广西百色市田阳县、田东县,河池市巴马瑶族自治县、大化瑶族自治县,南宁市隆安县等地,组织 10 名专职扶贫干部长期驻村帮扶。截至 2019年 10 月,碧桂园在广西的扶贫总投入超过 6000 万元。②

在滇桂黔石漠化连片特困区云南片区,为了有效动员组织市场主体的力量助推精准扶贫,文山州西畴县以提高贫困户组织化程度为着力点,充分发挥龙头企业、合作社一头连接千家万户、一头连接大市场的优势,大力推进"新型经营主体 + 贫困户"发展模式,将全县建档立卡户纳入至少一个新型经营主体(公司或合作社)管理,与建档立卡户建立利益联结机制,带动贫困群众持续稳定增收,实现新型经营主体对全县所有贫困户合作发展全覆盖。截至 2019 年 2 月,全县共遴选了 23 个有实力、有实体、生产经营运行良好的新型经营主体(龙头企业或合作社)先后与 9964 户建档立卡贫困户建立利益联结机制。其中,有 18 个新型经营主体通过产业项目合作带动、资金入股带动、产品代销、土地流转等方式带动 4673 户建档立卡户实现户均增收 2000 元以上;有 5家龙头企业与全县 9 个乡(镇)69 个村委会组建的 57 个专业合作社实施资金抱团合作发展,带动 4648 户建档立卡户长期稳定增收。③ 例如,文山浩弘农业开发有限公司签订战略合作协议,利用"合作社 + 基地 +农户"经营模式,在西畴县兴街镇三光片区三光、老街、拉孩等 3 个村委会的多依坪、空山等 6 个村民小组进行土地流转,结合精准扶贫和乡村旅游发展,把该地区打造成"全国石漠化综合治理示范区"。

自 2016 年"万企帮万村"精准扶贫行动开展以来,云南红河全州广大民营企业在红河州工商联的引领下,勇于承担社会责任,积极投身精

① 潘皇权.万达集团 15 亿帮扶丹寨"幸福花开"[N].贵州日报,2017-7-3(1).
② 韦静.企业帮扶显真情 脱贫致富暖人心——碧桂园集团广西区域探索推进"4+X"扶贫模式效果显著[N].南宁日报,2019-10-17(7).
③ 符家辉.西畴县采取多种形式让贫困户脱贫致富[N].云南经济日报,2019-2-27(8).

准扶贫行动。截至 2020 年 6 月 18 日，红河全州共有 505 户民营企业参与"万企帮万村"精准扶贫，签订帮扶协议达成精准扶贫对接村、组 578 个，覆盖建档立卡 79605 户 377248 人，实施扶贫项目 1427 个，累计投入资金 70360.98 万元。另外，红河州广大民营企业还积极向贫困户、贫困群众伸出援助之手。截至 2020 年 6 月，3 年间，协调非公经济组织通过光促会为贫困地区捐赠资金物资共计 3166.71 万元。[①]

为实现脱贫摘帽总目标，凝聚社会各界力量，创新帮扶载体，将精准扶贫精准脱贫攻坚由政府的"独角戏"转变为全社会"大合唱"，不断开创扶贫济困、你我同行的社会帮扶生动局面，滇桂黔石漠化连片特困区各省（区）委和政府积极动员、组织民营企业助力脱贫攻坚。由此，民营企业被动员起来进而成为滇桂黔石漠化连片特困区精准扶贫的新生力量，在滇桂黔石漠化连片特困区精准扶贫中发挥着积极的促进作用。

3. 动员外资企业

为贯彻落实党中央、国务院关于打赢精准扶贫攻坚战的决定，在国务院扶贫办、商务部的指导下，中国外商投资企业协会、中国扶贫基金会等机构积极动员外资企业参与扶贫工作。百胜集团、中国三星、VISA、葆婴、菲仕兰、星巴克、苹果、宝洁公司、麦当劳、佳能（中国）有限公司、可口可乐、家乐福、汇丰银行（中国）有限公司、北京梅赛德斯－奔驰销售服务有限公司、益海嘉里投资有限公司、完美（中国）有限公司等众多外资企业，响应中国政府打赢精准扶贫攻坚战的号召，迅速调整工作重心，积极承担社会责任，主动对接精准扶贫。这些外资企业充分利用自身特长，开展"捐一元""百美村宿""月嫂计划""宝洁希望小学快乐健康行动""新和寄养家园""希望工程""戴姆勒中国职业教育项目""复明工程""助行工程""授渔计划"等一系列扶贫项目，惠及 100 多个县近 70 万人次，不仅辐射带动了贫困人口脱贫增收，而且在产业扶贫、教育扶贫、健康扶贫等多个领域实施，有力推动创新精准扶贫精准脱贫模式，形成了一批典型案例，提供了可复制、可推广的扶贫工作思路。[②]可以说，外资企业已成为推进我国精准扶贫事业的又一新生力量，在中国扶贫开发公益事业中发挥了积极的作用。其中，一些外资企业积

---

① 李静等.铁拳紧握聚力量 携手齐力战贫困——红河州决战决胜脱贫攻坚系列报道之省内帮扶篇 [N].红河日报，2020-6-19（5）.
② 杨瑞雪，李慧斌."外企扶贫行动"惠及 70 万人次 [N].农民日报，2020-1-2（7）.

极参与到滇桂黔石漠化连片特困区精准扶贫事业中来。

百胜(中国)本着"国际脑 中国心"的发展理念,一直将自身发展与社会发展紧密联系起来,充分发挥企业自身优势支持地区经济社会发展。2018年,作为百胜(中国)旗下著名品牌必胜客推出扶业计划,首期聚焦云南永胜松露,通过菜品研发,促成必胜客新增原料采购,与当地龙头企业合作,实现农民增收;通过农业技术培训,提升劳动技能,实现帮助当地从业者增产,培训直接受益人约1000人,经济收入受益覆盖整个永胜县。

2019年,在前期对火龙果餐品进行研发的基础上,"必胜客扶业计划"通过贵州省政府、省商务厅的牵线搭桥,开始有计划地采购贞丰火龙果,并将火龙果制作成为美食,端上了必胜客餐厅的餐桌。"必胜客扶业计划"直接为农户实现经济效益。此后,必胜客还划拨资金对当地农户进行集中的火龙果科学种植培训,打造贞丰火龙果优质品牌带动整个贵州省火龙果产业发展,真正做到"授人以鱼,不如授人以渔"。"必胜客扶业计划"区别于以往单一的公益行动,针对不同的农产品采用不同的帮扶模式,并通过引入行业专家、刊发培训手册、录制视频课件、编订挂历、构建培训微信群等方式,实现公益活动的线上与线下、书本与视频、课堂和实操的多样化、立体化呈现。该项目不仅关注产业链前端的农产品资源以及对农户的扶持,更以产业化的思维扶持生态链打造,对产业链末端的原料生产、加工和销售均有涉及,是一个全产业链的产业扶贫公益项目。通过菜品研发、突破采购、从业人员培训、提升技能、增产到增收的各环节设定实施,为项目从业人员提供了从产品销售端到从业技能提升再到增产增收的系统性帮扶。百胜中国在进入中国30多年以来,一直扎根中国,在坚持为顾客提供安全和营养的美食时,也不断发挥企业优势,通过创新与长期投入,已形成多个有影响力的公益项目,持续回馈社会。①

随着中国脱贫攻坚深入推进,中国三星正式发布了2018—2020年扶贫新战略——聚焦"精准扶贫",兼顾"科普创新",重点支持集中连片深度贫困地区的脱贫攻坚事业。2018—2020年的三年时间里,中国三星投入1.5亿元,支持中国扶贫事业。例如,中国三星持续与中国扶贫基金会合作打造贵州省雷山县丹江镇白岩村"三星分享村庄"3号帮

---

① 武胜男.百胜中国:创新模式演绎"授人以渔"[N].公益时报,2019-11-19(5).

扶村,组织村民成立乡村旅游合作社,引领村民就业、创收,走上致富道路。中国三星在过去 26 年里在教育扶贫、残疾救助等领域共计投入 8 亿多元,并长期开展"西部阳光""启明行动"等扶贫项目。"做中国人民喜爱的企业,贡献于中国社会的企业,是中国三星一直以来的经营目标。"①

完美(中国)有限公司(以下简称完美公司)将扶贫视为企业工作的重要内容,在扶贫的道路上积极捐赠善款,多渠道、深层次地参与扶贫。特别是在教育扶贫上,完美公司覆盖"授渔计划·青年之声"精准扶贫完美千人助学行动、"精准扶贫完美千人助学行动""精准扶贫——希望工程助学计划"等扶贫助学项目,涉及学校建设、师资提升、学生家庭扶贫等方面。从 1997 年在延安捐建第一所完美希望小学起,完美公司开始在全国贫困地区捐建希望小学,如今已捐建 100 多所完美希望学校。其中,完美公司在滇桂黔石漠化连片特困区援建的希望学校有:贵州省黔南布依族苗族自治州龙里县摆省乡完美希望小学(2005 年)、云南省曲靖市罗平县鲁布革乡完美希望小学(2006 年)、贵州省独山县麻万镇完美希望小学(2010 年)等。从大力投入希望工程项目、美丽乡村项目,到资助农民工子弟学校、捐赠校园安全应急包,再到援助希望乡村教师计划、"授渔计划",在助力贫困学子健康成长和教育的道路上,完美公司的脚步一直没有停歇。2017 年,为支持希望乡村教师计划专项山区计划,完美公司总计投入 600 万元支持该公益项目。在进行集中培训后,志愿者被陆续分批派往广西、云南、贵州等地区,以及 12 个地市,为超过 130 所学校开展为期 1—3 年的志愿服务工作,为提高农村贫困地区教育质量做出贡献。②完美公司作为全国明星侨资企业,致力于扶贫的身影出现在全国各地。完美公司发扬着博爱精神,履行社会责任,为全国精准扶贫工作做出自身的贡献。

作为市场的重要主体,企业参与精准扶贫发挥着不可忽视的作用。从动员的情况看,企业或其他社会组织参与的占 52.34%。为进一步动员、引导企业深入参与精准扶贫,还需要提供相关政策的支持,创造良好的环境,形成激励企业参与精准扶贫的强大原动力,以期为巩固精准

---

① 邹晨莹.三年欲投 1.5 亿 中国三星发布扶贫新战略 [N].贵州日报,2018-6-11(7).

② 陈思陶.完美公司致力精准扶贫,照亮贫困家庭与学子的未来 [N].新快报,2019-1-28(T18).

扶贫成果做出新的更大贡献。

（三）贫困群众积极响应

在精准扶贫方略的指引下，在外在力量的推动下，广大贫困群众也被充分地动员起来，积极响应党和政府的扶贫政策，发挥自身优势，不断探索脱贫致富的途径。在滇桂黔石漠化连片特困区，动员起来的贫困群众主要包括贫困户、农民工、大学生、退役士兵、广大贫困群众。

1.动员起来的贫困户变成致富带头人

在滇桂黔石漠化连片特困区精准扶贫过程中，一部分贫困群众，特别是广大青年，积极响应党和政府政策，结合当地发展实际以及自身特长和优势，逐渐从贫困走向富裕，并成为致富带头人，对其他贫困群众起到示范、引领的作用，进而带动一批批贫困群众走上共同富裕的发展道路。这是"能人+贫困户"先富带动后富的示范动员模式。

在滇桂黔石漠化连片特困区贵州片区，黔东南苗族侗族自治州黎平县永从镇上寨村的陆永江，虽右手残疾，但也阻挡不了她传承侗族刺绣、与民共富的初心。在脱贫攻坚中，她利用刺绣坊和基地带动贫困户增收致富，始终把带动贫困户脱贫致富作为自己参与精准扶贫的奋斗目标。

2015年，陆永江创办了"黎平县彦婷手工刺绣坊"，采用"合作社+产业+扶贫车间+公司"模式，为家乡贫困绣工提供设计、制作、销售等全产业链服务，带动村民就业实现收益增长。在共青团组织的带领培育下，陆永江带头成立县级农村青年致富带头人协会。2015—2017年间，陆永江相继带动1500多户贫困户，解决就业1600余人。其中，在2017年，陆永江带动了3个贫困村（豆洞村、岑引村、岑母村）268户804人脱贫。2018年，陆永江在龙额、孟彦、洪州、九潮等多个乡镇开展刺绣技能培训，培训人数1500人，其中带动1000余人就业。2018年底，为确保贫困户户户有增收，户户实现脱贫，陆永江还拿出8万元分给部分无劳动力、无发展能力的贫困户，解决40户贫困户无红利的问题。2019年以来，陆永江相继在地坪、双江等贫困乡镇开展刺绣培训300余人，带动就业人数 260 余人。①

在滇桂黔石漠化连片特困区广西片区,产业扶贫成为开展精准扶贫的重要抓手。而发挥带头人领头雁效应,引导、动员、组织贫困群众参与产业扶贫中来,成为精准扶贫的关键。

巴马瑶族自治县燕洞镇同合村弄洞务屯生产队长刘兴达,是众多致富带头人中的一个。为了找到致富道路,经过几番思索和外出考察学习,刘兴达觉得在他们那些石头缝中种植桑树最适宜,而且近年来蚕茧市场价格一直向好。于是,他开始在家试点种桑养蚕,并且这一尝试获得了成功,开拓了一条种桑养蚕致富之路。刘兴达种桑养蚕获得成功后,就有了拉动身边村民一同脱贫致富的想法。为了方便群众,扩大影响,让更多的群众养蚕致富,2015 年,刘兴达建起了四间 200 平方米的小蚕培育室,组建新型农家养蚕专业合作社,让群众在家门口就能领到小蚕喂养,并且小蚕出现问题,能得到及时处理,大大降低了养蚕的风险。如今,刘兴达的小蚕培育室每年培育 1300 多张,平均每张可给农户创收 2000 元,年总产值达 260 万元。② 在条件艰苦、贫瘠的石漠化大山中,在 4 口之家中仅有一个劳动力的情况下,刘兴达通过努力学习,引进种桑养蚕的新技术,带领身边村民致富,起到先锋模范带头作用。他的成功让大山里的贫困群众看到了希望,同时也坚定了贫困群众脱贫的信心。

在滇桂黔石漠化连片特困区云南片区,文山州丘北县官寨乡飞土村民委旧城村小组村民方补兰,通过脱贫奋斗,成为一名脱贫先进户、致富带头人。2015 年,在全国精准扶贫战略大力实施的形势下,方补兰抓住良好时机,勇于创新,率先在乡里成立"青青草养殖农民专业合作社"。到了 2017 年底,"青青草养殖农民专业合作社"已发展到存栏肉牛 200 多头牛、山羊 1000 余只的规模,经济收入达到 36 万元,合作社里 4 户建档立卡户随之而实现脱贫致富。随着"青青草养殖农民专业合作社"发展规模不断扩大,飞土村委会附近的 7 个村小组 53 户建档立卡户,先后加入合作社。另外,8 户建档立卡户还在"青青草养殖农民

---

① 那志奎. 侗族姑娘陆永江获"全国农村青年致富带头人标兵"荣誉称号 [N]. 黔东南日报,2019-12-3(A6).
② 梁婧. 筚路蓝缕立标杆 种桑养蚕摘穷帽——巴马燕洞镇同合村刘兴达带领群众走致富之路 [N]. 河池日报,2018-9-20(5).

专业合作社"务工,每人每年可以领到 36000 元工资收入。①

奋斗在滇桂黔石漠化连片特困区精准扶贫一线的,还有千千万万像陆永江、刘兴达、方补兰一样的农村致富带头人,他们立足家乡,结合本地实际,积极投身脱贫攻坚,用自己独特的方式带领贫困群众脱贫致富,带头履行社会责任,值得人们尊敬和学习。2019 年 11 月 29 日,为了表彰先进、激励引导广大青年在推动农业现代化和农村经济社会发展中做出更大的贡献,特别是对农村扶贫开发、脱贫攻坚做出更大的贡献,共青团中央和农业农村部决定,授予陆永江等 10 名同志第十一届"全国农村青年致富带头人标兵"荣誉称号,授予姚林(侗族)等 318 名同志第十一届"全国农村青年致富带头人"荣誉称号。其中,贵州省 6 人,云南省 5 人,广西壮族自治区 10 人获此殊荣。②

表 3-8　共青团中央、农业农村部表彰第十一届"全国农村青年致富带头人"(滇桂黔石漠化连片特困区)名单

荣誉称号	受表彰人	所属省(区)、市(县)
"全国农村青年致富带头人标兵"	陆永江	贵州省黎平县
"全国农村青年致富带头人"	姚林(侗族)	贵州省玉屏县
	李承亮	贵州省安顺市西秀区
	石秋香(女)	广西壮族自治区融水苗族自治县
	罗显扬(壮族)	广西壮族自治区隆林各族自治县

资料来源:共青团中央、农业农村部关于表彰第十一届"全国农村青年致富带头人"的决定(中青联发〔2019〕12 号)[Z].

2. 动员农民工、大学生和退役士兵等人员返乡创业

为支持农民工、大学生和退役士兵等人员返乡创业,通过大众创业、万众创新使广袤乡镇百业兴旺,打开新型工业化和农业现代化、城镇化和新农村建设协同发展新局面,国务院办公厅专门下发了《关于支持农民工等人员返乡创业的意见》,提出,通过包括简化市场准入、改善金融服务、加大财政支持力度、完善社会保障政策、强化信息技术支撑等措

---

① 张德华.大山深处的巾帼"羊司令"——文山州"光荣脱贫户"方补兰的故事[N].民族时报,2020-6-30(3).

② 共青团中央、农业农村部关于表彰第十一届"全国农村青年致富带头人"的决定(中青联发〔2019〕12 号)[Z].

施支持农民工等返乡下乡人员到农村开展"双创",还要发挥好驻贫困村"第一书记"和驻村工作队作用,帮助开展返乡农民工教育培训,做好贫困乡村创业致富带头人培训。

为贯彻落实《国务院办公厅关于支持农民工等人员返乡创业的意见》精神,贵州省人民政府办公厅提出《关于引导和鼓励外出务工人员返乡创业就业的意见》,云南省人民政府办公厅提出《关于支持农民工等人员返乡创业的实施意见》,广西壮族自治区人民政府办公厅提出《关于进一步支持返乡下乡人员创业创新促进农村一二三产业融合发展的实施意见》等。正是由于相关政策的制定、实施和激励,近年来,滇桂黔石漠化连片特困区农民工、大学生和退役士兵等人员被动员返乡创业就业已经成为潮流。反过来,大批农民工、大学生和退役士兵等人员返乡创业,能够带动家乡贫困群众脱贫致富,有利于推动滇桂黔石漠化连片特困区精准扶贫事业的开展。

在滇桂黔石漠化连片特困区贵州片区,90后大学生夏与——贵州黔西南州安龙县三道墙坝区万亩白及种植基地负责人、安龙县欣蔓生物科技有限责任公司总经理,采取"龙头企业+科研院所+村集体+基地+贫困农户"产业化经营模式,全力塑造"安龙白及"品牌,依托中药材产业助力贫困群众脱贫致富。

为带动更多农户,特别是建档立卡贫困户参与相关产业中来,安龙县大力推广"合作社+农户"等组织方式,把坝区所有贫困户"联结"进去。截至2020年4月,安龙县已建成标准化种植基地3个,种植面积6000多亩,并辐射带动众多农户参与种植。与此同时,通过土地流转、示范带动、政策扶持、技术指导等方式,三道墙坝区把农户组织起来,改变一家一户分散种植的局面,从"单枪匹马"形成了"联合舰队"。此外,三道墙坝区还借助东西部扶贫协作机遇,全力做好包括白及在内的中药材等农产品的产销对接。截至2020年4月份,安龙县三道墙坝区计划新增白及种植面积2000亩。按照每亩8万元的产值,2020年有4000万元的收入。①

在滇桂黔石漠化连片特困区广西片区,在精准扶贫方略的指导下,广西众多深度贫困地区干群合力扶穷志,放弃"等、靠、要"依赖思想,积

---

① 刘悦.从单枪匹马到"联合舰队"——安龙三道墙坝区万亩白及承载贫困户增收希望[N].贵州日报,2020-4-3(4).

极换穷业、治穷窝。在这个过程中,一批优秀返乡人员积极作为,带领群众去除意识贫困、方法贫困,通过互联网销售土特产、发展特色种养等方法,有力推动深度贫困地区贫困群众脱贫。其中,土生土长于融水苗族自治县的石秋香,发展成为当地致富带头人的典范。在大学毕业后,石秋香到沿海地区闯天下,并积累了一些创业经验。2013 年,她返乡创业,创立"秋野家山珍"品牌,采用"公司 + 基地 + 农户 / 合作社 + 加工厂 + 电商 + 视频故事营销"模式发展特色农业,销售本地土特产。

因红薯种植管理不难,很适合留守妇女、老人参与,石秋香带领留守妇女和老人,规模发展红薯种植产业,加工红薯。从 2016 年至 2019 年 5 月,石秋香带领 2500 多户农户种植红薯,发展基地 8930 亩,创造经济效益 1577 万元。其中,1700 户贫困户 7200 人参加红薯种植。同时,建成 2000 平方米的薯干和红薯粉条加工厂房。她还先后赠送贫困户红薯种苗、肥料等折合人民币 30 余万元。此外,她还组织社会各界爱心人士对因病、因残疾等特别困难户进行爱心慰问,开展文化娱乐活动,累计捐款 15 万元。石秋香被当地老百姓深情地称为大苗山里的"红薯妹"。①

罗城仫佬族自治县小长安镇退伍军人梁潇明,从 2002 年 11 月开始小规模饲养当地土鸽,后来又引进"美国香鸽",进而培育出一个新的鸽子品种——"仫佬香鸽"。通过规模化养殖鸽子致富后,梁潇明主动带动周边的贫困村民一起饲养鸽子,通过实施"企业 + 基地 + 农户"的发展模式,做大做强"仫佬香鸽"养殖产业,不仅成功自主创业,还先后帮扶贫困群众 100 多户 400 多人,成为帮助贫困群众脱贫致富的"子弟兵"。经过几年的发展,梁潇明注册了"益赞"和"崖宜"两个商标,打造"仫佬香鸽"的品牌,致力把基地建设成集种植、养殖、生态旅游于一体的有机产业化示范区。2016 年,利民种养农民专业合作社销售成品鸽子总计达 6 万只,销售种鸽近千对,总产值达 210 多万元,养殖规模在仫佬山乡首屈一指。②

在滇桂黔石漠化连片特困区云南片区,文山州富宁县黄炳才返乡创业就是一个鲜活的案例。在国家扶贫政策以及云南扶贫举措的激励下,黄炳才于 2007 年返乡创业。2017 年 3 月,黄炳才创立了富宁黄金谷农业科技发展有限公司,先后投资 3000 多万元,流转荒山土地实现"面山

---

① 谌贻照,廖子渊.大苗山里"红薯妹"[N].广西日报,2019-5-8(9).
② 高东风.仫佬族退伍军人自主创业成"鸽子王"[N].河池日报,2017-7-27(2).

绿化"1000多亩。这是该村第一个沃柑种植基地,为村里和邻近村的贫困户和其他村民增收创造了门路,也为整个村子走出贫困创造了条件。黄金谷农业科技发展有限公司扶持那农、力迫两个村委会、文华社区212户建档立卡户脱贫,带动父老乡亲共同开创致富发展道路。黄炳才还将计划打造万亩沃柑园,通过土地入股形式,带动至少500户农户、建档立卡户发展种植产业。这正是"穷则独善其身,富则兼济天下"的真实写照。同时,这体现的不是授人以鱼的善良,而是授人以渔的情怀。①

当前,正是有这么一大批返乡创业者在滇桂黔石漠化连片特困区这片创业热土上尽情地挥洒着汗水与激情,追逐着青春和梦想,不断为滇桂黔石漠化连片特困区经济社会发展注入新的活力,为滇桂黔石漠化连片特困区贫困群众脱贫致富奔小康创造更加良好的条件,带领滇桂黔石漠化连片特困区贫困群众走向更加美好的未来。

3. 广大贫困群众积极响应号召

从本质上来说,广大贫困群众既是扶贫攻坚的对象,还是脱贫致富的主体,更是应该被动员的对象。"幸福不会从天降。好日子是干出来的。脱贫致富终究要靠贫困群众用自己的辛勤劳动来实现。"② 所以,精准扶贫最为重要的是,"要注重调动贫困群众的积极性、主动性、创造性,注重培育贫困群众发展生产和务工经商的基本技能,注重激发贫困地区和贫困群众脱贫致富的内在活力,注重提高贫困地区和贫困群众脱贫致富的自我发展能力。"③

在党和政府精准扶贫方略的指引下,在致富带头人和返乡创业者的激励下,滇桂黔石漠化连片特困区广大贫困群众被充分动员起来,激发出脱贫致富的强大内生动力,进而积极行动起来——有的养起了鸡,有的养起了鸭,有的养起了牛,有的养起了羊,有的养起了猪,有的养起了蚕,有的养起了鱼,有的养起了蜜蜂……;有的种植香菇,有的种植白及,有的种植石斛,有的种植茶叶,有的种植火龙果,有的种植猕猴

---

① 刘书贵.乡村振兴看富宁这里的沃柑为什么那么甜?——返乡青年黄炳才带领乡亲绿化玉好山致富纪实 [N].云南经济日报,2019-12-17(4).
② 中共中央党史和文献研究院.习近平扶贫论述摘编 [M].北京:中央文献出版社,2018:136.
③ 习近平.习近平谈治国理政(第二卷)[M].北京:外文出版社,2017:90.

桃……;甚至还有的贫困群众在政府的扶持下办起了农家乐,搞起了乡村旅游……由此,这些被充分动员起来的贫困群众阔步行进在脱贫致富的大道上。

在滇桂黔石漠化连片特困区广西片区,融安县广大贫困群众脱贫致富就是这方面鲜明的写照。为了实现脱贫致富,融安县搞起了"大坡飞鸡"养殖、"融安特色河边鱼"养殖等扶贫模式。通过成立"融安巾帼大坡飞鸡养殖合作社",2016 年带动 25 户农户(其中,贫困户 23 户)养殖大坡飞鸡,实现脱贫致富。通过成立"融安特色河边鱼"养殖合作社,2016 年带动 43 户贫困户 172 人脱贫。截至 2017 年 11 月,融安县已经成立了"融安特色河边鱼"养殖合作社 5 个,2017 年发展网箱养殖面积4.5 万平方米,可带动 400 人脱贫。①

在滇桂黔石漠化连片特困区贵州片区,2016 年以来,贵州省大力发展优势大宗食用菌及特色珍稀食用菌,积极发展野生食用菌,产业呈现裂变式发展,后发优势逐步凸显。截至 2019 年 11 月,贵州已通过发展食用菌产业累计带动 55.5 万贫困人口脱贫,占全省脱贫总人数的11.1%,脱贫攻坚成效显著。其中,义龙新区、册亨、望谟、晴隆联建的"飞地产业园"食用菌基地分三个片区,主要涉及义龙新区万屯镇基地总部、龙广镇狮子山村和双合村。双合村食用菌种植基地采取"政府 +龙头企业 + 合作社 + 基地 + 新市民"的发展模式,由贵州裕农菌业有限公司负责实施,每户搬迁新市民可免费认领一个食用菌大棚试种,公司负责提供菌棒、保底回收,并全程派专业技术人员指导。截至 2019 年11 月,双合村和狮子山村食用菌基地计划修建 435 个食用菌大棚,涉及册亨、望谟、晴隆三县的搬迁新市民 200 户,已经有 90 个大棚上棒养菇,15 个大棚陆续出菇。②

在滇桂黔石漠化连片特困区云南片区,文山州西畴县通过发扬苦干实干的"西畴精神",西畴人民群众用敢教日月换新天的英雄气概,演绎着新的动人传奇,创造出天翻地覆的巨大变化。这是精准扶贫精神动员模式的典范。通过从炸石造地转向石漠岩石综合治理,西畴县逐渐探索形成了"六子登科"。截至 2019 年 4 月,西畴县累计发展特色经济林28.9 万亩,"绿色银行"发展红利充分释放;累计治理小流域面积 200

① 庞革平.能人领着跑 山珍卖得俏 [N].人民日报,2017-11-30(23).
② 罗小春,戴仙鸿.义龙新市民食用菌基地迎来首茬采摘 [N].黔西南日报,2019-11-12(1).

平方公里,土地产出率大幅提升;累计改造田地24.4万亩,新增耕地近1万亩,人均增加耕地0.4亩;累计建成沼气池4.36万口,建成小水窖4.15万口;森林覆盖率达到46.13%。2012—2019年,西畴全县共补助资金1.6亿元,带动群众自筹资金和投工投劳8.2亿余元,修通农村等外公路3100公里,实施农村道路安全防护工程196.88公里,完成农村公路绿化269.42公里。针对部分贫困户缺技术、缺劳动力等问题,通过探索形成"社信合作、社企合作、社员合作、消费合作、劳务合作"五种合作发展模式,西畴县成为破解贫困农户持续增收难的一把"金钥匙"。截至2019年4月,全县共有2082户档卡户参与"社信合作",资金总额1196万元,实现群众增收260万元。通过探索"扶贫车间"脱贫模式,夯实群众增收致富奔小康根基。截至2019年4月,全县共成立就业协会72个,开展就业培训17544人,组织6万人外出务工(其中档卡户12944人);全县共建成扶贫车间13个,115名农村富余劳动力就近务工,人均月增收2000元以上。通过打造"三生三美"的宜居宜业宜游美丽乡村建设,截至2019年4月,西畴全县累计投入3.29亿元,实施村容村貌整治950个,建成美丽乡村682个,省级生态文明乡(镇)3个,州级生态文明村51个。①

通过弘扬"西畴精神",坚持走"十大精准脱贫路径",西畴县于2018年实现脱贫摘帽,并于2020年与全州、全省、全国同步全面建成小康社会。

表3-9 滇桂黔石漠化连片特困区贫困县(部分)退出情况一览表

贫困县名称	所属省(区)、市(州)	退出时间
泸西县	云南省红河州	2018年
师宗县	云南省曲靖市	2018年
砚山县	云南省文山州	2018年
西畴县	云南省文山州	2018年
麻栗坡县	云南省文山州	2019年
马关县	云南省文山州	2019年
丘北县	云南省文山州	2019年

---

① 朱法飞,资云波,罗钢.决战贫困的"西畴样本"——西畴县精准扶贫精准脱贫工作纪实[N].文山日报,2019-4-23(1B).

贫困县名称	所属省(区)、市(州)	退出时间
富宁县	云南省文山州	2019 年
瓮安县	贵州省黔南州	2017 年
龙里县	贵州省黔南州	2017 年
六枝特区	贵州省六盘水市	2018 年
普定县	贵州省安顺市	2018 年
镇宁县	贵州省安顺市	2018 年
丹寨县	贵州省黔东南州	2018 年
麻江县	贵州省黔东南州	2018 年
三穗县	贵州省黔东南州	2018 年
雷山县	贵州省黔东南州	2018 年
贵定县	贵州省黔南州	2018 年
惠水县	贵州省黔南州	2018 年
安龙县	贵州省黔西南州	2018 年
水城县	贵州省六盘水市	2019 年
关岭县	贵州省安顺市	2019 年
黄平县	贵州省黔东南州	2019 年
岑巩县	贵州省黔东南州	2019 年
天柱县	贵州省黔东南州	2019 年
锦屏县	贵州省黔东南州	2019 年
黎平县	贵州省黔东南州	2019 年
台江县	贵州省黔东南州	2019 年
剑河县	贵州省黔东南州	2019 年
长顺县	贵州省黔南州	2019 年
独山县	贵州省黔南州	2019 年
三都县	贵州省黔南州	2019 年
荔波县	贵州省黔南州	2019 年
平塘县	贵州省黔南州	2019 年
罗甸县	贵州省黔南州	2019 年
贞丰县	贵州省黔西南州	2019 年

贫困县名称	所属省(区)、市(州)	退出时间
普安县	贵州省黔西南州	2019 年
册亨县	贵州省黔西南州	2019 年
龙胜各族自治县	广西壮族自治区桂林市	2018 年
资源县	广西壮族自治区桂林市	2018 年
西林县	广西壮族自治区百色市	2018 年
大新县	广西壮族自治区崇左市	2018 年
宁明县	广西壮族自治区崇左市	2018 年
马山县	广西壮族自治区南宁市	2019 年
上林县	广西壮族自治区南宁市	2019 年
隆安县	广西壮族自治区南宁市	2019 年
融安县	广西壮族自治区柳州市	2019 年
凌云县	广西壮族自治区百色市	2019 年
靖西市	广西壮族自治区百色市	2019 年
田林县	广西壮族自治区百色市	2019 年
德保县	广西壮族自治区百色市	2019 年
东兰县	广西壮族自治区河池市	2019 年
凤山县	广西壮族自治区河池市	2019 年
巴马瑶族自治县	广西壮族自治区河池市	2019 年
环江毛南族自治县	广西壮族自治区河池市	2019 年
……	……	……

资料来源：根据《云南日报》《贵州日报》《广西日报》等文献资料整理。

三、精准扶贫社会动员介体

精准扶贫社会动员主体对社会动员对象的动员要想取得良好的效果，还必须运用有效的社会动员方式和媒介。其实，"媒体进行居间联络的过程也是一个资源动员（resource mobilization）的过程。"[1] 正是通

---

[1] 吕德文. 媒介动员、钉子户与抗争政治——宜黄事件再分析 [J]. 社会，2012，32（3）：146.

过社会动员介体的宣传、连接与动员,进而架起社会动员主体与社会动员对象之间互动交流的桥梁,编织社会动员主体与社会动员对象之间沟通联系的纽带,构建起精准扶贫社会动员信息沟通机制。这样可以减少信息非对称性、避免信息传递渠道受阻,为精准扶贫社会动员创造良好的基础条件。在滇桂黔石漠化连片特困区精准扶贫社会动员过程中,社会动员主体充分发挥社会动员介体的关键性作用,进而对社会动员对象开展高效的动员。

(一)政策宣传

政策宣传,即国家、政党对其制定的方针、政策进行宣传,使其迅速和广大群众见面,并变成群众的自觉行动。纵观党的百年奋斗历程可以发现,不论是在革命时期,还是在建设时期,抑或是在改革开放时期,我们党之所以能够从一个胜利走向另一个胜利,很重要的一条就是搞好政策宣传。其中包括对敌政策宣传与对友政策宣传,对内政策宣传与对外政策宣传,"就是通过运用报纸、广播、电视等宣传工具,宣传党的路线、方针、政策,教育人民,反映人民的呼声,弘扬正气,揭露消极腐败现象,动员组织广大群众投身社会主义建设事业。"[①] 由此,政策宣传动员已经成为党和政府治理国家和社会的一种重要方式。

在滇桂黔石漠化连片特困区精准扶贫社会动员过程中,动员主体运用行政性指导的动员方式开展政策宣传动员,一方面,这有利于党和政府的政策、方针能够得以顺利贯彻,体现宣传动员的规范性;另一方面,也有利于精准扶贫社会动员的有效开展,提高精准扶贫社会动员的效率,体现精准扶贫社会动员的柔和性。例如,《滇桂黔石漠化片区区域发展与扶贫攻坚规划(2011—2020年)》指出,围绕规划目标和任务,加大政策支持力度。除广西百色市右江区、田东县、平果县,河池市金城江区、南丹县、天峨县,贵州省六盘水市钟山区,都匀市,凯里市,兴义市,云南省文山市外,滇桂黔石漠化连片特困区区域内80个集中连片特殊困难地区县(区)享受国家连片特困地区特定的扶贫开发政策。并且按照"雪中送炭、突出重点"的原则,实行差别化扶持政策,整合各类资源,集中力量解决最困难地区、最困难群体、最迫切需要解决的问题。这就是利用党和政府的政策开展政策宣传动员。

---

① 习近平.摆脱贫困[M].福州:福建人民出版社,1992:83.

在滇桂黔石漠化连片特困区贵州片区，为了贯彻落实党和政府的扶贫政策，2018 年 5 月 3 日晚 8 点，贵州省黔南州三都县江叶村召开了扶贫院坝会。在这次院坝会上，有关领导干部传达精准扶贫工作的精神，用通俗易懂的方法向贫困户进行先建后补的政策宣讲，同时与贫困户面对面交流，倾听贫困户的脱贫愿望，引导贫困户要牢固树立主动脱贫的观念，鼓励贫困群众坚定信心和决心，共同努力，切实改善生产生活条件，早日过上好日子。由此，精准扶贫社会动员主体（扶贫领导干部）通过与贫困户面对面的交流沟通，了解了群众真正需要什么，群众的利益诉求到底是什么，进而让国家惠民政策、扶贫政策真正接触群众，真正惠及百姓，全力提升群众满意度。

在滇桂黔石漠化连片特困区广西片区，2019 年以来，百色西林县通过开展"知识竞赛""乡村夜话""专题宣讲""文艺宣传""三方见面"等活动，大力开展教育、医疗、住房、产业等方面的扶贫政策宣传动员，激发贫困群众内生动力，增强贫困群众脱贫底气，为脱贫攻坚注入"强心剂"，营造勤劳致富、脱贫光荣的良好氛围。西林县 99 个县直单位主动对接 94 个联系村党支部，围绕各项方针、政策，把课堂搬到农家小院、田间地头，用方言土语解读，满足一线党员对最新理论的需求。同时，邀请当地致富能人上台传授致富经验，现身说法，帮助贫困群众学懂、弄通各项惠农政策，进一步消除"等、靠、要"思想。截至 2019 年 9 月，西林县共计开展各类宣讲活动 360 余场，惠及 5.9 万名群众。[①] 并通过开展脱贫攻坚"知识竞赛""乡村夜话""专题宣讲"等政策宣传动员，西林县不仅让群众了解扶贫政策，提高了群众对扶贫政策的知晓率和认可度，进一步激发贫困群众脱贫致富的内生动力，有效地推动贫困群众从"要我脱贫"向"我要脱贫"的转变，而且增进了帮扶干部与群众之间的感情，为全县打赢脱贫攻坚战营造良好的宣传氛围。

在滇桂黔石漠化连片特困区云南片区，文山州麻栗坡县充分利用各种媒体，采取灵活多样宣传方式，重点向群众宣传关于脱贫攻坚工作的决策部署和相关惠民政策、法律法规，确保实现全县所有农户惠民政策宣传全覆盖，让群众不曲解政策，让干部执行政策不打折扣，营造人人知晓政策，个个参与脱贫攻坚的浓厚氛围。例如，2017 年 1—10 月，麻栗坡县脱贫攻坚宣传已有《麻栗坡县——边境村寨气象新》《麻栗坡县

---

① 韦素雪.西林：宣讲接地气 脱贫增底气 [N].广西日报，2019-9-19（15）.

"合作社+贫困户"助推精准扶贫》《文山州深入推进"沿边三年行动计划"改善群众生活水平收入增加村民笑》等48篇报道文章在《云南日报》《民族时报》《云岭先锋》《云南通讯》《文山日报》《含笑花》等报刊刊登宣传。这些扶贫政策的宣传,使贫困群众更加深入、透彻地了解精准扶贫相关政策,对精准扶贫工作起到了良好的舆论引导和传播作用。

不难看出,通过政策宣传动员,一方面,精准扶贫社会动员主体把党和政府的相关扶贫政策传达到基层,传达到群众,使贫困群众明白了解党和政府扶贫的目的、原则、措施等,让国家扶贫政策真正深入群众;另一方面,这也能够让广大党员干部更加密切地联系群众,沉下心来扎扎实实做好精准扶贫工作,实实在在为贫困群众排忧解难做实事。

（二）标语、口号

共意动员往往具有公益性、道德性、正义性等特点,并具有高度的情感认同……某种意义上是一种劝服性沟通实践。[①] 而标语、口号作为一种简洁语言并带有宣传鼓动作用的媒介,在共意动员中发挥着劝服性的宣传动员功能。标语、口号是面向普通大众的通俗化的宣传动员形式,简洁明了,通俗易懂,往往更加容易发挥宣传、动员、激励、引导的作用。其实,标语、口号作为我国政治宣传的一种重要媒介,伴随着各种政治运动始终成为全国各地触目可及的政治景观。特别是在面临紧急情况和重大政策的宣传时,直接、简明的标语、口号依旧是社会动员主体进行动员的强有力载体。标语、口号在滇桂黔石漠化连片特困区精准扶贫社会动员宣传同样发挥着劝服性的宣传动员功能。正是基于标语、口号具有通俗易懂的优点以及广大贫困群众自身文化素质普遍偏低的现实,滇桂黔石漠化连片特困区普遍运用标语、口号开展精准扶贫社会动员。

1.运用标语、口号开展宣传动员

滇桂黔石漠化连片特困区精准扶贫社会动员主体运用标语、口号对党和政府的精准扶贫政策开展宣传,让广大贫困群众很容易明白党和政府的精准扶贫政策到底是什么。例如,"扶真贫,真扶贫""扎实推进精准扶贫脱贫 限时打赢扶贫攻坚战""先富帮后富 同奔小康路""精准识

---

① 郭小安,杨绍婷.网络民族主义运动中的米姆式传播与共意动员[J].国际新闻界,2016（11）:58.

别贫困人口,扶贫攻坚致富幸福""扶贫攻坚,党心所向,民心所依""精准扶贫 不落一人""全民动员 全民参与打赢精准扶贫攻坚战""扎实推进精准脱贫 保障打赢脱贫摘帽攻坚战""全民动员 全民参与打赢脱贫攻坚战""消除贫困,同步小康""精准识别贫困人口,扶贫攻坚致富幸福""消除贫困,改善民生,实现共同富裕""社会兜底保民生,扶贫政策脱贫困""建档立卡,精准扶贫""一户一策,脱贫致富""扶贫开发显真情,易地搬迁助民富""关爱贫困人口,关心扶贫事业""身残贫困兜好底,党的温暖关爱你""撸起袖子加油干,脱贫攻坚有希望""精准扶贫感党恩 易地搬迁住新家"……这些标语、口号让人一目了然,通俗易懂,看后、听后一下子就会明白党和政府针对精准扶贫要做什么,要达到什么目标,贫困群众要做什么,努力的方向是什么,等等。

标语、口号这一动员媒介之所以被普遍地运用于开展宣传动员,一方面,是因为对于精准扶贫社会动员主体来说,操作起来简便易行,不需要太多的资金投入,不需要大面积的场地;另一方面,是因为对于精准扶贫社会动员客体来说,通俗易懂,简单明了,不需要多么高的知识水平,不需要浪费太多的时间。因此,在滇桂黔石漠化连片特困区精准扶贫社会动员的过程中,标语、口号这一动员媒介被非常普遍地运用于开展宣传动员。

2. 运用标语、口号进行引导动员

滇桂黔石漠化连片特困区精准扶贫社会动员主体还运用标语、口号对贫困群众进行政策引导和思想引导,因势利导贫困群众努力发展的方向,例如,"扶贫先扶志""脱贫先立志,致富靠自己""扶贫先扶志和智,帮人先帮技和艺""真帮实扶拔贫根 决战三年促脱贫""创新扶贫机制,助推产业发展""营造全社会参与扶贫良好氛围推动共同富裕""扶贫济困 践行友善""弘扬中华美德 援手扶贫帮困""扶贫济困靠大家,温暖人心你我他""扶贫济困,你我同行""扶贫济困,积德行善""学会一种技能,带富一个家庭""精准扶贫到户到人,发展产业齐心脱贫""紧紧依靠人民群众,打好脱贫攻坚硬仗""扶贫先扶智,治穷先治愚""集众智 聚群力 团结一心 攻坚克难 打赢脱贫攻坚战""脱贫致富快,全靠产业带""培训一人,转移一人,就业一人,脱贫一户""金融扶贫兴产业,精准扶贫强基础""精准扶贫到户,发展产业脱贫""规模发展黑猪和香菇,脱贫攻坚路上不会输""精准扶贫到村到户,产业扶贫好门路""扶

贫扶志气、扶贫扶能力、扶贫扶产业、扶贫扶发展""发展黑木耳产业 打赢脱贫攻坚战""脱贫攻坚不忘初心 授之以渔筑梦前行"……这些标语、口号明显具有引导贫困群众如何脱贫走向富裕的意蕴。

标语、口号这一动员媒介之所以被频繁地运用于开展引导动员,一方面,是因为对于精准扶贫社会动员主体来说,可以发挥传统媒介具有人们喜闻乐见的优势来开展政策引导和思想引导,更容易接近群众,提高宣传动员的成效;另一方面,是因为对于精准扶贫社会动员客体来说,从情感上更乐于、更情愿接受这种方式的宣传、动员。因此,在滇桂黔石漠化连片特困区精准扶贫社会动员的过程中,标语、口号这一动员媒介被非常频繁地运用于开展引导动员。

3. 运用标语、口号进行激励动员

滇桂黔石漠化连片特困区精准扶贫社会动员主体还运用标语、口号对贫困群众进行精神激励,以期激发贫困群众的内生动力,例如,"人穷志不穷 是贫不安贫""贫穷落后不光荣,好吃懒做很可耻""安贫可耻 脱贫光荣 团结一心 共奔小康""向贫困宣战,一起动手创造幸福美好生活""不甘贫困,奋力脱贫""只要努力就能脱贫 只有努力才能致富""只要勤劳不贫困 要想脱贫要发奋""以积极态度、得力措施、扎实作风完成脱贫攻坚工作""脱贫不等不靠,致富敢闯敢冒""窝在家里出懒汉 出门干活人人赞""勤劳创造好日子、幸福不忘党恩情,懒惰贫穷不光彩、礼让谦和人称赞""撸起袖子加油干 打赢脱贫攻坚战"……这些标语、口号明显具有强烈的激励意味,特别是对那些有着安于现状、不思进取、"干部干,群众看""等、靠、要"思想的贫困群众来说,触动更大,激励更强。

标语、口号这一动员媒介之所以被广泛地运用于开展激励动员,一方面,是因为对于精准扶贫社会动员主体来说,可以发挥自身知识特长,编排对仗工整的宣传语句,使自身学识派上用场;另一方面,是因为对于精准扶贫社会动员客体来说,简洁明了、对仗工整的语句,更容易激发人奋勇前进的激情,更容易增强人昂扬向上的动力。因此,在滇桂黔石漠化连片特困区精准扶贫社会动员的过程中,标语、口号这一动员媒介被非常广泛地运用于开展激励动员。

（三）报纸、杂志

作为较为传统的传播媒介，报刊虽然受到新兴媒介的极大冲击，但是在滇桂黔石漠化连片特困区精准扶贫社会动员过程中依然发挥着不可替代的宣传动员作用。

1.报刊发挥精准扶贫社会动员作用

《人民日报》《经济日报》《贵州日报》《云南日报》《广西日报》《黔南日报》《黔西南日报》《黔东南日报》《河池日报》《右江日报》《文山日报》等对滇桂黔石漠化连片特困区精准扶贫进行了大量报道，发挥着舆论正向导向的社会动员作用。

《人民日报》2018年6月5日第5版刊载《脱贫，激活脚下的土地》文章，对贵州省黔东南州三穗县台烈镇颇洞村、安顺市关岭县板贵乡峡谷村等村寨发生的山乡巨变进行报道。该报道指出，随着党的各种惠农政策陆续出台，脱贫攻坚持续发力，农村正在发生一场深刻的变革。过去，"宁愿苦熬，不愿苦干"的思想在贵州贫困山村根深蒂固。可是，今天，那种安于现状、甘于贫困的思想逐渐发生转变。贫困群众想得更多的是如何摆脱贫困、告别落后。贫困群众之所以发生如此巨大变化的一个重要原因，就是发展的基础条件变了，变得更好了。党和政府的精准扶贫政策更加有效了……由此，激发越来越多贫困群众的内生动力，促使贫困群众由被动扶贫转向主动脱贫、由单打独斗转向抱团发展，共同进步，同步小康。①

《云南日报》2020年12月17日第1版刊载了该报评论员文章《把巩固拓展脱贫攻坚成果放在压倒性位置来抓》，指出，巩固脱贫攻坚成果的任务依然艰巨繁重。一些贫困地区尤其是深度贫困地区发展动力不足、产业不强、村级集体经济薄弱和脱贫质量不稳固等问题尚未彻底解决，一些贫困群众存在致贫返贫风险。巩固拓展脱贫攻坚成果，仍然是云南非常重要的任务，必须放在压倒性位置来抓。这就要立足欠发达基本省情，聚焦发展不平衡不充分问题，着眼深度融入新发展格局，接续推动脱贫地区乡村全面振兴，实现巩固拓展脱贫攻坚成果同乡村振兴有效衔接。要系统谋划，确保实现稳定脱贫更好发展。要合理设定过渡期，确保过渡期内脱贫摘帽县实现不摘责任、不摘政策、不摘帮

---

① 汪志球.脱贫，激活脚下的土地[N].人民日报，2018-6-5（5）.

扶、不摘监管"四个不摘",保持帮扶措施、投入机制总体稳定;建立健全简便、高效、精准的防止返贫监测和帮扶机制;建立健全扶贫项目资产长效运作和监督管理机制,发展壮大村级集体经济;注重扶贫产业长期培育,继续做好脱贫群众就业帮扶工作;争取将更多脱贫县纳入乡村振兴重点帮扶县,增强其巩固脱贫成果及内生发展能力;建立农村低收入人口和欠发达地区帮扶政策体系。要抓实重点,要迅速开展"四个专项行动"。将把巩固拓展脱贫攻坚成果放在压倒性位置来抓,编制实施好"十四五"巩固脱贫攻坚成果专项规划,迅速开展"建救助平台""建产业帮扶全覆盖机制""建壮大村级集体经济帮扶机制""建扶志扶智机制"四个专项行动,创新扶贫同扶志扶智相结合的实践载体,帮助脱贫群众摆脱思想贫困、精神贫困,自力更生建设美好家园。[①]

《广西日报》2018年12月6日第17版对大新县返乡创业者发挥扶贫脱贫"领头雁"进行了报道。在乡情的召唤和政策的吸引下,大新县迎来了一批批返乡创业大军,主要承接电子、服装、鞋帽等无污染的劳动密集型产业,提供约4000个工作岗位,让贫困户实现家门口就业,着力建设成为工业发展、就业扶贫、壮大村级集体经济"三合一"产业集聚区。其中,那岭乡巴兰村返乡青年赵东洵、赵春民牵头组建合作社,全村196户贫困户以2017年产业扶持资金入股分红,辐射带动周边村屯贫困群众250户1012人;五山乡村民覃海民返乡创办电子生产加工厂,成为当地"扶贫车间"。截至2018年12月,覃海民创办的电子加工厂拥有员工71名。[②] 这对宣传广西精准扶贫政策、动员广大群众积极投入精准扶贫事业发挥了重要的宣传、动员作用。

报纸因其通俗性、大众化、便捷性等特点,在滇桂黔石漠化连片特困区精准扶贫社会动员中发挥着重要的宣传动员作用。

2.杂志发挥精准扶贫社会动员作用

除了报刊比较集中地关注滇桂黔石漠化连片特困区精准扶贫外,还有一些杂志也对滇桂黔石漠化连片特困区精准扶贫进行相关报道,对滇桂黔石漠化连片特困区精准扶贫开展宣传动员,如《中国扶贫》《当代广西》《当代贵州》《印记》《圆梦之路》《老区建设》,等等。

---

① 本报评论员.把巩固拓展脱贫攻坚成果放在压倒性位置来抓[N].云南日报,2020-12-17(1).
② 莫迪.大新:返乡创业者成脱贫"领头雁"[N].广西日报,2018-12-6(17).

《当代广西》2020年第Z1期刊载《"石山王国"破茧蝶变》的文章，对广西壮族自治区河池市都安县解决"两不愁"的报道。都安县政府搭平台建机制、企业布局全产业链、贫困户零门槛参与，积极促推三方联动的利益联结机制，通过互助共养、联建联养、合作社代养等方式，壮大发展"万户万羊"产业，实现"一头牛（羊）变两头牛（羊）"价值升级，闯出了扶贫新天地。如按照一、二、三产业全产业链发展思路，都安全力推进牛羊、糖料蔗、油茶、桑蚕等八大扶贫产业发展。滚动式发展的"贷牛（羊）还牛（羊）"模式成为全国产业扶贫典范，147个贫困村全部实现"一村一新型经营主体"。通过深化粤桂扶贫协作，都安大力推进扶贫车间和产业园建设，做好易地扶贫搬迁"后半篇文章"。全县共建成扶贫车间12个，20个安置点的搬迁群众全部通过联建联营利益联结模式参与"贷牛（羊）还牛（羊）"产业发展。八仙易地扶贫搬迁产业园第一期工程已投入使用。通过全县压实19个处级、248个科级干部"攻坚第一书记"责任，对照"两不愁三保障"脱贫摘帽标准，狠抓查缺补漏。雄心征服千层岭，壮志压倒万重山。摆脱千年贫困，"石山王国"开出幸福花。①

《当代贵州》2020年第48期刊载了《持续调动民营企业投身扶贫的积极性》，文章指出，动员全社会力量广泛参与扶贫，是减贫事业取得伟大成就的重要经验，也是脱贫攻坚这场伟大战役的重要特征。民营企业作为社会扶贫的重要力量，在脱贫攻坚中倾情投入人力物力财力智力，凝聚起强大攻坚合力，展现出强烈的政治责任和应有的历史担当。截至2020年上半年，共有5721家民营企业参与贵州精准扶贫行动，累计投入帮扶资金达224亿元，共帮扶6534个贫困村，帮助148万贫困人口实现增收。并且指出，脱贫摘帽不是终点而是起点，脱贫后的路还很长。需要我们凝心聚力不松劲，调动民营企业继续投身扶贫的积极性。这就需要毫不动摇推动民营经济发展壮大，确保帮扶能力紧跟得上，需要坚定不移推进农村产业革命，确保发展需求对接得上，还需要不遗余力优化营商环境，确保优质服务供应得上。持续调动民营企业投身扶贫的积极性，动员全社会广泛参与，形成发展合力，实现巩固拓展脱贫攻坚成果同乡村振兴有效衔接。②

不难看出，在滇桂黔石漠化连片特困区开展精准扶贫社会动员的过

---

① 覃雪花，周雯．"石山王国"破茧蝶变[J]．当代广西，2020（Z1）：64．
② 黄丽媛．持续调动民营企业投身扶贫的积极性[J]．当代贵州，2020（48）：33．

程中,像报纸一样,这些杂志因其自身具有可读性、及时性、通识性等特点,同样发挥着重要的宣传动员作用。

(四)广播电视

在滇桂黔石漠化连片特困区开展精准扶贫社会动员过程中,广播、电视因其自身具有大众性、及时性、娱乐性等特点,发挥着重要的宣传动员作用,成为精准扶贫社会动员的大众传媒。

1. 广播电台发挥精准扶贫社会动员的作用

在滇桂黔石漠化连片特困区,贵州人民广播电台、云南人民广播电台、广西人民广播电台、黔西南人民广播电台、黔南人民广播电台、黔东南人民广播电台、六盘水人民广播电台、文山人民广播电台、曲靖人民广播电台、红河人民广播电台、桂林人民广播电台、柳州人民广播电台、南宁人民广播电台、百色人民广播电台、河池人民广播电台等,以及各个县级广播电台,如三江人民广播电台、龙胜人民广播电台、屏边人民广播电台、富宁人民广播电台、惠水人民广播电台等,充分发挥着新闻报道、政策宣传、舆论引导的社会动员作用,其中更是包含着扶贫新闻报道、扶贫政策宣传、扶贫舆论引导,等等。

其中,贵州人民广播电台拥有 7 个频率,即新闻广播、经济广播、音乐广播、交通广播、旅游广播、都市广播,故事广播,以及一个网站。贵州全省 80 多个县(市),3500 多个村寨、1000 多个乡镇广播站。FM94.6 是贵州人民广播电台系列频率之一,是贵州具有影响力的主流媒体之一,节目涉及范围广泛,包括经济、民生等一系节目。贵州新闻广播全天 10 档新闻节目,包括《贵州新闻联播》《听说天下》、民生类《午间关注》、残疾人节目《同在蓝天下》《三农新闻》等品牌栏目。贵州新闻广播对于宣传党和政府的政策(包括扶贫政策)发挥着重要的作用。贵州经济广播为民众广播多种节目,包括经济发展、社会动态等各种信息。贵州经济广播时刻关注社会热点问题,努力为民众排忧解难。例如,2020 年 7 月 6 日,贵州经济广播播出“脱贫攻坚党旗红”节目,宣传贵州精准扶贫、脱贫攻坚事迹。

红河人民广播电台开播于 1983 年 7 月 1 日,经过 30 多年的发展,今天已经成为云南省最具影响力的州市电台之一。红河人民广播电台现在拥有新闻广播、交通广播、民族广播三套节目,全天播音 46 个小时。

新闻综合和音乐节目用调频覆盖全州十三县市及周边文山、玉溪、普洱和越南老街省等地,覆盖人口近千万。民族语节目通过中波和调频覆盖蒙自、开远、建水、个旧、元阳、红河、绿春、金平等县市,覆盖人口300多万。

在新闻宣传上,红河人民广播电台按照"三贴近"原则,紧紧围绕党和政府的中心工作和群众关心的热点话题,以翔实的新闻内容和灵活多样、富有广播特点的播报形式进行全方位、多角度新闻报道,收到良好的社会宣传效果,成为党委、政府与群众之间沟通的重要桥梁,为推动红河经济社会发展做出了积极的贡献。例如,2016年10月12日,红河州扶贫办主要领导及相关科室负责人接受红河人民广播电台《红河热线》栏目在线访谈,围绕脱贫攻坚这个主题进行互动访谈。本次访谈对红河州扶贫攻坚相关政策、措施进行了解读和宣传。

广西靖西县壮语广播电台FM106.2于2013年12月29日正式开播,这也是当时广西开播的首家壮语广播电台。靖西壮语广播电台立足宣传党的方针、政策,是服务基层群众的重要阵地。其设置的栏目有《壮语科技》《壮族人家》等栏目,节目涵盖新闻资讯、政务信息等内容,对宣传党和政府的政策、方针发挥着重要的作用。例如,靖西壮语广播台通过播出《我脱贫我光荣》《扶贫先扶智》等故事,讲述壮族群众扶贫脱贫的故事,传递和弘扬着社会的正能量。

2. 电视发挥精准扶贫社会动员的作用

与其他传播媒介相比较,电视在政策宣传、舆论引导、社会动员等方面有着天然的独特优势。毕竟,电视是一种视听兼备的传播媒介,人们能够亲眼看到并亲耳听到如同在自己身边一样的各种活生生的事物,具有较强的直观性、冲击力、感染力、时效性。所以,在滇桂黔石漠化连片特困区精准扶贫过程中,中央电视台以及滇桂黔石漠化连片特困区涉及相关各级地方电视台都充分发挥自身的独特优势,对精准扶贫进行宣传报道,收到事半功倍的宣传动员效果。

为推动精准扶贫,中央电视台针对西部地区特别推出具有帮扶性、公益性的"广告精准扶贫"项目,希望通过推广独具地方特色的农副产品,带动销售,解决农民的实际需求,让山货出山不再"山高水长",进而助力地方脱贫攻坚。经过积极对接,贵州成为该项目全国首个试点省份,率先探索信息传媒扶贫模式,如麻江蓝莓、从江椪橙柑、水城红心猕猴桃和修文猕猴桃、织金竹荪等特色农产品广告相继在 CCTV1、CCTV2、CCTV4、CCTV7、CCTV13 等 5 个央视频道以每日 16 次的频率免费播出,覆盖贫困户达 6.3 万户、26.6 万人。其中,"国家品牌计划—广告精准扶贫"项目在央视五个频道以每日 16 次的频率,免费播出贵州、宁夏、青海、云南四省区贫困地区农副产品"精准扶贫广告片"。自 2016 年 9 月至 2017 年 10 月,已播出贵州水城红心猕猴桃、贵州麻江蓝莓、云南鲁甸花椒等 20 余种农产品精准扶贫广告,投入屏幕时间 2161 分钟,累计播出 3705 次,直接帮助 45 万余人脱贫,为四省区打赢脱贫攻坚战提供了有力支持。[①]

2019 年 5 月,经广西壮族自治区党委宣传部、自治区扶贫办申请,中央广播电视总台将广西产自国家级贫困地区的百色芒果、隆安火龙果、融安金桔、环江红心香柚、天等指天椒、昭平茶叶等 6 个优质特色农副产品纳入 2019 年广告精准扶贫项目总体安排。2019 年 7 月 1 日起,第一期公益广告片《百色芒果》在中央广播电视总台所属中央电视台 14 个频道、中央人民广播电台 3 个频率及中国国际广播电台同步播出,为期 1 个月,每天不少于 20 次。其余 5 个产品的公益广告片分别于 2019 年 8 月至 12 月陆续登陆中央。[②] 这为提升广西农产品知名度、美誉度进行了大力宣传动员,为推进当地产业扶贫提供了有力支持。

表 3-10　中央电视台推出"国家品牌计划—广告精准扶贫"项目——《百色芒果篇》
(2019 年)播出排期表(部分)

频道	播出时间	签订日期
CCTV-1	约 09:23、约 13:20、约 16:00—17:48	7.1—7.7
	约 12:32	7.2、7.4
	约 24:32	7.3、7.4、7.6
CCTV-2	周一至周五 11:00	7.1—7.5
	周一到周日约 23:48	7.3、7.4、7.6
CCTV-3	约 10:26	7.1—7.31
CCTV-4	周一至周五 18:45—19:00	7.1—7.5

[①] 央视"国家品牌计划——广告精准扶贫"项目助力脱贫攻坚[N].安顺日报,2017-10-12(7).
[②] 陈静.中央广播电视总台播出广西精准扶贫公益广告[N].广西日报,2019-7-5(1)(2).

143

频道	播出时间	签订日期
CCTV-5	周一至周日 8：00：00	7.1—7.31
CCTV-7	约 09：07	7.1—7.31
CCTV-8	8：24：25、14：15：55、17：20：25、20：25：00、24：12：55	7.1—7.7
	15：12：55	7.1—7.6
CCTV-9	周一至周六 00：23、周日约 00：19	7.1—7.7
	约 25：30	7.1—7.7
	周一至周日约 27：25	7.1—7.7
CCTV-10	约 06：00、约 09：00、约 11：30、约 16：30、约 19：00、约 22：45、约 24：30、约 10：00、约 13：00、约 14：00、约 18：00、约 21：00、约 23：30	7.1—7.7
CCTV-11	约 8：30、约 8：44—11：18、约 19：07、约 22：30—23：18、约 23：20—24：09	7.1—7.7
	周日，约 20：34—21：34	7.7
CCTV-12	06：24—06：44、23：55—00：45	7.1—7.5
	09：49—09：53、22：43—23：13	7.1—7.7
	20：07—20：47、22：13—22：53	7.7

资料来源：陈静.中央广播电视总台播出广西精准扶贫公益广告 [N].广西日报，2019-7-5(1).太美了！这支《百色芒果篇》扶贫公益广告将在央视各频道刷屏！[EB/OL].https：//www.sohu.com/a/325310817_248904.

中央电视台自 2016 年 9 月起推出"国家品牌计划——广告精准扶贫"项目，经过不断实践，成效显著。截至 2017 年 10 月，中央电视台已免费播出贵州、云南等省份 20 种农产品广告，投入屏幕资源达 5 亿元左右，直接帮助 45 万余人脱贫。① 接下来，中央电视台还将继续加强与地方政府合作，持续推进"国家品牌计划——广告精准扶贫"项目落地实施，发挥媒体宣传脱贫攻坚的独特优势。

除了中央电视台外，滇桂黔石漠化连片特困区还拥有贵州电视台、广西电视台、云南电视台、六盘水电视台、黔东南电视台、黔南电视台、黔西南电视台、南宁电视台、百色电视台、河池电视台、桂林电视台、柳

---

① 顾仲阳.央视推出"国家品牌计划"项目广告精准扶贫助 45 万人脱贫 [N].人民日报，2017-10-12（6）.

州电视台、文山电视台、红河电视台、曲靖电视台、砚山电视台等。同样，这些地方电视台对滇桂黔石漠化连片特困区精准扶贫社会动员发挥着重要的支撑作用。

例如，在贵州，为深入贯彻贵州省委、省政府关于农业产业结构调整、产业扶贫的指示精神，贵州省扶贫办与贵州广播电视台联合制作了农业科普类栏目《致富有道》。《致富有道》节目在贵州广播电视台科教健康频道每周二、四晚8点黄金时段首播，贵州卫视频道在周一、周二中午12点30分重播。《致富有道》节目联合省内农业产业领域的专家和权威人士，聚焦脱贫一线，运用通俗易懂的语言，突出科普性、大众性，为贵州全省农民的种植养殖结构调整做出指导，助力贵州产业扶贫和乡村振兴。

为加强脱贫攻坚宣传工作，营造扶贫氛围，凝聚扶贫力量，广西百色市委宣传部、百色广播电视台、右江日报社、各县市区党委宣传部联合主办《脱贫攻坚面对面》访谈栏目。该栏目加强宣传各县市区脱贫攻坚的故事，总结扶贫经验，为全市决战贫困、决胜小康凝聚强大合力。2018年9月8日《脱贫攻坚面对面》——《乐业：小小红心猕猴桃 助力贫困农户圆了致富梦》这期访谈节目，访谈了乐业县猕猴桃种植大户蒙天君、乐业县农业投资公司副总经理禤大铭、闻远公司经理袁景亮，让人们了解了乐业县贫困农户的脱贫故事——通过村民合作社＋公司＋产业园模式，公司免费提供技术支持、统一销售，群众通过租地、务工、管护等增加收入，受益面广，效益高，龙头带动优势非常明显。乐业红心猕猴桃2016年获得国家地理标志产品称号，已基本形成特色支柱产业，每年都供不应求。这小小的猕猴桃，承载着乐业贫困群众脱贫致富的希望。

自开展精准扶贫以来，云南文山州砚山县围绕"广播有声、电视有影、报纸有字、网络有言、户外有势"的宣传要求，用好用足宣传手段，深入主战场，当好生力军，在打赢精准扶贫攻坚战中动员、组织、凝聚社会力量参与精准扶贫的过程中，切实做到与精准扶贫攻坚同步、同频、共鸣、共振，进而营造了浓厚的精准扶贫攻坚舆论氛围。例如，通过政府网站、电视台、网络媒体、手机客户端、微信公众号、广告牌、宣传单等多种方式，砚山在全县范围内广泛深入宣传精准扶贫工作，全面掀起"决战脱贫攻坚"宣传新高潮。截至2018年1月，砚山县先后在人民网云南频道、新华网云南频道、云南网、西部开发报、文山电视台、砚山县广播电视台、文山日报、文山新闻网等州级以上媒体刊（播）发《砚山县7个村寨被纳入国家旅游扶贫重点村》《砚山县 15 个贫困村实现集体收入 36.6 万元》《砚山县积极探索产业扶贫新模式》《砚山县创新农业合作社模式助推精准扶贫》《砚山县召开脱贫攻坚专项督查工作动员会》《砚山县农村精神文明建设助力精准扶贫》等 231 篇（条）稿件，从不同角度宣传、报道砚山县精准扶贫工作的举措及"亮点"，充分发挥精准扶贫政策宣传、舆论引导的社会动员重要作用。①

（五）网络

随着互联网时代的飞速发展，在滇桂黔石漠化连片特困区精准扶贫社会动员过程中，网络发挥着越来越重要的作用，而且逐渐发展成为精准扶贫社会动员的主流媒介。滇桂黔石漠化连片特困区精准扶贫社会动员涉及的网络主要有国务院扶贫开发领导小组办公室网、贵州省扶贫开发办公室网、云南省扶贫办公室网、广西扶贫信息网、当代先锋网、曲靖市扶贫开发办公室网以及各县扶贫开发网，等等。

http://www.cpad.gov.cn 是国务院扶贫开发领导小组办公室网，该网是国务院扶贫开发领导小组办公室发布扶贫开发政策、规划、宣传、引导、交流、合作等方面信息的重要网站，主要栏目包括扶贫开发新闻中心、工作动态、政策法规、调查研究、信息公开等。

http://fpb.guizhou.gov.cn 是贵州省扶贫开发办公室发布相关扶贫政策、扶贫信息、扶贫措施的网站。贵州省扶贫开发办公室网站设有新闻中心、政务公开、解读回应、互动交流、在线服务、业务工作、专题专栏、数据开放等栏目，致力于宣传扶贫政策，阐释扶贫法规，报道扶贫新闻，研究扶贫理论，推动扶贫开发工作深入开展。贵州省扶贫开发办公室网站成为为广大扶贫工作者、贫困群众、读者提供扶贫资料的数据库和服务平台，在贵州全省扶贫开发中发挥着扶贫政策宣传、组织引导、发动动员的重要作用。

http://fpb.gxzf.gov.cn 是广西壮族自治区扶贫开发办公室门户网站，也是为广大扶贫工作者提供资料的数据库、为广大贫困群众和读者提供服务的窗口，以及扶贫工作者与扶贫对象互动的平台。广西壮族自治区扶贫开发办公室网目前设有公告公示、热点新闻、广西扶贫新闻、区外扶贫资讯、三农动态、产业开发、基础设施、扶贫贷款、异地安置、社

---

① 砚山县精准扶贫宣传报道有声有色[N].云南经济日报，2018-1-12（8）.

会扶贫、政策法规、外资扶贫、扶贫培训、金色通道、专题报道、扶贫资料库、扶贫研究、视频、图说天地、网上求助等栏目,全力打造一个全方位服务扶贫的网络平台。该网站致力于宣传扶贫政策,阐释扶贫法规,报道扶贫新闻,推动扶贫开发工作的开展。

曲靖市扶贫开发办公室网站 http://fpb.zjw.cn 设有扶贫要闻、通知公告、政策法规、扶贫项目、扶贫实绩、县区动态、扶贫故事等栏目。曲靖市扶贫开发办公室网站充分发挥宣传扶贫政策、报道扶贫新闻、推广扶贫经验等重要的扶贫宣传、动员作用。例如,曲靖市扶贫开发办公室网站于 2018 年 4 月 30 日报道了"吴正俊:6 年坚守,甘为扶贫战线上的'孺子牛'"的扶贫故事。①

黔东南州扶贫开发办公室建立了本部门网站 http://fpb.qdn.gov.cn。该网站设有扶贫动态、扶贫工作、政务公开、网上办事、公众参与等栏目。黔西南州扶贫开发办公室通过本部门网站发布党和国家、省委、省人民政府、州委、州人民政府有关扶贫开发工作的方针、政策、措施和法律法规,组织开展全州扶贫开发调查研究、统筹协调、督查督导工作,等等。黔东南州扶贫开发办公室网发挥着宣传扶贫政策的重要作用。

(六)手机

随着时代的发展和科技的进步,手机、iPad 等电子产品普及率极大提高。而电子产品的广泛应用,深刻地影响着人们的生活方式。在滇桂黔石漠化连片特困区精准扶贫社会动员过程中,手机越来越发挥着不可或缺的动员作用,成为精准扶贫社会动员的便捷媒介。这是因为手机作为通讯工具,既具有便捷性、实用性等特点,又具有功能强大、操作简洁等特点。特别是滇桂黔石漠化连片特困区一些地方非常重视发展电商,希望通过发展电商销售本地区农产品、手工艺术品等。为此,对贫困户开展电商知识培训,传授如何使用手机电子支付功能、如何转发微信朋友圈等,引导贫困户通过电商销售方式打开农特产品、手工艺术品等销售途径。

为了有效开展精准扶贫工作,滇桂黔石漠化连片特困区精准扶贫社会动员工作人员通常利用手机 App,查看扶贫相关政策,了解扶贫发展

---

① 吴正俊:6 年坚守,甘为扶贫战线上的"孺子牛"[EB/OL].http://fpb.zjw.cn/index.php?a=shows&catid=895&id=3354.

动态,精准收集贫困户电子信息,查看扶困对象基本信息、帮扶措施、工作成效等,并且还可以运用手机定位拍照、上传帮扶工作信息、记录扶贫工作日志,使精准扶贫工作变得既便捷高效,又精准务实。

2018年4月23日,广西崇左市宁明县扶贫攻坚指挥部对全县6895名扶贫帮扶干部进行专题培训,培训的基本内容包括如何填写贫困户《帮扶手册》,如何使用手机App录入贫困户信息,为努力实现本年度全县脱贫摘帽打下坚实的技术支撑。

为了充分利用手机开展精准扶贫社会动员,2018年9月20日上午,贵州省黔南州三都水族自治县大河镇在镇政府六楼会议室召开精准扶贫信息管理系统平台及手机App操作培训会,以提高运用手机开展扶贫的使用率。

2019年7月3日,云南省开通了"云南扶贫通"App。通过下载、使用"云南扶贫通"App,建档立卡贫困群众和扶贫工作人员都可以及时查询、了解由省、州、县三级扶贫部门发布的扶贫政策、扶贫项目、公告公示、脱贫事迹等,还可以通过这款App提出自己的意见和建议,并对脱贫攻坚工作进行监督。这就充分保障了群众的知情权、参与权、监督权等权利,也为精准扶贫信息管理提供了现代技术的支持。[1]"云南扶贫通"App的上线运行极大便利了贫困群众和扶贫工作人员开展精准扶贫,有利于提高精准扶贫社会动员的效率。

综上所述,在滇桂黔石漠化连片特困区精准扶贫社会动员的过程中,精准扶贫社会动员主体发挥各自优势和特长,表现出色,成效显著。精准扶贫社会动员客体积极响应,参与其中,为打赢精准扶贫攻坚战做出了应有的贡献。精准扶贫社会动员介体发挥宣传、引导、激励的重要作用,成为有效地连接精准扶贫社会动员主体和社会动员客体的桥梁、纽带。精准扶贫社会动员内容涉及领域相当广泛,较为丰富。由此,滇桂黔石漠化连片特困区精准扶贫社会动员各要素能够分工协作,形成合力,实现精准扶贫社会动员效应最大化。

---

[1] 胡晓蓉."云南扶贫通"上线运行[N].云南日报,2019-7-5(1).

第三节　精准扶贫社会动员机制模式

为取得精准扶贫的良好效果,达到精准扶贫的预期目标,滇桂黔石漠化连片特困区精准扶贫社会动员主体积极行动,运用相关扶贫政策,紧紧围绕产业扶贫、异地搬迁、文化教育扶贫、科技扶贫、东西对口支援、就业扶贫、以工代赈、军队官兵扶贫、开展国际反贫困交流合作等方面,积极开展人力、物力、财力、科技、文化教育等相关资源动员,进而形成一系列精准扶贫社会动员机制模式。

一、产业扶贫动员模式

发展产业是支撑经济发展的重要保障,也是实现贫困户持续稳定增加收入的有效方法。《滇桂黔石漠化片区区域发展与扶贫攻坚规划(2011—2020年)》进一步提出,积极调整农业产业结构,着力发展适应地方生态的特色产业,如大力发展蔬菜、中药材、茶叶、芒果、桑蚕、油茶、核桃、养羊等传统优势产业和地方特色产业,推动当地贫困脱贫致富。

正是基于产业扶贫在精准扶贫中发挥最为基础性作用和具有成效最为明显的特征,滇桂黔石漠化连片特困区精准扶贫社会动员主体积极地开展产业扶贫社会动员,或者结合本地地理条件、生态环境、资源禀赋等动员贫困户发展特色产业,或者动员一些企业到本地发展相关产业,按照"公司＋贫困户"模式、"公司＋合作社＋贫困户"模式等,推进精准扶贫事业的深入开展。在精准扶贫社会动员主体的积极推动下,滇桂黔石漠化连片特困区建立了很多扶贫农产业基地,发展了一大批扶贫特色产业,具体体现见表3-11。

表 3–11   滇桂黔石漠化片区特色农业基地状况表

滇桂黔石漠化片区特色农业基地	
蔬菜生产基地	田阳、田林、都匀、麻江、惠水、广南、师宗、丘北等
木本油料基地	三江、巴马、凤山、黎平、册亨、平塘、广南、泸西等
中药材生产基地	天峨、资源、忻城、独山、普安、砚山、马关等
蔗糖生产基地	隆安、平果、荔波、望谟、三都、富宁、麻栗坡、西畴等
蚕桑基地	环江、融水、罗城、环江、都安、融安、融水、上林、荔波、独山、三都、黄平、师宗、砚山、屏边等
草地畜牧业基地	都安、环江、马山、大化、罗城、资源、平坝、普定、镇宁、关岭、紫云、兴仁、安龙、册亨、望谟、独山、罗甸、平塘、施秉、麻江、岑巩、晴隆、普安、惠水、长顺、黄平、天柱、师宗、泸西、麻栗坡、屏边、丘北、广南、富宁、砚山、罗平等
茶叶基地	凌云、乐业、都匀、平坝、雷山、丘北、富宁、麻栗坡等
非粮生物质能原料生产基地	隆安、马山、册亨、望谟、台江、广南、马关等
商品粮基地	上林、田阳、天等、六枝、广南、丘北等
热带作物生产基地	隆安、马山、上林、右江区、田阳、田林、忻城、宁明、龙州、大新、天等、镇宁、关岭、紫云、普安、晴隆、贞丰、兴义、望谟、册亨、安龙、荔波、独山、平塘、罗甸、三都、师宗、罗平、屏边、西畴、麻栗坡、马关、丘北、广南、富宁等

资料来源：滇桂黔石漠化片区区域发展与扶贫攻坚规划（2011—2020 年）（国开发办〔2012〕54 号）[Z].

（一）开展中药材产业社会动员

　　滇桂黔石漠化连片特困区的三七、金银花、钩藤、天麻、鸡血藤、太子参、青蒿、茯苓、石斛、红豆杉、杜仲、金钩藤、黄精、射干等中药材资源丰富，可以通过引入先进生产工艺和现代制药方法，积极发展具有市场竞争力的现代民族医药产业，从而促进当地经济发展，带动贫困群众致富。

　　在滇桂黔石漠化连片特困区贵州片区，在当地政府的动员和推动下，其中药材产业获得极大发展。截至 2019 年 5 月，黔东南州台江县累计中药材种植面积达 1.56 万亩，主要种植中药材金钩藤（种在南宫）、百合（种在老屯、南宫）、黄精（种在萃文、南宫）、射干（种在老屯、革一），覆盖贫困户 3800 户 16300 人,亩产可增收 3000 元。[①]

在滇桂黔石漠化连片特困区云南片区,文山州广南县精心打造"林下中草药材"示范基地,积极探索"油茶 + 中草药"复合经营的林下经营方式,采取"公司 + 集体经济 + 基地 + 档卡户"的模式,在莲城镇岜夺村建成黄精、莪术、草珊瑚等油茶林下中草药种植示范基地。截至 2019 年 8 月,岜夺村油茶林下中草药种植示范基地 30 亩(其中 2.8 亩为档卡户土地),共带动档卡户 14 户 40 人,实现务工收入 3240 元。[②]

在滇桂黔石漠化连片特困区广西片区,柳州市融安县成为全国青蒿种植面积最大的县。世界青蒿素生产看中国,中国青蒿素生产看融安。结合青蒿适应能力强、生长周期短、治理石漠化效果好等特点,融安县出台专项奖补政策,大力鼓励山区贫困群众种植青蒿。近年来,融安县或通过赠送种苗的方式鼓励山区贫困群众种植青蒿,或"以奖代补"的方式鼓励山区贫困群众种植青蒿,如对建档立卡贫困户种植青蒿每亩补助 500 元。而且,融安县还开展对山区贫困群众种植青蒿技术指导和培训,组织技术人员分时段对种植户进行种植前、种植中和种植后各项技术培训和指导,并且印发《融安青蒿栽培技术规程》供种植群众随时学习和实践操作。截至 2019 年 6 月,融安县种植青蒿的贫困群众达 2400多人,种植面积达 7600 多亩。发展到如今,大化瑶族自治县、罗城仫佬族自治县等石漠化山区的贫困群众通过种植青蒿,从而有力带动山区农业经济的发展,带实现脱贫增收。[③]

(二)开展其他种植养殖产业社会动员

除了动员、组织贫困群众发展中药材产业之外,滇桂黔石漠化连片特困区还动员、组织贫困群众发展大力发展适合本地区发展的其他产业。

在滇桂黔石漠化连片特困区贵州片区,黔东南州台江县延伸具有成长性的农业产业链,形成贫困户产业全覆盖。截至 2019 年 5 月,台江县在食用菌产业方面,已建成 15 个食用菌生产基地,主要品种有秀珍菇、

[①] 根据 2019 年 7 月 23 日课题组在台江县扶贫办调研资料整理.

[②] 广南县政府办.广南:3 大基地示范引领林业产业发展[N].文山日报七都晚刊,2019-8-29(5B).

[③] 谭凯兴,唐洪."诺奖仙草"治贫困 荒山变绿巧致富[J].广西经济,2019(6):68.

灰树花、香菇、茶树菇 4 个,现菇棚已建成 1200 个,生产各类菌棒、菌包 766 万包棒;正在建设 468 个,工厂化建设 2 个。2019 年 6 月底前,这些食用菌生产基地全部建成投产,覆盖贫困户 2926 户 10826 人,户均增收 1.6 万元。与此同时,还发展稻田综合种养产业、生猪养殖产业、养蜂产业、蛋鸡产业、蔬菜产业、茶叶产业、精品水果产业等。①

在滇桂黔石漠化连片特困区云南片区,文山州广南县积极探索扶贫产业发展新模式。"栽好一棵八宝米,炼好一桶山茶油,管好一片生态茶,养好一头高峰牛,种好一棵石斛草",这是云南省广南县产业扶贫路上的"口诀"。为了让贫困户有能力走出困境,广南县不断整合政策资源,集中力量做强做大具有广南特点、广南味道、广南地理标志的"米、油、茶、牛、石斛",同时统筹推进果蔬、甘蔗、烤烟、畜禽等传统基础产业,培育发展乡村旅游等新型复合型、融合型新兴产业。通过龙头企业"带动"发展,引导三丰公司、凯鑫企业、谷多公司等龙头企业积极履行企业社会责任,助推建档立卡贫困户脱贫致富奔小康。当地的谷多牧业公司就采取档卡户用 5 万元贷款入股、公司每年保底分红 8% 和农户自己养殖、公司服务指导并回收两种方式为贫困群众增收"造血",2016 年辐射带动农户 18000 余户,1830 户建档立卡户实现增收。通过整合涉农资金集中扶持龙头企业、合作社和种植养殖大户,引导建档立卡贫困户将农村土地承包经营权、小额贷款资金、扶持资金等要素入股参与合作发展。底圩乡利用扶贫再贷款政策为叮当诚信茶叶农民专业合作社注入 400 万元,作为发展壮大和带动贫困户发展资金。通过坚持互利共赢原则,建立"市场主体 + 村集体 + 贫困户"利益联结,形成市场主体、村集体、贫困户共同受益的"红利式"产业发展格局。政府把奖补资金作为村集体股份,对带动贫困村、贫困户发展产业基地的市场主体实行"以奖代补"入股,搭建"四个平台"奖补机制,兑现奖补资金 6225.93 万元,培植农业龙头企业 26 户、农民专业合作社 806 户。②

在滇桂黔石漠化连片特困区广西片区,近年来,广西探索发展扶贫特色产业,大力发展县级"5+2"、贫困村"3+1"特色产业,推动特色产业从无到有、从小到大渐进式发展,构建形成了"县有扶贫支柱产业,村有扶贫主导产业,户有增收致富产业"的扶贫产业体系。2019 年,在广

---

① 根据 2019 年 7 月 23 日课题组在台江县扶贫办调研资料整理.
② 云南省广南县:产业扶贫创新路 [N].西部开发报,2017-7-21(4).

西全区有发展能力的贫困户中,发展县级"5+2"特色产业的贫困户占92.92%,发展贫困村"3+1"特色产业占96.82%。通过推进产业扶贫,一批扶贫产业已成长为在广西全区乃至全国具有巨大影响力的优势特色产业。产业扶贫成为广西脱贫攻坚最有效的措施,在脱贫攻坚中发挥着不可替代的作用。[1]

(三)开展旅游业社会动员

在滇桂黔石漠化连片特困区贵州片区,2017年9月,贵州省政府办公厅印发《贵州省发展旅游业助推脱贫攻坚三年行动方案(2017—2019年)》,提出实施旅游扶贫九大工程,重点倾斜性支持全省14个深度贫困县、20个极贫乡(镇)和2760个深度贫困村中发展前景好、扶贫效益强的旅游产业项目、旅游公共服务项目、旅游要素型产业经营性项目建设,并依托"5个100工程"建设和"四在农家·美丽乡村"基础设施建设六项行动计划等,提升旅游基础设施建设水平,推进农旅、文旅、工旅、航旅、商旅、林旅、体旅等融合发展。"十三五"期间,旅游能够带动贵州100万以上建档立卡贫困人口受益脱贫。[2]截至2019年9月,贵州全省66个贫困县开发旅游资源19495处,其中4490处为16个深度贫困县所有,实现旅游业带动就业98.64万人,89.7万贫困人口增收脱贫。[3]

在滇桂黔石漠化连片特困区云南片区,近年来,云南结合自身丰富乡村旅游资源优势,大力发展旅游产业,卓有成效地推动贫困群众脱贫致富。《云南省人民政府办公厅关于加快乡村旅游扶贫开发的意见》提出,紧紧围绕精准扶贫方略,聚焦全省4个集中连片特困地区,聚焦建档立卡农村贫困人口,综合考虑资源状况、群众发展意愿等因素,加大旅游扶贫开发力度。大力实施旅游扶贫工程,重点推进15个旅游扶贫示范县、30个旅游扶贫示范乡镇、500个旅游扶贫村建设,培育发展10000户旅游扶贫示范户,带动80万以上贫困人口脱贫致富。[4]

[1] 陈静.我区产业扶贫取得六大成效[N].广西日报,2020-5-29(8).
[2] 贵州省发展旅游业助推脱贫攻坚三年行动方案(2017-2019年)(黔府办发〔2017〕44号)[Z].
[3] 赵林.旅游经济"火起来" 带动贫困群众"富起来"[N].贵州日报,2019-9-30(7).
[4] 云南省人民政府办公厅关于加快乡村旅游扶贫开发的意见(云政办发〔2016〕151号)[Z].

表3-12　云南省省级旅游扶贫示范村名单(滇桂黔石漠化连片特困区云南片区)

州(市)	数量	名单
曲靖市	2个	师宗县龙庆乡黑尔村、罗平县鲁布革镇大坡村
文山州	2个	丘北县八道哨乡矣睹村、马关县马白镇马洒村

资料来源:云南省旅游产业发展领导小组.云南省旅游扶贫工作方案[Z].

表3-13　云南省旅游扶贫示范村分类名单(滇桂黔石漠化连片特困区云南片区)

州(市)	数量	名单	所属类型
曲靖市	2个	师宗县五龙壮族乡法岗村、罗平县鲁布革乡舌坡居委会	景区带动型旅游扶贫村
	2个	师宗县五龙乡脚家箐村、师宗县龙庆乡龙庆村	城镇依托型旅游扶贫村
	2个	师宗县高良壮族苗族瑶族乡设里壮族村、罗平县旧屋基彝族乡旧屋基村	民族文化型旅游扶贫村
	4个	师宗县龙庆彝族壮族乡黑尔壮族村、师宗县雄壁镇雄壁社区、罗平县鲁布革乡大坡村、罗平县鲁布革乡罗斯村	生态环境型旅游扶贫村
	2个	师宗县高良乡戈勒村、罗平县罗雄街道养马村	产业融合型旅游扶贫村
红河州	1个	屏边县玉屏镇阿季伍村	景区带动型旅游扶贫村
	1个	泸西县三塘乡箐门村	城镇依托型旅游扶贫村
	2个	泸西县向阳乡足马村、泸西县白水镇直邑村	民族文化型旅游扶贫村
	1个	泸西县永宁乡永宁村	历史文化型旅游扶贫村
	2个	泸西县旧城镇板桥村、泸西县白水镇山黑村	生态环境型旅游扶贫村
	3个	屏边县湾塘乡营盘村、泸西县向阳乡法土村、泸西县午街铺镇河外村	产业融合型旅游扶贫村
文山州	5个	麻栗坡县杨万乡长田村、丘北县双龙营镇普者黑村、丘北县八道哨乡矣堵村、广南县八宝镇砂斗村、富宁县剥隘镇百洋村	景区带动型旅游扶贫村
	3个	麻栗坡县天保镇天保村、广南县莲城镇端讽村、富宁县田蓬镇田蓬村	城镇依托型旅游扶贫村

州(市)	数量	名单	所属类型
文山州	8个	马关县马白镇马洒村、马关县仁和镇阿峨村、丘北县锦屏镇马头山村、丘北县八道哨乡布红村、丘北县舍得乡矣白村、广南县坝美镇普南村、广南县董堡乡牡露村、广南县八宝镇河野村	民族文化型旅游扶贫村
	4个	马关县金厂镇金厂村、广南县者兔乡者兔村、广南县南屏镇安王村、广南县杨柳井乡宝月关村	历史文化型旅游扶贫村
	5个	麻栗坡县下金厂乡中寨村、丘北县曰者镇新寨村、丘北县新店乡新店村、广南县五珠乡红石岩村、富宁县谷拉乡龙灯村	生态环境型旅游扶贫村
	3个	麻栗坡县八布乡八布村、广南县坝美镇八达村、广南县八宝镇八甲村	产业融合型旅游扶贫村

资料来源:云南省旅游产业发展领导小组.云南省旅游扶贫工作方案[ZL].

在滇桂黔石漠化连片特困区广西片区,近年来,结合旅游业发展形势,广西狠抓乡村旅游与旅游扶贫,动员广大群众参与发展旅游业。特别是《左右江革命老区振兴规划(2015—2025年)》提出,以百色为核心,统筹规划红色旅游城市建设,打造一批红色旅游景区,构建左右江革命老区红色旅游圈。发挥丰富多元的民族民俗文化优势,打造以布洛陀文化、水族水书民族文化为代表的旅游景区。以巴马长寿养生国际旅游区为核心,打造长寿养生旅游目的地。依托原生态山水资源,重点打造国家地质公园、峡谷天坑群山水生态旅游景区等。支持崇左、百色、文山因地制宜发展跨境旅游。加强旅游基础设施建设,打通景区景点通往国省干道的旅游公路,加强景区景点规划设计,完善景区配套服务设施。这极大地推动了滇桂黔石漠化连片特困区旅游业的发展,也加快了滇桂黔石漠化连片特困区旅游扶贫的步伐。

表3-14 左右江革命老区重点旅游项目状况表

左右江革命老区重点旅游项目	
红色旅游目的地	百色起义纪念园,乐业红七军、红八军会师旧址,黎平会议纪念馆,独山深河桥抗日遗址等全国红色旅游景点景区;龙州起义纪念馆;百色、黔东南榕江、黔南荔波红七军军部旧址,龙州红八军军部旧址;三层岗革命旧址,东兰列宁岩农民讲习所旧址,田东、天等(向都),等等;晴隆"24道拐";中法战争战场旧址、凭祥镇南关古炮台遗址;麻栗坡—老山爱国主义教育基地等

续表

重点民族文化旅游区	百色田阳敢壮山布洛陀文化;崇左宁明花山岩画;黔南三都水族、荔波瑶族文化;文山广南地母文化,等等
重点生态山水旅游区	乐业—凤山世界地质公园;崇左德天跨国大瀑布;贵州兴义万峰林—万峰湖;云南文山丘北普者黑,等等

资料来源:左右江革命老区振兴规划(2015—2025年)[Z].

2019年,广西全区乡村旅游接待游客约3.89亿人次,同比增长约26%;乡村旅游消费约2766亿元,同比增长约34%。[①] 从中可以看出,乡村旅游对广西全区特别是对滇桂黔石漠化连片特困区广西片区精准扶贫、脱贫攻坚发挥着独特的推动作用。

二、易地扶贫搬迁动员模式

在"一方水土养不起一方人"的地方,那里的生存环境异常恶劣,自然资源匮乏,交通闭塞,贫困群众难以"靠山吃山、靠水吃水",别说发家致富了,就是生存下来都堪称奇迹。守着个"穷窝窝",就拔不起"穷根根",这是很多贫困地区老百姓生活的真实写照。在开展精准扶贫的背景下,这种与世隔绝、贫中之贫的状况,显得尤为刺眼。这些地方不得不实施易地扶贫搬迁。于是,动员这些贫困地区贫困群众开展易地扶贫搬迁,也成为必不可少的课题。

《中国农村扶贫开发纲要(2011—2020年)》提出,坚持自愿原则,对生存条件恶劣地区扶贫对象实行易地扶贫搬迁。《全国"十三五"易地扶贫搬迁规划》进一步提出,计划五年内对近1000万建档立卡贫困人口实施易地扶贫搬迁,着力解决居住在"一方水土养不起一方人"地区贫困人口的脱贫问题。通过大力开展宣传动员,充分利用广播、电视、报纸、网络等新闻媒体,加大易地扶贫搬迁政策和工作成效宣传,总结交流工作经验,营造良好氛围。大力宣传搬迁地和搬迁对象自力更生、艰苦创业的精神,充分调动其主动性、积极性和创造性,引导光荣脱贫,确保各项工作有力有序推进,如期完成易地扶贫搬迁目标任务。

---

① 吴丽萍.一村一落总关情——2019年广西文化旅游扶贫工作回眸[N].广西日报,2019-12-20(20).

表 3-15   全国"十三五"易地扶贫搬迁规划任务进度表(单位:万人)

内容	合计	2016 年	2017 年	2018 年	2019 年	2020 年
建档立卡搬迁人口	981	249	340	280	100	12
同步搬迁人口	647	171	217	184	68	7
合计	1628	420	557	464	168	19

资料来源:全国"十三五"易地扶贫搬迁规划 [Z].

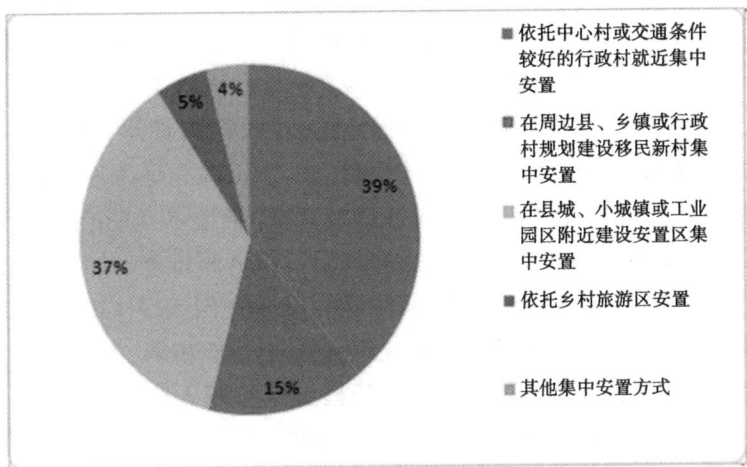

图 3-2   不同集中安置方式人口在易地扶贫搬迁中的分布状况

资料来源:全国"十三五"易地扶贫搬迁规划 [Z].

不可否认,实施易地扶贫搬迁政策的初衷是好的。但是,对于滇桂黔石漠化连片特困区祖祖辈辈"生于斯,长于斯"的广大贫困群众来说,曾经很难也很少走出大山,几乎都有"穷家难舍,故土难离"的情结,特别是对于那些上了年纪的老人来说,大概只适应村寨的生活习惯。对于有落叶归根情怀的人,用丰富的物质生活来取代他们固有的精神生活,可能并非如其所愿,以至于搬迁对他们来说,可能是一件非常痛苦的事情。正因为如此,开展易地扶贫搬迁动员成为动员主体需要开展的一项艰巨而又必不可少的工作。动员主体要动之以情,晓之以理,让贫困群众真正明白党和政府的奋斗目标、战略布局以及扶贫政策,进而推动贫困群众易地搬迁。

在滇桂黔石漠化连片特困区贵州片区,在总结易地搬迁扶贫成功经验的基础上,2012 年 4 月,贵州省第十一次党代会提出,大力实施生态移民工程,逐步把生活在不具备生存条件的深山区、石山区、高寒山区和地质灾害多发区 35 万户 150 万农村贫困人口搬迁出大山。《贵州省扶贫生态移民规划（2012—2020 年）》将扶贫生态移民工程规模由 150 万人调整为 200 万人。根据规划，"十三五"时期，贵州对 162 万人实施易地扶贫搬迁，其中包括 130 万建档立卡贫困人口。

贵州以惠水县为试点，打造易地扶贫搬迁样板，探索可复制的经验推广到全省，特别是运用于集中连片特困地区的贫困县。在惠水县试点的基础上总结提炼，贵州形成了易地扶贫搬迁"112345"安置路径，即夯实一个基础、建好一个工程、探索两种模式、创新三个机制、落实"五个三"要求、完善四大保障体系。围绕"一方水土养不起一方人"的地方和 50 户以下、贫困发生率 50% 以上的自然村寨，贵州界定了 5 条迁出地区域条件、5 条搬迁家庭个体条件、11 个识别登记程序，自下而上开展搬迁对象识别工作。按照搬迁区域精准、搬迁重点精准、搬迁对象精准、搬迁台账精准的要求，先后组织了三轮全面排查，共识别出全省"十三五"搬迁对象 162.5 万人，其中建档立卡贫困人口 130 万人，自然村寨同步搬迁人口 32.5 万人，整体搬迁贫困村寨 7654 个。其中，2016 年，贵州搬迁 11 万户 45 万人，其中建档立卡贫困人口 34.6 万人，整体搬迁贫困自然村寨 3900 个。根据资源条件和环境承载能力，以有利于就业和脱贫为导向，坚持以岗定搬、以产促迁，贵州科学选择安置点和安置方式，坚持以城区、产业园区、旅游服务区安置为主，以集中安置为主。2016 年，贵州全省共建设安置点 465 个，安置人口县城占 31%、集镇占 40%、产业园区占 13%、旅游服务区占 5%、中心村占 11%；集中安置率占 99.68%，分散安置占 0.32%。[①]

黔西南州一改过去简单粗暴"压"任务的方式，变为向群众广泛征求意见的方式，让群众坦陈自己的想法，并启发群众的发展愿望，激发群众内生动力，把"要我脱贫"变成"我要脱贫"。在扶贫工作方法上，不断创新并形成"五共"工作方法，即与群众共商、共识、共建、共享、共担。共商就是注重倾听民意，吸纳民愿，同群众一道商量发展规划；共识，就是在共商的基础上，与群众达成一致意见和发展思路；共建，就是在让群众自己的意愿变成规划之后，一同建设美好家园；共享，就是通过共建，让大家共同享受发展的成果。这往往通过多轮次深入群众的

---

① 国家发展和改革委员会.全国易地扶贫搬迁年度报告（2017）[M].北京：人民出版社，2017：115—116.

"共商",与群众达成"共识",再与群众"共建"易地扶贫搬迁项目,最终"共享"发展成果。

在滇桂黔石漠化连片特困区广西片区,《广西易地扶贫搬迁"十三五"规划》提出,坚持统一规划、分期实施、群众自愿、积极稳妥的原则,以集中安置为主、分散安置为辅,采取依托县城、重点镇、产业园区、乡村旅游区、中心村和插花安置等安置方式。2016—2020 年,广西全区移民搬迁 110 万人,其中,建档立卡贫困人口 100 万人,同步搬迁的其他农户 10 万人,易地扶贫搬迁区域主要分布在南宁、柳州、桂林、梧州、防城港、钦州、贵港、玉林、百色、贺州、河池、来宾、崇左等 13 个市 79 个县(市、区)。

表 3-16 广西易地扶贫搬迁"十三五"市、县(滇桂黔石漠化连片特困区广西片区)分布表

序号	市名称	县名称
1	南宁市	上林县、隆安县、马山县
2	柳州市	融安县、三江侗族自治县、融水苗族自治县
3	桂林市	龙胜各族自治县、资源县
4	百色市	田阳县、德保县、靖西县、那坡县、凌云县、乐业县、田林县、西林县、隆林各族自治县
5	河池市	凤山县、东兰县、罗城仫佬族自治县、环江毛南族自治县、巴马瑶族自治县、都安瑶族自治县、大化瑶族自治县
6	来宾市	忻城县
7	崇左市	宁明县、龙州县、大新县、天等县

资料来源:广西易地扶贫搬迁"十三五"规划 [Z].

根据《广西易地扶贫搬迁"十三五"规划》,广西易地扶贫搬迁的重点地区以滇桂黔石漠化片区县、国家扶贫开发工作重点县、自治区扶贫开发工作重点县为主,其他面上县为辅。搬迁对象以建档立卡贫困人口搬迁为主,经精准识别需同步搬迁的其他农户为辅,鼓励各地实施整村(屯)搬迁。在易地扶贫搬迁总人口中,贫困面广、贫困程度深的滇桂黔石漠化片区县、国家扶贫开发工作重点县、自治区扶贫开发工作重点县搬迁人口规模占全区搬迁人口规模的 90% 以上,建档立卡贫困人口搬迁规模占全区搬迁人口规模的 90% 以上。

表 3-17　广西易地扶贫搬迁"十三五"规划计划表

年度	安置总户数（户）	安置总人数（人）	搬迁对象性质			
			建档立卡		同步搬迁	
			户数（户）	人数（人）	户数（户）	人数（人）
2016 年	82500	330000	75006	300000	7494	30000
2017 年	110000	440000	100002	400000	9998	40000
2018 年	82500	330000	74992	300000	7508	30000
合计	275000	1100000	250000	1000000	25000	100000

资料来源：广西易地扶贫搬迁"十三五"规划 [Z].

为保障易地扶贫搬迁工作有序开展,广西壮族自治区成立扶贫开发领导小组移民搬迁专责小组,专门负责易地扶贫搬迁工作,市县成立相应工作机构,具体负责易地扶贫搬迁的日常工作,并抽调相关人员专职抓本地易地扶贫搬迁工作。扶贫动员主体动员搬迁群众发扬自力更生、自建家园的精神,主动、积极地参与到易地扶贫搬迁工程中来。鼓励搬迁群众和农业经营主体自发开展"小块并大块"耕地整治。组织群众开展互帮互助,整体推进,切实降低搬迁成本。为推动易地扶贫搬迁工作有效开展,广西壮族自治区还进一步动员、引导社会力量参与扶贫搬迁工作。坚持正确的舆论导向,大力弘扬中华民族扶贫济困、乐善好施的传统美德,营造浓厚的舆论氛围,努力形成全社会参与的良好局面。创新媒体宣传形式,广泛宣传实施易地扶贫搬迁的意义、方针、政策、经验和先进典型,使之深入人心。在全社会形成关注易地扶贫搬迁工作、关爱贫困群众、参与易地扶贫搬迁脱贫攻坚的强大合力。充分利用广播、会议、宣传资料等方式开展广泛宣传,提高易地扶贫搬迁在全社会的影响力,形成社会共识,使党的惠民政策深入人心。这就把知情权、选择权和监督权交给群众,做到搬迁对象透明、实施内容透明、补助标准透明、公开公正实施。通过积极动员和有序组织,广西易地扶贫搬迁取得了良好的成效。据统计,"十三五"时期,广西易地扶贫搬迁的建档立卡贫困人口 71 万人,其中 2016—2018 年计划搬迁 70 万人。2016 年 7 月以来,通过精心组织,强化责任,全区易地扶贫搬迁工作进展顺利,截至 2018 年 12 月 31 日,已累计搬迁 69.33 万人,搬迁入住率 99.04％。2016—2018 年全区累计完成 722 个易地扶贫搬迁集中安置点建设任务,有效安置建档立卡贫困人口 68.01 万人,占全区搬迁总规模的 94.07%。2019 年以后,全区易地扶贫搬迁工作已经转入扎实做好搬迁户后续产业发展、就业创业、社会保障兜底和安置点后续管理等扶持工作阶段。[①]

在滇桂黔石漠化连片特困区云南片区,云南省"十三五"规划实施建档立卡贫困人口易地扶贫搬迁总体规模达到 99.5 万人。在相关政策的支持以及扶贫动员主体的大力推动下,截至 2020 年 4 月中旬,云南全省易地扶贫搬迁"前半篇文章"已基本完成。易地扶贫搬迁安置 99.6 万人的 244739 套安置房已全部建成,安置点基础设施等已全部达到入住要求,入住率达 98.6%。[②] 其中,2016—2020 年,文山州建成安居房 8847 套,3.7 万建档立卡贫困人口搬迁入住。[③]"十三五"以来,截至 2020 年 7 月,红河州完成了 377 个安置点的易地扶贫搬迁建设任务,建档立卡贫困户 17153 户 75806 人已全部入住。[④]

对于滇桂黔石漠化连片特困区来说,易地扶贫搬迁是彻底挖掉穷根、实现稳定脱贫最直接、最有效的途径。从云岭大地到八桂之乡,从滇东南大山深处到黔东南苗乡侗寨,从环江的毛南人家到丘北的彝族村落,一村村、一寨寨、一组组、一户户,留下了扶贫干部以及其他扶贫动员主体走村入户动员贫困群众搬迁的足迹,各级扶贫干部以及扶贫动员主体用苦干实干和拼搏奋进精神,促使贫困群众搬出大山,搬出希望,奔向甜蜜的生活。

三、教育扶贫动员模式

教育扶贫是阻断贫困代际传递的关键举措,是实现稳步脱贫、拔除"穷根"的重要手段。"为了阻断贫困的代际传递,政府始终将教育扶贫作为整个扶贫开发、扶贫助困的治本之策。近年来,从中央到地方,从雪域高原到戈壁大漠,各级政府精准发力、综合施策,把教育扶贫工程列

---

① 周映,林庆.广西易地扶贫搬迁入住率99.04%[N].广西日报,2019-2-11(1).
② 段晓瑞.云南省全力以赴写好易地扶贫搬迁"后半篇文章"——换一方水土富一方人[N].云南日报,2020-5-2(1)(2).
③ 马喆.文山州全力拔除穷根[N].云南日报,2020-7-4(1)(4).
④ 李静等."脚下沾有多少泥土,心中就沉淀多少真情"——红河州决战决胜脱贫攻坚系列报道之驻村扶贫工作队篇[N].红河日报,2020-6-21(6).

入一项从根本上帮助贫困群众脱贫且长期坚持的重大民生工程。"①《中国农村扶贫开发纲要(2011—2020年)》提出,推进边远贫困地区适当集中办学,加快寄宿制学校建设,加大对边远贫困地区学前教育的扶持力度,逐步提高农村义务教育家庭经济困难寄宿生生活补助标准。免除中等职业教育学校家庭经济困难学生和涉农专业学生学费,继续落实国家助学金政策。关心特殊教育,加大对各级各类残疾学生扶助力度。继续实施东部地区对口支援中西部地区高等学校计划和招生协作计划。

在滇桂黔石漠化连片特困区,地方各级党委和政府、教育主管部门、扶贫部门以及其他扶贫动员主体都充分认识到教育扶贫在阻断贫困代际传递中的重要作用,积极开展教育扶贫动员,大力实施"希望工程""泛海助学行动""雨露计划",等等。在中央统战部动员、组织下,中国泛海控股集团发起"泛海助学行动",5年内捐资15亿元,资助广西、贵州等六省(区、市)30万名农村建档立卡贫困家庭大学新生,每人资助5000元。

在滇桂黔石漠化连片特困区贵州片区,2016—2020年,中国泛海控股集团每年资助贵州省农村贫困新生1万名,共5万名,每人资助5000元共2.5亿元。② 对中央统战部、民主党派中央、全国工商联按照国务院扶贫开发领导小组安排定点帮扶的赫章、晴隆、望谟、安龙、纳雍、大方、织金等7个县在名额分配上给予重点倾斜,对毕节试验区、黔西南试验区和黔东南、黔南等少数民族自治州予以适当倾斜。贵州省统战部还进一步提出,各级各有关部门要按照省领导的要求,在党委、政府的领导下,党委统战部牵头成立工作协调小组,教育、扶贫等有关部门密切配合,加强宣传动员和组织实施,共同把"泛海助学行动"实施好。倡导民营企业和爱心人士积极参与教育扶贫。

---

① 柯进.打响贫困代际传递"阻击战"——中国教育扶贫行动纪实[N].中国教育报,2015-9-15(1).

② 关于实施2016年度贵州省统一战线"泛海助学行动"的通知(黔统字〔2016〕52号)[Z].

表 3-18　2016 年贵州省"泛海助学行动"资助名额分配表(滇桂黔石漠化连片特困区贵州片区)

市(州)	分配名额(名)
六盘水市	800
安顺市	700
黔东南州	1200
黔南州	1100
黔西南州	1400

资料来源:关于实施 2016 年度贵州省统一战线"泛海助学行动"的通知 [Z].

在滇桂黔石漠化连片特困区广西片区,广西壮族自治区教育厅发出《关于实施 2016 年"泛海助学行动"项目的通知》,提出各市、县教育局在项目实施过程中必须按照实施方案要求,加强组织领导,进行合理分工,安排专人负责,同时协助做好项目前期宣传工作。并明确了受资助对象从全区当年参加高考的属于建档立卡贫困家庭学生中,按照录取后的高考成绩总分从高至低依次取前 10000 名本科批次学生作为受资助对象。2016 年,广西参加高考统考生总人数为 289960 人,按照文科考生和理科考生参加统考人数比例,确定 2016 年 10000 名受助对象为文科被录取考生前 3980 人,理科被录取考生前 6020 人。[①]

广西扶贫开发办公室还发出《关于进一步做好教育精准扶贫工作的通知》,要求各级扶贫办认真落实"雨露计划"学历教育应补尽补、精准补助政策,会同人力资源和社会保障部门实施技工院校结对贫困县帮扶贫困家庭"两后生"中期就业技能培训,协同教育部门扎实推进教育扶贫。

表 3-19　2018 年广西"雨露计划"补助条件及补助标准

培训类型	补助条件	补助标准
普通高校本科学历教育	2018 年参加普通高校本科学历教育并取得全日制学籍的新生	一次性补助 5000 元/生
职业学历教育	雨露计划补助对象中,2018 年接受中、高等职业学历教育的学生	每学期补助 1500 元/生
扶贫巾帼励志班	2018 年就读于广西右江民族商业学校扶贫巾帼励志班的女学生	每学期补助 2000 元/生

①　关于实施 2016 年"泛海助学行动"项目的通知(桂教资助〔2016〕24 号)[Z].

培训类型	补助条件	补助标准
广东碧桂园职业学院合作项目	就读于广东碧桂园职业学院的学生	享受广东碧桂园职业学院全额资助学费、教材费等
短期技能培训	雨露计划补助对象中,16—60周岁的青壮年劳动力可参加相关短期技能培训	扶贫部门按每人每期3000元的标准结算培训经费给培训机构
	雨露计划补助对象自主参加扶贫部门以外的单位主办的技能培	一次性奖励800元/人
农村实用技术培训	雨露计划补助对象中,参加农村实用技术培训的劳动力	每天参训农民补助50元/人

资料来源:自治区扶贫办关于做好2018年雨露计划扶贫培训工作的通知(桂开办发〔2018〕24号)[Z].

除实施"泛海助学行动""雨露计划""希望工程"等教育扶贫之外,广西还通过东西协作推动教育扶贫。例如,粤桂小学是由广东对口帮扶建设的项目,主要解决搬迁贫困户子女的义务教育问题。粤桂小学自2018年5月开工后,确保2019年9月如期开学。粤桂小学建成投入使用后,能基本满足震东社区搬迁户子女的义务教育需求。粤桂小学项目位于震东集中安置区旁,占地60亩,计划办学规模60个班,招收在校生2700人,是一所寄宿制完全小学。学校未来将配备师资140名,由隆安县选拔优秀教师、广东省茂名市化州市教育支教优秀教师和新招聘的特岗教师组成。粤桂小学基本能够满足易地扶贫搬迁震东集中安置区搬迁户子女的义务教育需要。①

在滇桂黔石漠化连片特困区云南片区,云南省通过构建从学前教育到高等教育资助全覆盖体系,确保每个贫困家庭学生都有学上、上好学。从学前教育到中学以及高等教育,省政府助学金资助基本上实现全覆盖。义务教育阶段助学资助从每生每年800元标准到每生每年2500元不等进行资助;中职教育阶段到高等教育阶段建档立卡贫困家庭学生享受免学费、每生每年2000元国家助学金,雨露计划每生每年3000元生活费补助等。②

---

① 王志鹏,潘华.粤桂协作促发展教育帮扶显成效[N].南宁日报,2019-5-28(2).
② 陈怡希.我省立足实际多措并举全力推进教育精准扶贫[N].云南日报,2017-11-26(3).

在相关教育扶贫政策的推动下,文山州砚山县坚持政府主导与社会参与相结合,制定《砚山县教育脱贫攻坚学生资助实施方案》和《砚山县家庭贫困学生应急救助实施办法》,实行建档立卡贫困学生叠加资助,确保在校学生不因贫困而失学。县级资助从学前教育到大学分别资助300—3000元不等,应急救助金根据就学层次给予1000—5000元不等救助,实现从学前教育到大学资助全覆盖。2016年,砚山县发放县级资助金101.24万元;2017年,发放县级资助金522.63万元;2018年,发放县级资助金712.59万元。另外,砚山县还广泛发动社会各界积极参与"助学帮扶"活动。例如,2016—2019年,砚山县共争取中国兵装集团投入480万元开展"兵装丹心""真情兵装"等助学项目,资助建档立卡贫困家庭学生3000名。[①]

通过开展教育扶贫社会动员,滇桂黔石漠化连片特困区教育状况得到了极大的改善,教育水平得到了极大的提升。毫无疑问,这为滇桂黔石漠化连片特困区隔断贫困代际传递做出了重要贡献。

四、东西对口帮扶动员模式

东西扶贫协作对口帮扶是国家一项重要的扶贫开发政策,是"推动区域协调发展、协同发展、共同发展的重大战略,是实现先富帮后富、最终实现共同富裕目标的重大举措。"[②]《中国农村扶贫开发纲要(2011—2020年)》提出,东西部扶贫协作双方要制定规划,在资金支持、产业发展、人员培训以及劳动力转移就业等方面积极配合,发挥贫困地区自然资源和劳动力资源优势,做好对口帮扶工作。国家有关部门组织的行业对口帮扶,应与东西部扶贫协作结对关系相衔接。各省(自治区、直辖市)要根据实际情况,在当地组织开展区域性结对帮扶工作(表3-20)。例如,北京结对帮扶内蒙古、广东结对帮扶广西、上海结对帮扶云南等。

---

① 杨明文,侬云峰.全力保障贫困家庭孩子"一个不少"——砚山县开展教育脱贫攻坚工作纪实[N].文山日报,2019-1-5(4).
② 陈金龙.东西部扶贫协作的重要意义与现实要求[N].光明日报,2019-10-17(6).

表 3-20 1996 年中央确定的东西扶贫协作结对关系

东部省市	结对关系	西部省区
北京	帮扶	内蒙古
天津	帮扶	甘肃
上海	帮扶	云南
广东	帮扶	广西
江苏	帮扶	陕西
浙江	帮扶	四川
山东	帮扶	新疆
辽宁	帮扶	青海
福建	帮扶	宁夏
深圳、青岛、大连、宁波	帮扶	贵州

资料来源：国务院办公厅转发国务院扶贫开发领导小组关于组织经济较发达地区与经济欠发达地区开展扶贫协作报告的通知(国办发〔1996〕26 号)[Z].

2016 年 12 月，在综合考虑原有东西协作扶贫关系、帮扶方财力状况、受帮扶地区困难程度以及双方合作基础等因素之后，中共中央、国务院对原有的帮扶结对关系进行适当调整。在完善省际结对关系的同时，实现对民族自治州和西部贫困程度深的市州全覆盖。为保障东西协作结对帮扶效率，中共中央、国务院要求各省(自治区、直辖市)要根据实际情况，在本行政区域内组织开展结对帮扶工作。调整后，滇桂黔石漠化连片特困区东西扶贫协作结对关系见表 3-21。

表 3-21 2016 年调整后东西扶贫协作结对滇桂黔石漠化连片特困区扶贫协作结对关系表

东部帮扶地区	调整后的被帮扶地区	调整前的被帮扶地区
上海	云南	云南、贵州
广东	广西	广西
广州	贵州黔南州	贵州
杭州	贵州黔东南州	贵州
宁波	贵州黔西南州	贵州
青岛	贵州安顺市	贵州
大连	贵州六盘水市	贵州

资料来源：中共中央办公厅,国务院办公厅.关于进一步加强东西部扶贫协作工作的指导意见 [Z].

在滇桂黔石漠化连片特困区贵州片区,中共中央、国务院确定对口帮扶工作由辽宁、江苏、浙江、山东、广东等6个省的5个城市,分别对口帮扶贵州的5个市(州),即大连市对口帮扶六盘水市,杭州市对口帮扶黔东南州,宁波市对口帮扶黔西南州,青岛市对口帮扶安顺市,广州市对口帮扶黔南州。

表3-22　普安县2014—2016年东西协作帮扶项目情况统计表

年度	帮扶单位	项目名称	帮扶资金（万元）	到位资金（万元）	已拨付资金（万元）	项目实施情况
2014	镇海区政府、宁波市住建委	长毛兔养殖产业示范推进帮扶项目	95.00	95.00	95.00	已完成
2014	镇海区政府	西江坡联盟村民族特色示范村建设	35.00	35.00	35.00	已完成
2014	宁波市住建委	西江坡联盟村民族特色示范村建设	50.00	50.00	35.00	该项目经宁波对口帮扶单位批复同意,已将建设内容调整为江西坡镇大洼广场建设项目
2014	宁波市市场监督管理局	西江坡联盟村民族特色示范村建设	30.00	30.00	21.00	
2014	上海东源计算机自动化有限公司（直接）	资助贫困中学生12名	2.60	2.60	2.60	已完成
2014	上海东源计算机自动化有限公司（直接）	龙吟中学、三板桥小学留守儿童之家项目	13.00	13.00	13.00	已完成

年度	帮扶单位	项目名称	帮扶资金（万元）	到位资金（万元）	已拨付资金（万元）	项目实施情况
2014	宁波建工股份有限公司	江西坡联盟村民族风情展览馆建设	34.00	34.00	23.80	该项目经宁波对口帮扶单位批复同意,已将建设内容调整为江西坡镇大注广场建设项目
2014	宁波建设集团股份有限公司	江西坡联盟村民族风情展览馆建设	33.00	33.00	23.10	
2014	宁波市政工程建设集团股份有限公司	江西坡联盟村民族风情展览馆建设	33.00	33.00	23.10	
2014	镇海区政府	新建窝沿乡幼儿园	80.00	80.00	80.00	已完成
2014	宁波市对口支援办（州级拨入）	龙吟镇蜜柚基地建设	50.00	25.00	25.00	已完成
2015	镇海区政府	长毛兔养殖产业示范推进帮扶项目	140.00	140.00	140.00	已完成
2015	镇海区政府	农业产业发展补助	5.00	5.00	5.00	已完成
2015	宁波市住建委	新建普安县罐子窑镇第二幼儿园	50.00	50.00	50.00	已完成
2015	宁波市市场监督管理局	新建青山镇新田小学附属幼儿园	30.00	30.00	20.00	已完成
2015	上海东源计算机自动化有限公司	捐赠投影设施一台	1.50	1.50	1.50	已完成

年度	帮扶单位	项目名称	帮扶资金（万元）	到位资金（万元）	已拨付资金（万元）	项目实施情况
2015	上海东源计算机自动化有限公司	资助贫困学生12名	3.40	3.40	3.40	已完成
2016	宁波市对口支援办	长毛兔技术服务中心	100.00	30.00	0	已完成
2016	宁波镇海区文魁集团	扶贫项目	20.40	20.40	19.40	已完成
2016	宁波镇海区政府	长毛兔产业帮扶项目	140.00	140.00	90.00	已完成
2016	宁波镇海区政府	农业产业发展补助	20.00	20.00	0	正在实施
2016	宁波镇海区政府	普安县教育、卫生扶贫项目	40.00	0	0	正在实施
2016	宁波市住建委	红星村"彩虹桥"亲情家园建设项目	50.00	30.00	30.00	已完成
2016	宁波市市场监督管理局	楼下镇铁索桥（长征桥）维修与改造项目	30.00	30.00	15.00	项目建设内容调项
2016	上海东源计算机自动化有限公司	资助贫困学生14名	4.00	4.00	4.00	已完成

资料来源：根据2017年7月14日课题组在普安县扶贫办调研资料整理。

在滇桂黔石漠化连片特困区广西片区，2017年10月，广东、广西两省（区）政府确定广东对口帮扶广西的行动由深圳市牵头负责，深圳重点帮扶百色、河池及所辖17个国定贫困县（石漠化片区县），增加广东的江门、肇庆、湛江和茂名市所辖县（市、区）与广西的崇左、桂林、贺州、柳州、南宁和来宾市所辖16个国定贫困县（石漠化片区县）建立结对关系，开展"携手奔小康"行动。这样就形成了广东5市结对帮扶广西33个贫困县的格局。广东与广西形成的具体结对帮扶关系见表 3-23。

表 3-23　广东省与广西壮族自治区"携手奔小康"行动结对名单（滇桂黔石漠化连
片特困区广西片区县）

广东省		广西壮族自治区	
市	县(市、区)	对口市	国定贫困县
深圳市	福田区	河池市 （7个）	罗城仫佬族自治县、环江毛南族自治县
	宝安区		安都瑶族自治县、大化瑶族自治县
	龙华新区		凤山县、东兰县
	大鹏新区		巴马瑶族自治县
	罗湖区	百色市 （10个）	西林县、隆林各族自治县
	盐田区		凌云县、乐业县
	南山区		田阳县、德保县
	龙岗区		靖西市、那坡县
	光明新区		田林县
	坪山新区		田东县
江门市	蓬江区	崇左市 （4个）	天等县
	鹤山区		龙州县
	新会区		宁明县
	江海区		大新县
肇庆市	高要区	桂林市 （2个）	龙胜各族自治县
	端州区		资源县
	四会区	贺州市 （2个）	富川瑶族自治县
	鼎湖区		昭平县
湛江市	廉江市	柳州市 （3个）	融水苗族自治县
	遂溪县		融安县
	吴川市		三江侗族自治县
茂名市	电白区	南宁市 （3个）	马山县
	高州市		上林县
	化州市		隆安县
	信宜市	来宾市 （2个）	忻城县
	茂南区		金秀瑶族自治县

注：结对国定贫困县（石漠化片区县）共 33 个

　　资料来源：广东省人民政府 广西壮族自治区人民政府印发关于进一步加强粤
桂扶贫协作工作意见的通知（粤府函〔2017〕284 号）[Z].

广东省各帮扶市向开展"携手奔小康"行动的受帮扶县选派 1 名扶贫协作干部；帮扶县（市、区）党委或政府主要负责同志每年赴结对国定贫困县（石漠化片区县）调研对接；结对贫困县党委或政府主要负责同志每年到帮扶县（市、区）沟通协调；各帮扶县（市、区）与结对国定贫困县（石漠化片区县）协商选派专业技术人才，开展人才交流；广泛动员爱心企业、慈善机构和志愿者参与粤桂扶贫协作；围绕脱贫攻坚，将资金、项目向深度贫困村和贫困人口倾斜。

1996—2016 年，广州市对口帮扶百色革命老区 20 年。20 年间，广东省、广州市高度重视对百色革命老区的帮扶工作。据统计，截至 2016 年 8 月，广东省、广州市各级政府及社会各界共无偿援助百色建设资金近 11 亿元，以推动当地开展教育帮扶、科技帮扶等。[①]

在滇桂黔石漠化连片特困区云南片区，按照党中央、国务院的部署，上海 1998 年开始对口帮扶云南，重点援助文山、红河、普洱、迪庆 4 州市，上海 14 个区结对帮扶云南 26 个重点县，为云南打赢精准扶贫坚战做出重要贡献。截至 2016 年 11 月，上海对口帮扶使得云南 60 多万贫困人口解决了温饱问题，受益群众达到 150 万人。[②]

在文山，自 1996 年实施东西部对口支援以来，上海市和虹口区、静安区（原闸北区）、松江区、浦东新区（原南汇区）响应中央号召，与文山州 8 县（市）建立了全面的对口帮扶协作关系。截至 2018 年，上海市及社会各界共向文山投入各类帮扶资金 10.64 亿元，在文山实施产业发展、人力资源开发等项目 2586 个。这有力地推动文山贫困地区脱贫致富的步伐。[③]

上述滇桂黔石漠化连片特困区东西协作对口帮扶的一个个鲜活的案例只是众多东西协作对口帮扶的一个个现实缩影。正是通过东西对口帮扶社会动员，使得西部贫困地区，特别是像滇桂黔石漠化连片特困区这样的贫困地区，可以借助东部充沛的资金、先进的科学技术、丰富的人才资源、先进的管理经验、雄厚的工业基础等优势，集中力量发展，最终摆脱贫困。

① 李晓红.用真情谱写帮扶的辉煌篇章——广东省、广州市对口帮扶百色 20 年综述 [N].右江日报，2016-9-4（A01）.
② 沈则瑾.急滇所需 尽沪所能——上海对口帮扶云南 20 年纪实 [N].经济日报，2016-11-4（14）.
③ 喻传宏.向幸福出发——上海对口帮扶文山州 22 年工作纪实 [N].文山日报，2018-4-27（1）.

五、促进就业扶贫动员模式

促进就业也是做好精准扶贫社会动员工作的一项重要举措。"一人就业,全家脱贫,增加就业是最有效最直接的脱贫方式。长期坚持还可以有效解决贫困代际传递问题。"[1]《中国农村扶贫开发纲要(2011—2020年)》提出,以促进扶贫对象稳定就业为核心,对农村贫困家庭未继续升学的应届初、高中毕业生参加劳动预备制培训;对农村贫困劳动力开展相关实用技术培训;加大对农村贫困残疾人就业的扶持力度,等等。

在滇桂黔石漠化连片特困区贵州片区,按照党中央、国务院精准扶贫基本方略,贵州省委、省政府坚持把促进贫困劳动力就业创业作为决战脱贫攻坚的有力抓手。贵州先后出台《贵州省精准推进就业扶贫工作方案》《贵州省2017年易地扶贫搬迁就业和社会保障工作实施方案》等一系列政策文件,为就业扶贫工作扎实推进提供有力的政策支撑和政策依据。通过大力开展促进就业扶贫社会动员工作,截至2018年4月,贵州累计推动108.04万贫困劳动力实现就业创业。[2]例如,台江县狠抓就业扶贫社会动员工作,通过就业扶贫实现贫困群众增收致富。2019年,台江县人力资源社会保障局对问题台账进行认真筛选比对,共筛选比对出涉及就业培训方面的5181个问题,其中,需要就业2480个,需要培训后就业2701个。[3]

表3-24 2019年台江县筛选出需要就业情况统计表

需要就业		需要培训后就业	
乡(镇)	数量(个)	乡(镇)	数量(个)
台拱街道	390	台拱街道	377
萃文街道	152	萃文街道	799
施洞镇	98	施洞镇	40
革一镇	538	革一镇	202

---

① 中共中央党史和文献研究院.习近平扶贫论述摘编[M].北京:中央文献出版社,2018:104.

② 李薛霏.促进贫困劳动力就业创业助推脱贫攻坚[N].贵州日报,2018-4-11(1).

③ 根据2019年7月23日课题组在台江县扶贫办调研资料整理.

续表

需要就业		需要培训后就业	
乡（镇）	数量（个）	乡（镇）	数量（个）
南宫镇	378	南宫镇	131
方召镇	91	方召镇	46
台盘乡	168	台盘乡	430
老屯乡	300	老屯乡	284
排羊乡	365	排羊乡	392
共计	2480	共计	2701

资料来源：根据2019年7月23日课题组在台江县扶贫办、民政局调研资料整理。

在滇桂黔石漠化连片特困区广西片区，广西也积极创新、不断完善促进扶贫就业创业的政策和措施，积极开展就业扶贫社会动员，如建设贫困地区农民工创业园、扶持新兴产业、创建创业孵化基地、承接东部产业转移推进劳动力吸收……2018年，广西城镇新增就业42.1万人，失业人员实现再就业10.14万人，累计新增就业岗位10.56万个。广西按照"政府搭台、团队导演、企业唱戏、社会共享"模式建设众创示范基地，全自治区建立创业孵化基地300个，入驻孵化项目1.27万个，直接带动就业6.77万人。[①]

在东西对口帮扶的基础上，深圳市人力资源和社会保障局发布了《关于进一步加大对口广西百色河池就业扶贫政策支持力度的通知》，明确未来深圳将继续优化完善工作机制，促进对口帮扶困地区的劳动者在深圳稳定和高质量就业。深圳企业吸纳广西百色、河池贫困劳动力就业，稳定就业并连续参加社会保险6个月以上的，由就业补助资金按每人3000元标准给予一次性补贴。该《通知》自2019年10月31日起施行，有效期至2020年12月31日。在推动转移就业方面，《通知》强调要加强就业指导和岗位匹配，同时要着力提高劳务协作组织化程度，通过远程招聘、加强宣传、补贴企业等手段，引导更多贫困劳动力通过市场化方式实现来深就业。此外，还要求要深入推进智力扶贫，积极推进家政扶贫和实施"粤菜师傅"工程；支持深圳市公办技工院校接收广西百色、

[①] 广西多渠道促进创业就业[N].科技日报，2019-3-18（6）.

河池职业教育和技工院校在职教师到深圳跟岗培训。①

在滇桂黔石漠化连片特困区云南片区,为进一步做好就业扶贫社会动员工作,2020年3月,云南省人力资源和社会保障厅、云南省财政厅联合下发《关于进一步做好就业扶贫工作的通知》,细化出台8条具体就业扶贫措施(8条具体就业扶贫措施,即给予免费职业培训、给予生活费和交通费补贴、给予外出务工奖补、给予一次性创业补贴、给予当地用人单位吸纳就业补贴、给予就业扶贫车间吸纳就业奖补、给予公益性特岗补贴、给予"易迁点"服务补贴),促进就业扶贫工作。

在国家以及云南省相关就业扶贫政策的支持下,文山州以就业需求为导向,以建档立卡户劳动力为重点,将职业技能培训和精准扶贫工作有效结合起来,提高贫困群众脱贫致富能力,激发贫困群众内生动力,增加贫困群众收入,助力脱贫攻坚。在实施就业扶贫方面,2018年,广南县完成建档立卡户劳动力培训7.99万人,累计转移建档立卡劳动力5.36万人次,新增转移贫困劳动力就业1.29万人次,完成安置建档立卡贫困户乡村公共服务岗位2150个。开展有组织转移37批8321人,其中有组织转移建档立卡劳动力转移4381人。同时,在广南工业园区建设广南(国际)鞋服城加工扶贫工厂,已完成一期4.956万平方米厂房建设并正式生产,实现680人稳定就业,其中实现建档立卡户107人增收。计划到2020年建设完成扶贫工厂9.8万平方米,实现20000人稳定就业,其中实现建档立卡户5000人以上稳定就业增收。组织申报认定扶贫车间15户企业,可以吸纳贫困劳动力1305人就业。②

不言而喻,正是通过大力开展就业扶贫社会动员,滇桂黔石漠化连片特困区才能实现"就业一批,脱贫一批"。

六、以工代赈动员模式

在精准扶贫阶段,以工代赈成为一项重要的扶贫政策。在国家发布的《中国农村扶贫开发纲要(2011—2020年)》《国家以工代赈管理办法》等政策文件关于以工代赈扶贫政策的支持和指导下,滇桂黔石漠化连片特困区积极开展以工代赈动员,推动以工代赈工作。

---

① 许娇蛟.深圳将加大对口广西百色河池就业扶贫力度[N].深圳晚报,2019-11-14(A08).

② 根据2019年1月23日课题组在广南县扶贫办调研资料整理.

在滇桂黔石漠化连片特困区贵州片区,2018年6月,贵州省发改委下发了《关于下达2018年省级财政预算内以工代赈计划的通知》,强调各地要按照精准扶贫基本方略和《国家以工代赈管理办法》等有关规定,切实推进以工代赈项目的有效实施,确保以工代赈工程项目质量和资金安全等。贵州省发改委下达省级财政以工代赈资金共计1800万元,主要用于支持14个深度贫困县发展"一县一业"产业扶贫项目。其中,涉及滇桂黔石漠化连片特困区深度贫困县有:水城县、紫云县、三都县、剑河县、榕江县和从江县、望谟县、晴隆县和册亨县,投入资金1200万元,具体见表3-25。

表3-25 2018年贵州省财政预算内以工代赈计划

（滇桂黔石漠化连片特困区贵州片区）

地区	省财政预算内以工代赈资金（万元）
总计	1200
六盘水市	100
水城县	100
安顺市	200
紫云县	200
黔南州	100
三都县	100
黔东南州	500
剑河县	200
榕江县	200
从江县	100
黔西南州	300
望谟县	100
晴隆县	100
册亨县	100

资料来源:贵州省发展和改革委员会关于下达2018年省级财政预算内以工代赈计划的通知(黔发改地区〔2018〕781号)[Z].

为助力决战决胜脱贫攻坚,贵州省发改委下达2019年度第二批财政预算内以工代赈资金4400万元,重点用于支持紫云、望谟、榕江、赫章、纳雍等 5 个深度贫困县以工代赈项目实施。①

表 3-26 2020 年贵州省财政预算内以工代赈计划(滇桂黔石漠化连片特困区贵州片区)

贵州省 2020 年提前下达部分财政预算内以工代赈计划表		
地　区	中央以工代赈资金(万元)	劳务报酬(万元)
总计	5790	875
六盘水市	300	45
水城县	300	45
安顺市	300	45
紫云县	300	45
黔西南	2350	357
望谟县	800	122
晴隆县	1250	190
册亨县	300	45
黔东南	1900	286
剑河县	300	45
从江县	1000	151
锦屏县	300	45
榕江县	300	45
黔南	940	142
罗甸县	300	45
三都县	640	97

资料来源:贵州省发展改革委关于提前下达 2020 年度部分财政预算内以工代赈计划的通知(黔发改地区〔2019〕1140)[Z].

广西以工代赈开展始于 1985 年。三十多年来,广西以工代赈工作一直得到国家的大力支持,成为中央扶持广西贫困地区建设基础设施最连贯、持续时间最长、涉及面最广、农民直接受益最多的扶持政策。

"十二五"以来,广西以工代赈扶持的重点区域主要是滇桂黔石漠化片区县以及片区县以外的国家扶贫开发工作重点县,重点支持集中连片地区、革命老区、少数民族地区和边境地区。"十三五"时期,广西调

---

① 贵州省发展和改革委员会.关于下达 2019 年度第二批财政预算内以工代赈计划的通知(黔发改地区〔2019〕599)[Z].

整以工代赈扶持的重点区域。大石山区主要包括百色市的田东县、西林县、隆林县、田林县、乐业县、凌云县、田阳县和河池市的环江县、罗城县、东兰县、巴马县、凤山县、都安县、大化县等。这一区域空间是广西扶贫攻坚主战场。边境地区主要包括百色市的那坡县、靖西县、德保县和崇左市的天等县、龙州县、宁明县、大新县等。这一区域空间是国家加快提高边境居民生产生活水平、改善边境地区发展基础的主要地区。桂北少数民族地区主要包括柳州市的融水县、三江县和桂林市的龙胜县、资源县等。这一区域空间是广西要借助发展生态型经济加大发展力度的地区。桂中旱片地区主要包括南宁市的马山县、上林县、隆安县和来宾市的忻城县、金秀县等。这一区域空间是广西重点进行流域整治的地区。

表 3-27 "十三五"广西以工代赈规划主要目标

项目		单位	建设内容及规模	投资需求（万元）			备注
				总投资	其中：中央投资	发放劳务报酬	
一	基本农田建设	万亩	建设基本农田 2.7 万亩，其中：改造中低产田 1.5 万亩，坡改梯整治 1.2 万亩	2865	2550	280	
二	农田水利建设	万亩	建设水利渠道 840 公里，新增灌溉面积 11.6 万亩	19680	18520	1900	
三	乡村道路建设新建公路改扩建公路独立桥（涵）	公里		187260	156950	16100	
		公里	新建四级道路 1500 公里，屯级砂石路 1260 公里，屯级硬化道路 1400 公里	133000	112200	11500	
		公里	改扩建四级道路 680 公里，屯级砂石道路 1100 公里	44500	35600	3600	
		延米	建设桥涵 6100 延米	9760	9150	1000	
四	小流域治理	平方公里	治理水土流失面积 150 平方公里，清理河道建设护堤等配套设施	8250	7500	800	

项目		单位	建设内容及规模	投资需求（万元）			备注
				总投资	其中：中央投资	发放劳务报酬	
五	片区综合开发	万亩	片区综合开发约2万亩	4000	4000	450	
六	草场建设	万亩	种植、改良草场0.245万亩	196	180	20	
七	村容村貌整治		建设或购置一批农村垃圾、污水处理、转运设施和设备	2000	2000	200	
八	其他工程		——	1000	1000	100	
	合计	——	——	225251	192700	19850	

资料来源：广西以工代赈建设"十三五"规划（桂发改地区〔2016〕1539号）[Z].

考虑国家以及自治区不断加大扶贫开发投入力度和脱贫攻坚要求等因素，"十三五"期间，广西以工代赈具体年度投资规模为：2016年计划投资40185万元，其中申请国家以工代赈资金34325万元；2017年计划投资49616万元，其中申请国家以工代赈资金42456万元；2018年计划投资54080万元，其中申请国家以工代赈资金46268万元；2019年计划投资49615万元，其中申请国家以工代赈资金42454万元；2020年计划投资31755万元，其中申请国家以工代赈资金27197万元。[①]

表3-28 "十三五"期间，广西壮族自治区以工代赈资金年度投资规模状况

年度（年）	投资金额（万元）	占年度财政比例
2016	40185	18%
2017	49616	22%
2018	54080	24%
2019	49615	22%
2020	31755	14%

资料来源：广西以工代赈建设"十三五"规划（桂发改地区〔2016〕1539号）[Z].

在劳务报酬方面，以工代赈工程劳务报酬标准根据《广西壮族自治

---

① 广西以工代赈建设"十三五"规划（桂发改地区〔2016〕1539号）[Z].

区水利水电工程设计概（预）算编制规定 2012 年》和《公路工程基本建设概预算编制办法》确定。不属于小型水利和农村公路的项目，可参考当地农民工工资水平确定。劳动力平均日务工工资水平是：中低产田改造 80 元 / 人，坡改梯 90 元 / 人，改扩建水利支渠 100 元 / 人，改扩建水利末渠 80 元 / 人，新建通村断头路 100 元 / 人，改扩建通村断头路 100 元 / 人，新建通屯组道路 100 元 / 人，通屯组硬化道路 100 元 / 人，独立桥（涵）120 元 / 人，小流域治理 80 元 / 人，片区综合开发 80 元 / 人，草场建设 80 元 / 人，其他工 80 元 / 人。从总劳务报酬方面来看，经测算，广西壮族自治区"十三五"期间可安排发放以工代赈建设务工群众劳务报酬约 2 亿元左右，年平均 0.4 亿元。[①]

在滇桂黔石漠化连片特困区云南片区，为充分发挥以工代赈在推动贫困群众实现就地就近就业、激发贫困群众脱贫致富内生动力等方面的重要作用，云南省也积极推进以工代赈工作，并开展以工代赈社会动员。

早在 1998 年，云南省人民政府就印发了《云南省以工代赈管理办法》。该《办法》提出，以工代赈的扶持范围为国定 73 个贫困县。主要扶持这些地区贫困群众建设基本农田，修建水利工程，解决人畜饮水问题，建设道路等。2020 年 3 月，云南省发展和改革委员会下达本年度省级财政扶贫脱贫专项以工代赈资金 3500 万元，下达到丘北县、镇雄县等 6 个县（市），旨在发挥以工代赈投资的综合优势，统筹集中解决制约贫困乡村脱贫致富的共性问题。[②]

表 3-29 文山州以工代赈示范工程 2020 年第一批中央预算内投资计划

县 市	以工代赈示范工程中央预算内资金（万元）	劳务报酬（万元）
合 计	2700	407
丘北县	1200	181
广南县	1500	226

资料来源：文山州发展和改革委员会关于下达以工代赈示范工程 2020 年第一批中央预算内投资计划的通知（文发改投资〔2020〕118 号）[Z].

在滇桂黔石漠化连片特困区，精准扶贫社会动员主体积极开展以工

[①] 广西以工代赈建设"十三五"规划（桂发改地区〔2016〕1539 号）[Z].
[②] 段晓瑞.云南省提前下达以工代赈资金 3500 万元 [N].云南日报，2020-3-7（4）.

代赈社会动员,为有效减少该区域贫困群众的贫困程度,推动该区域贫困群众走上脱贫致富道路发挥了较为直接的、特殊功能的作用。

第四节　精准扶贫社会动员内在机制

滇桂黔石漠化连片特困区精准扶贫社会动员机制,之所以能够在一定程度上运行顺畅,甚至效率高效地运行,是由其自身内在组成机制所决定的。这些内在机制如运行机制、协调机制、激励机制、参与机制、保障机制等,紧密联系,有机地结合在一起,共同促进滇桂黔石漠化连片特困区精准扶贫社会动员机制良性运行和发展。

一、运行机制

自实施精准扶贫方略以来,从中央到滇桂黔石漠化连片特困区涉及的地方各级党委、政府在滇桂黔石漠化连片特困区积极开展精准扶贫社会动员,并逐渐形成党中央主导,各级党委政府层层抓落实的格局。通过构建专项扶贫、行业扶贫、社会扶贫"三位一体"的大扶贫动员格局,实行中央宏观统筹、省负总责、县抓落实的精准扶贫社会动员领导机制,实施党政"一把手"负总责的精准扶贫社会动员责任机制,建立工作到村到户的精准扶贫社会动员落实机制,使得精准扶贫社会动员运行机制得到完善。由此,滇桂黔石漠化连片特困区精准扶贫社会动员基本形成了一个完整的动员网络,其主导形式是在政权组织体系下,依靠政权的力量、社会的信任与支持,从纵向上进行垂直动员,整合社会资源和力量,推进扶贫开发。这种以政权组织为依托构成的层级垂直动员体系,在滇桂黔石漠化连片特困区精准扶贫社会动员方面发挥了主导作用。

与政权组织相辅相成的精准扶贫社会动员体系,是响应党和政府的号召而积极参与的社会力量、市场主体、贫困群众所构成的横向动员体系。精准扶贫时期,滇桂黔石漠化连片特困区社会力量、市场主体、贫困群众等,大多都被动员起来,组织起来。社会力量、市场主体、贫困群众既是精准扶贫社会动员对象,也是精准扶贫社会动员参与主体。他们响应党和政府号召,参加到精准扶贫事业中来,等于从被动的社会动员对象变成了主动的自主参与社会动员主体。社会力量、市场主体、贫困群众构成的横向动员体系,与政权主导型的层级垂直动员体系相辅相成,形成了滇桂黔石漠化连片特困区精准扶贫社会动员的基本模式和运行机制。这一模式与机制的形成,使社会力量、市场主体、贫困群众动员有了组织上的依托和保证,也使社会力量、市场主体、贫困群众动员的深度、广度、效果达到可控状态。这种精准扶贫社会动员的基本模式和运行机制,适应滇桂黔石漠化连片特困区的实际。

二、动力机制

协同理论认为,协同就是系统中诸多子系统相互协调的、合作的或同步联合作用的集体行为,系统演化的动力来源于系统内部的协同作用,协同是系统实现自组织的动力。滇桂黔石漠化连片特困区精准扶贫社会动员机制正是在其内部诸要素的协同作用下,才源源不断获得动力。

通过党和政府组织、引导获得动力。滇桂黔石漠化连片特困区坚持以政治建设为首要,努力增强贫困地区党和政府的凝聚力。党中央、国务院发挥宏观指导作用,为滇桂黔石漠化连片特困区精准扶贫社会动员提供政策指导和政策依据。滇桂黔石漠化连片特困区地方各级党委、政府发挥承上启下的政策宣传、政治动员的作用。特别是基层党组织、政府组织,更是直接发挥着落实政策、贯彻方针的重要组织、宣传、动员作用。这样,党和政府通过组织、引导,推动着滇桂黔石漠化连片特困区精准扶贫社会动员工作深入开展,不断增强滇桂黔石漠化连片特困区精准扶贫社会动员的动力。

通过密切联系群众获得动力。党和政府始终站在人民的立场上,始终代表人民的根本利益,才能始终有力量。滇桂黔石漠化连片特困区通过发挥党和政府组织、党支部书记和第一书记的作用,推动精准扶贫社会动员工作深入开展。支持党员创办经办脱贫致富项目,推行“党员＋贫困户”的方式发展扶贫产业。组织村里有公心、有劳力、有技术的党员,连片建立党员创业示范基地,激发贫困户自主发展的内生动力,增强"自我造血"功能。通过制度设计使群众意愿和利益与党员干部政策落实挂钩,使精神鼓励与物质激励相结合,增强党员干部密切联系群众的动力。

通过协调获得动力。通过党和政府、市场主体、社会力量的广泛参与、密切配合,滇桂黔石漠化连片特困区精准扶贫社会动员确保既有内在动力、又有外部推力,使整个机制体系有序、协调、高效运转。滇桂黔石漠化连片特困区精准扶贫社会动员主体和动员客体之间运用政策协调、制度保障、法律协调、利益激励等,不断提高精准扶贫社会动员效率。

三、协调机制

协调,是指协调、调整系统与外部环境之间,系统内部纵横向诸要素之间的各种关系,使诸要素之间分工合作、权责清晰,相互配合、有效地实现追求目标和提高整体效能的行为。

按照"政府主导,市场协同,社会参与"的原则,滇桂黔石漠化连片特困区在各级党委、政府的领导下,强化扶贫资源统筹、部门联动和协调,主动研究解决贫困群众扶贫脱贫问题,向政府及相关部门提出建议,确保党中央、国务院和省(区)委、省(区)政府扶贫开发决策部署更好地落实到基层。

结合本地具体实际,滇桂黔石漠化连片特困区在开展精准扶贫社会动员过程中不断完善"一门受理、协同办理"机制,尽量将上下层级关系、同级层级关系等各种关系协调好,保障精准扶贫工作有序开展,使得贫困群众有求必应,及时得到政府、企业、社会组织的扶持与帮助。滇桂黔石漠化连片特困区统筹政府、企业、社会组织做好贫困群众看病、教育、住房、就业等民生方面协调发展,切实落实好各项扶贫政策,确保贫困群众基本生活得到有效保障。

四、激励机制

组织社会学认为,所谓"激励","就是使用物质的或精神上的报酬来促使雇员采取与组织目标一致的行为。"[1] 精准扶贫社会动员需要建立在主体自觉的基础上,但是同时也需要一定程度的物质激励和精神激励。[2] 其实,不论是对精准扶贫社会动员主体来说,还是对精准扶贫社会动员对象来讲,激励最能激发其内生动力,最能调动其积极性、主动性、创造性。因此,除建构党和政府、市场主体、社会力量精准扶贫社会动员协调联动机制外,还需要有相应的激励机制做保障。

针对精准扶贫社会动员主体和客体,滇桂黔石漠化连片特困区通过细化对扶贫干部、市场主体、社会组织的激励措施,拿出切实可行的实施方案,避免搞形式主义,做到"有的放矢",激发扶贫干部、市场主体、社会组织带动贫困群众发展的热情。如党和政府制定一系列扶贫政策和措施,对精准扶贫社会动员主体和客体进行激励。

滇桂黔石漠化连片特困区还注重将物质激励与精神激励结合起来。对扶贫干部、市场主体、社会组织等社会动员主体没有一味地偏重物质激励,忽视精神激励,也不是只注重精神激励,而偏废物质激励。滇桂黔石漠化连片特困区既使精准扶贫社会动员主体获得与责任和贡献相符的报酬,又提倡奉献精神,对取得成效突出者进行宣传和表彰,如授予荣誉称号。

滇桂黔石漠化连片特困区还以刚性的制度体系保障激励机制有效运转。如健全考评制度,奖勤罚懒,让社会动员主体鼓足干劲"动起来";建立攻坚克难激励制度,倡导大胆负责、敢于攻坚的风气,让社会动员主体甩开膀子"干起来";建立警示问责制度,跟踪督查、严格问效,让社会动员主体主动作为"紧起来"。加强激励制度的完善,既注重正向激励,又加强反向约束,从而为精准扶贫社会动员提供有力的激励机制保障。

五、参与机制

滇桂黔石漠化连片特困区经济社会的发展进步、贫困群众的脱贫致富,涉及党和政府、市场主体、社会力量的全面发展与共同进步,需要政府、市场、社会的共同参与。其实,政府、市场、社会是一个紧密相连的

---

[1] 周雪光.组织社会学十讲[M].北京:社会科学文献出版社,2003:188.
[2] 安永军,郭施宏,唐军.解码社会动员新模式[J].前线,2021(12):80.

有机整体,三者不是对立的,不是相互否定的,它们不能被单独割裂开来;相反,三者需要相互促进,共同进步,最终才能达到完美的统一。

党和政府制定了一系列精准扶贫方针、政策,做出了一系列精准扶贫决策,发出了一系列精准扶贫文件,等等。一方面,这是党和政府的责任和担当;另一方面,这也是党和政府在一定时期实现自己目标和追求的体现。所以,在处理政府、市场、社会三者在滇桂黔石漠化连片特困区精准扶贫社会动员的关系中,首要的也是最为关键的要发挥党和政府的主导作用,因为不论是动员市场主体参与,还是动员社会力量参与,目的都是为了更好地实现党和政府精准扶贫社会动员的目标。正是结合自身制定的扶贫目标,通过政策的制定、宣传和落实,对市场主体、社会力量开展宣传、动员,党和政府参与到精准扶贫中来。

滇桂黔石漠化连片特困区还通过制定、利用相关扶贫政策和措施,积极引导市场主体参与精准扶贫事业。一方面,这是市场主体履行社会责任和义务的体现,另一方面,市场主体参与精准扶贫也能够最大化地获取利益,这是其参与精准扶贫事业的最直接的驱动力量。当然,在大力动员市场主体参与精准扶贫事业的同时,滇桂黔石漠化连片特困区做到兼顾市场主体的利益,至少不损害其利益。

滇桂黔石漠化连片特困区还通过制定、利用相关扶贫政策和措施,积极引导社会力量参与精准扶贫事业。精准扶贫社会动员,自然要动员、引导广大专业社会工作服务机构、慈善组织、志愿服务组织,参与精准扶贫工作,营造全社会开展精准扶贫的良好氛围,进而建立政府主导与社会参与的良性互动机制。滇桂黔石漠化连片特困区动员主体动员、引导、鼓励社会力量围绕贫困群众基本生活、教育、医疗、住房等需求,捐赠资金物资、实施扶贫项目、提供专业服务,等等。与此同时,滇桂黔石漠化连片特困区对参与精准扶贫的社会力量落实国家有关税费优惠政策,照顾其自身发展的利益,至少不损害其利益,并为其提供能够促进良性发展的平台,优化其能够不断深入发展的路径。

六、保障机制

在开展精准扶贫社会动员的过程中,为保障精准扶贫社会动员机制有效地运行和良性地发展,滇桂黔石漠化连片特困区不断完善责任体制、强化政策措施、加强统筹协调,凝聚起全社会的最大合力,扎实地把精准扶贫工作不断推向深入。

通过强化责任提供保障。社会力量扶贫攻坚既有广义上的政府非职能部门扶贫、东西协作扶贫等，又有狭义上的社会组织扶贫、城市社区扶贫、社会工作者扶贫、慈善组织扶贫、企业扶贫等等。动员全社会力量参与脱贫攻坚是一份沉甸甸的政治责任，是一份暖人心的民生关怀。滇桂黔石漠化连片特困区不断强化各种社会力量把打赢脱贫攻坚战作为重大政治任务，增强政治担当、责任担当和行为自觉，层层传导压力，压实脱贫责任，加大问责力度。动员、组织社会力量积极、主动参与精准扶贫，做精准扶贫的坚定参与者、助力实践者、示范带动者。

通过强化激励提供保障。滇桂黔石漠化连片特困区深入宣传党委政府关于精准扶贫精准脱贫的重大决策部署，宣传脱贫攻坚典型经验，宣传脱贫攻坚取得的伟大成就，为打赢脱贫攻坚战注入强大精神动力。组织广播电视、报纸杂志等媒体推出一批社会力量精准扶贫的重点新闻报道，利用网站、微博、微信、移动客户端等新媒体平台开展宣传推广。推出一批反映社会扶贫感人事迹的优秀文艺作品，加大社会扶贫题材文化产品和服务的供给。开展社会力量扶贫攻坚先进单位和扶贫攻坚模范人物评选表彰，树立社会力量扶贫攻坚正面典型。组织社会力量扶贫攻坚先进事迹报告团，讲好社会力量扶贫攻坚故事，反映社会力量对扶贫攻坚和全球减贫事业做出的重大贡献。这样不断激励市场主体、社会组织甚至公民个体参与精准扶贫事业。

通过严格监督提供保障。众所周知，"没有监督的权力必然导致腐败，这是一条铁律"①。对于任何事物而言，如果缺乏监督，往往会发生变化，甚至会发生变质，发展到事物的相反面。滇桂黔石漠化连片特困区通过建立健全相应的监督机制，特别是针对参与精准扶贫意识不强、责任落实不到位、工作措施不精准、工作作风不扎实等突出问题，为精准扶贫社会动员提供坚强的纪律保障，确保政府、市场、社会精准扶贫社会动员联动机制能够顺畅、高效地运行起来。通过建立健全专项巡察机制，采取精准发力、上下联动、延伸下沉的扶贫巡察模式，实行全覆盖巡察。通过"强化自上而下的组织监督，改进自下而上的民主监督，发挥

---

① 习近平.习近平谈治国理政（第一卷）[M].北京：外文出版社，2018：418.

同级相互监督作用"①,加强对精准扶贫社会动员主体的管理监督。发挥群众监督、网络监督、舆论监督作用,不断强化监督力度,确保精准扶贫社会动员能够有效地开展。

通过严格考核提供保障。考核目的是对精准扶贫社会动员主体进行激励、督促、引导。通过"发挥考核的指挥棒作用,对考核结果好的,要给予表扬和奖励;对问题突出的要约谈,指出问题,督促整改;对不作为的要问责;对问题严重的、违法违纪的一定要严肃处理。"② 通过制定科学有效的考核体系,在考核对象、考评内容和考核结果运用上精准发力。只有明确考核对象、考核内容和考核结果运用等问题,才能使精准扶贫社会动员主体明确自己到底要做什么,到底要做到什么程度,达到什么样的目标,才能把精准扶贫社会动员主体的思想统一起来,积极性调动起来。

第五节　精准扶贫社会动员机制特点

在精准扶贫战略实施的背景下,由于受区域自然环境、文化思想、资源禀赋、基础条件等区情影响,滇桂黔石漠化连片特困区精准扶贫社会动员具有特殊性,其机制有其显著的特点。

一、坚持党和政府主导地位

"社会动员作为影响和改变动员对象看法、认识的一种方式,动员主体的权威和地位发挥着至关重要的作用。"③ 其实,对于任何社会动员主

---

① 习近平.决胜全面建成小康社会 夺取新时代中国特色社会主义伟大胜利——在中国共产党第十九次全国代表大会上的报告[M].北京:人民出版社,2017:67.
② 中共中央党史和文献研究院.习近平扶贫论述摘编[M].北京:中央文献出版社,2018:126.
③ 贺治方.国家治理现代化进程中社会动员研[D].北京:中共中央党校,2019:50.

体,在任何时候开展社会动员,都需要有一个强有力的核心力量发挥领导作用。[①]否则,一盘散沙,各自为政,难以取得良好的社会动员效果。历史和现实都充分证明,不论是在新民主主义革命时期,还是在社会主义现代化建设时期,中国共产党始终成为开展社会动员的核心主体,始终居于领导地位。"中国共产党是一种高度嵌入社会机体的使命型政党,同时也是一种引领社会、形塑社会的政党组织,通过组织社会来赢得革命、建设和改革的动力支持,实现经济社会发展、政治基础巩固和社会秩序维持。"

滇桂黔石漠化连片特困区精准扶贫社会动员始终坚持党和政府主导地位,是其能够取得成功的根本政治保障。通过制定政策,党和政府开展政策动员、行政领导。通过明确扶贫组织部门、压实精准扶贫责任,健全组织动员机制,完善精准扶贫政策支撑体系,整合社会力量资源,鼓励社会力量参与搭建精准扶贫平台,营造互帮互助的扶贫氛围。在整个精准扶贫社会动员的过程中,党和政府协调动员主体,控制动员媒体舆论,创造和谐友善的扶贫动员环境,创新完善人人参与、人人扶贫、人人脱贫的社会扶贫参与机制,始终成为精准扶贫社会动员的领导核心。而在这一过程中,党组织、政府部门甚至政党领袖的个人权威和影响力也成为领导精准扶贫社会动员的中心。

滇桂黔石漠化连片特困区精准扶贫社会动员的运行机制实现了横向到边、纵向到底的全覆盖。横向上,党中央、国务院、滇桂黔石漠化连片特困区地方各级党委和政府密切配合,党组织和政府体系有效覆盖基层组织、群众组织。精准扶贫社会动员系统由党委、政府组织等核心机构组成。纵向上,实现了中央组织对地方组织、地方组织对基层组织、基层组织对群众全方位、单向度的组织覆盖,形成了"中央—地方—基层"的良性互动状态下党和政府始终处于主导地位的精准扶贫社会动员模式。总之,在滇桂黔石漠化连片特困区开展精准扶贫社会动员,由于生产力水平低下,资源较为匮乏,只有紧紧依靠党和政府的强力推进,才能实现社会资源的有效配置和对整个社会的强力动员。

---

① 叶敏.政党组织社会:中国式社会治理创新之道[J].探索,2018(4):117.

二、赋权赋能增强内生动力

在贫困治理方面,阿马蒂亚·森认为,权利体制的失败或不合理就会导致贫困或饥荒产生,"正是整个权利关系决定着一个人是否有能力得到足够的食物以避免饥饿"[①]。而要从根本上解决贫困问题,就需要对贫困群体赋权赋能。赋权赋能是指增强人的权利和能力。在社会学中,赋权赋能被认为是有针对性的,对由于个人需求与环境压迫而需要帮助的受助人提供帮助或是增强其能力的过程,并以此来对抗外在环境和优势群体的压迫。赋权赋能就是"聚焦于人们去过他们有理由珍视的那种生活,以及去扩展他们所拥有的真实选择的能力"[②]。

"扶贫深处是赋权"[③]。精准扶贫社会动员赋权赋能,不仅是提高贫困群众的收入水平,而且是要开拓贫困群众的发展自由;不只是促进贫困地区经济增长指标的变化,而且是促进贫困地区社会公平正义的发展;不只是保障贫困群众共享改革发展的成果,而且是要向社会底层普及改革发展带来的机会。滇桂黔石漠化连片特困区赋权赋能贫困群众,激发贫困群众自主发展意识,提升贫困群众自主发展能力,拓展贫困群众的发展自由,保障贫困群众的公平权利。滇桂黔石漠化连片特困区精准扶贫社会动员就是帮助贫困群众创造自主参与的机会,提升他们自主发展的能力。

通过思想教育,滇桂黔石漠化连片特困区从根本上转变贫困群众"等、靠、要"、安于现状、不思进取等思想观念,帮助贫困群众树立摆脱贫困的志气和信心,实现贫困群众由"要我脱贫"到"我要脱贫"观念的转变。通过职业教育和培训,提升贫困群众的基本文化素质和技术技能水平,增强贫困群众就业创业、脱贫致富的能力。通过加强义务教育经费的投入,打开孩子们通过学习成长成才的通道,坚决阻断贫困现象代际传递。通过发展扶贫产业,打牢贫困群众脱贫致富的坚实支撑和产业依托。而且,在赋权赋能的过程中,滇桂黔石漠化连片特困区精准扶贫社会动员主体让扶贫对象全面介入,全程参与,赋予他们知情权、选择

---

① 〔印〕阿马蒂亚·森.贫困与饥荒[M].王宇,王文玉译.北京:商务印书馆,2001:189.

② 〔印〕阿马蒂亚·森.以自由看待发展[M].任赜,于真译.北京:人民大学出版社,2002:292.

③ 苏北.扶贫深处是赋权[J].决策探索,2015(13):66.

权、参与权和监督权,让贫困群众从被动的扶贫对象真正转变成为积极的自由发展者。

三、动员方式多种多样

为保障精准扶贫社会动员工作有序展开并取得预期效果,滇桂黔石漠化连片特困区精准扶贫社会动员主体还注重充分运用动员方式,将传统动员方式和现代动员方式相结合,形成动员方式的多样化。对精准扶贫社会动员主体而言,一方面,通过各种动员方式和手段加强对社会动员对象进行思想观念、扶贫政策等的宣传,能够更加有效地提高动员对象参与扶贫的参与度;另一方面,通过打通信息交流渠道,用最短的时间把党的方针、政策在最大范围内传递到千家万户,达到答疑解惑、凝心聚力的目的,从而保证精准扶贫社会动员工作取得明显成效。随着科技的进步和时代的发展,滇桂黔石漠化连片特困区精准扶贫社会动员主体在社会动员方式上的可选择性逐渐增多,在充分运用传统媒介开展动员的同时,还主动借助现代新媒体等宣传工具加强扶贫政策、思想观念的宣传,将传统媒介和现代新媒介充分结合起来,取得良好的社会动员效果。

滇桂黔石漠化连片特困区精准扶贫社会动员主体运用政策动员方式对党的扶贫政策、新的思想观念等展开宣传。这是滇桂黔石漠化连片特困区精准扶贫社会动员主体运用的最为主要、最为关键的动员方式。一是党中央和国务院制定一系列扶贫方针、政策,对全国精准扶贫进行指导。二是滇桂黔石漠化连片特困区地方各级党委、政府,一方面,贯彻、落实党中央和国务院制定的一系列扶贫政策;另一方面,还结合党中央和国务院制定的一系列扶贫政策和区情实际,制定相应的扶贫政策。

滇桂黔石漠化连片特困区精准扶贫社会动员主体还将传统动员方式和现代新的动员方式紧密结合起来。在运用传统动员方式方面,精准扶贫社会动员主体大量使用标语、口号、报纸、杂志、座谈会等开展动员。这些动员方式虽然传统,但对贫困群众开展动员既便捷高效,又经济实用。特别是对贫困群众来说,这些动员方式更习惯接受,也更易于接受。在运用现代动员方式方面,精准扶贫社会动员主体大量使用现代媒介电视、广播、网络、手机等开展动员。值得一提的是,手机这一动员媒介发挥着越来越重要的动员作用。一是因为手机的普及率越来越高。各行各业、各个年龄阶段的公众都使用手机,手机已经成为大众最普通、最常见、最基本的通信、交流的媒介。二是因为手机使用、操作起来更便捷、实用。手机可通话,可视频,可接收短消息,可查询政策信息,等等。这就使得公众对手机爱不释手。正是因为如此,这就使得精准扶贫社会动员主体不得不考虑手机发挥的动员作用。由此,滇桂黔石漠化连片特困区精准扶贫社会动员方式呈现多样化的特征。

四、多元主体参与

精准扶贫工作是要在很短的时间内完成的一项艰巨任务,不能仅仅依靠党和政府承担,还需要发挥我国社会主义制度"集中力量办大事"的政治优势,"要动员和凝聚全社会力量广泛参与"[①],形成精准扶贫合力。特别是对于像滇桂黔石漠化连片特困区这样的贫困地区,精准扶贫更加需要社会力量广泛参与,聚合社会扶贫资源,引导志愿者、非政府组织、企业等社会各方面力量参与精准扶贫工作,培育多元扶贫主体。

在滇桂黔石漠化连片特困区开展精准扶贫社会动员的过程中,一方面,党和政府作为精准扶贫社会动员的主动性主体,大力推进精准扶贫事业的开展。从党中央到村党支部,从国务院到村委会,从总书记到村支书,从总理到村长,积极开展党政扶贫动员,发挥着精准扶贫社会动员的主导作用。另一方面,党和政府动员、组织、引导市场主体、社会力量参与精准扶贫。继而,市场主体和社会力量转变成为精准扶贫社会动员的参与性主体。这些市场主体和社会力量一旦发展成为精准扶贫社会动员参与性主体,会结合自身的优势和特色,在某些方面发挥着党和政府难以发挥的独特社会动员作用。由此,滇桂黔石漠化连片特困区逐渐形成党和政府、市场主体、社会力量多元主体协同推进精准扶贫的格局。正是党和政府、市场主体、社会组织、公民个体等参与精准扶贫,使滇桂黔石漠化连片特困区精准扶贫社会动员主体呈现多元化的特征。

---

① 中共中央党史和文献研究室.习近平扶贫论述摘编[M].北京:中央文献出版社,2018:99.

五、精准动员增效能

扶贫开发贵在精准,重在精准。同样道理,精准扶贫社会动员贵在精准,重在精准。滇桂黔石漠化连片特困区精准扶贫社会动员正是通过精准识别,精准施策,精准促脱贫,才取得良好的动员成效。

一是对贫困人口进行精准识别。滇桂黔石漠化连片特困区精准扶贫社会动员主体动员各级扶贫部门、扶贫工作人员开展贫困识别工作,摸清贫困人口的收入、就业、住房、教育、医疗、家庭负担、财产状况、人际关系等基本状况,深入了解贫困人口底数。这是精准扶贫、精准脱贫的基础。

二是针对贫困状况精准施策。精准扶贫,就是在找准"贫根"的前提下,对症下药,靶向治疗,精准施策。滇桂黔石漠化连片特困区精准扶贫社会动员主体根据贫困村、贫困人口的具体情况,因地制宜施策,因人因户施策,因贫困原因施策,因贫困类型施策,每一项扶贫措施与政策都落到实处,见到实效,使扶贫资源得以最高效地配置于贫困群体的减贫脱贫进程中。还从多角度、多领域探索扶贫模式,着力在基础设施扶贫、金融扶贫、产业扶贫、就业扶贫、资产收益扶贫、教育扶贫、健康扶贫上聚焦发力,确保扶到点上,扶到根上。

三是针对扶贫目标精准增效。精准扶贫、精准脱贫,重在祛除"贫根",增强贫困人口"造血"功能和内生动力,使贫困人口真正具备自主发展、可持续发展的条件和能力,最终实现依靠自我的发展而脱贫致富。这也是精准扶贫的目标追求。为此,滇桂黔石漠化连片特困区精准扶贫社会动员主体从贫困村、贫困户的信息识别,到安排扶持项目,调配扶贫资金,制定扶贫举措,选派驻村干部,考核扶贫绩效,每一项工作、每一个环节、每一条举措都力求做到细致、精确、有效,确保贫困群众"造血"功能和内生能力持续增强,真正让贫困人口得到实惠,有更多获得感。

滇桂黔石漠化连片特困区
精准扶贫社会动员机制评价

第一节　精准扶贫社会动员机制正面效应

在滇桂黔石漠化连片特困区精准扶贫社会动员机制的作用下,精准扶贫社会动员主体显现出的强大的动员能力,使得全党全社会各个阶层鼓足干劲、满腔热情地投身于精准扶贫事业之中,实现全面动员,也使得滇桂黔石漠化连片特困区精准扶贫社会动员取得新的突破。

一、实现全面动员

滇桂黔石漠化连片特困区精准扶贫社会动员范围广、规模大,参与主体数量庞大,可以称之为全面动员。

（一）全党全社会参与

1. 党和政府参与

扶贫开发是党中央、国务院的一项重要战略部署。一直以来，党和政府始终将扶贫开发作为其责无旁贷应当承担的重要责任。近10年来，党和政府不断完善国家扶贫战略和政策体系，成功走出了一条以经济发展为带动力量、以增强扶贫对象自我发展能力为根本途径，政府主导、社会帮扶与贫困群众主体作用相互结合，普惠性政策与特惠性政策相配套，扶贫开发与社会保障相衔接的中国特色精准扶贫道路。之所以能够走出一条中国特色精准扶贫道路，主要原因是有党中央和国务院的坚强领导。自然，正是由于自身主动作为，负责统筹制定扶贫开发大政方针，出台重大扶贫政策举措，规划重大扶贫工程项目，党中央、国务院成为全国精准扶贫社会动员的主导性主体。

打赢扶贫攻坚战是各级党委和政府的重要任务。在党中央、国务院精准扶贫战略的实施下，按照"中央统筹、省负总责、市县抓落实"的领导责任制，滇桂黔石漠化连片特困区地方各级党委、政府坚持把脱贫攻坚作为"十三五"期间头等大事和第一民生工程来抓，履行政治责任，做到精准扶贫，精准脱贫。滇桂黔石漠化连片特困区省（自治区）党委和政府对扶贫开发工作负总责，结合本省（自治区）情，抓好目标确定、项目下达、资金投放、组织动员、监督考核等工作。市（地）党委和政府做好上下衔接、域内协调、督促检查工作，把精力集中在贫困县如期摘帽上。县级党委和政府承担主体责任，书记和县长是第一责任人，结合县域实际，做好进度安排、项目落地、资金使用、人力调配、推进实施等工作。自然，滇桂黔石漠化连片特困区地方各级党委、政府成为区域内精准扶贫社会动员的主导性主体。

值得一提的是，基层党组织作为精准扶贫社会动员主体的重要组成部分，发挥着基础性的动员作用。例如，台江县充分发挥党组织组织、动员优势，提升抓党建促精准扶贫攻坚质量。通过压紧压实攻坚责任，优化县、乡、村三级"整县脱贫摘帽"决战体系，明确9名县级领导蹲点9个乡镇开展督导，48名县级领导担任督战队队长开展督导。通过健全组织体系推动力量下沉，建立9个战区、63个村级指挥所、209个网格小组、1008个网格，组建93个党建扶贫工作组，在村级脱贫攻坚指挥所建立 63 个临时党支部。通过培优育强攻坚队伍,调整配强 5 名村党组织书记,整顿 8 个软弱涣散党组织,选派 216 名第一书记和驻村干部"轮战"驻村。通过示范引领带动,先后争取 5200 万元支持 52 个村发展壮大村集体经济;统筹省、州、县三级 30 个先进村结对帮扶 29 个贫困村,推动抱团发展。推广应用组织发动、产销对接、利益联结模式案例,引导各村学习借鉴。通过创新机制提升治理水平,大力推行"十户一体·抱团发展"脱贫模式,建立"十户一体"责任主体 7901 个,激发贫困群众脱贫致富内生动力。[①]

2. 市场主体参与

滇桂黔石漠化连片特困区精准扶贫社会动员取得显著成效,离不开各类企业的积极参与。自 2016 年初,贵州省工商联向全社会发出《贵州省民营企业参与精准扶贫行动倡议书》,广泛动员引导省内外商会、全球贵商力量参与到脱贫攻坚行动中来,各级工商联组织开展形式多样、内容丰富的专题扶贫活动,多层次动员民营企业参与脱贫攻坚,共动员 22 家海外贵州商会、64 家省外贵州商会、85 家省内各类商(协)会参与行动。截至 2021 年 1 月,贵州"千企帮千村"精准扶贫行动参与帮扶企业达 5849 家,投入帮扶资金 236.8 亿元,帮扶贫困村落 6914 个,直接帮扶贫困人口 166.13 万人。[②]

3. 社会力量参与

社会力量是扶贫开发的重要生力军,能够通过发挥自身资源优势参与扶贫。滇桂黔石漠化连片特困区还鼓励、支持、引导社会组织、公民个体、港澳台同胞、华人华侨等社会力量参与精准扶贫。通过转变扶贫观念,凝聚扶贫共识,发动社会力量、各方面力量共同推进精准扶贫工作开展,最广泛地动员各方面的社会力量参与精准扶贫。通过出台支持政策,在资金扶持、贷款贴息、土地流转、基地建设等方面给予倾斜,鼓励社会力量参与精准扶贫,进而形成整体合力。通过建设社会扶贫公共平台,在建立精准扶贫工作机制的基础上,依托互联网和移动网络技术,组织引导社会力量参与扶贫开发。通过建立社会扶贫资源投送机制,支

---

① 根据 2019 年 7 月 23 日课题组在台江县扶贫办调研资料整理.
② 余昌旭.贵州"千企帮千村" 帮扶贫困人口逾 166 万人[N].贵州日报,2021-1-3(1).

持社会力量在遵循市场经济规律、义利兼顾的基础上,开展投资兴业、培训技能、吸纳就业、捐资助贫等。

(二)全方位动员

由于精准扶贫社会动员主体开展了所能开展的社会动员,滇桂黔石漠化连片特困区精准扶贫社会动员才能取得良好的成效。

为了让精准扶贫社会动员对象明白党和政府的相关扶贫政策,滇桂黔石漠化连片特困区开展一系列政策动员。如前面所述,从党中央、国务院,到滇桂黔石漠化连片特困区地方各级党委、政府,或制定、发布扶贫政策,或贯彻、落实扶贫政策。通过政策动员,精准扶贫社会动员主体自上而下地贯通扶贫政策,使得动员对象能够了解扶贫政策,贯彻运用扶贫政策,受惠于扶贫政策。这样,政策动员在精准扶贫社会动员中起到穿针引线的效能。

滇桂黔石漠化连片特困区开展精神动员、教育动员,通过教育引导、开展技术培训、专业技能学习等形式,批判"等、靠、要"思想、安于现状不求作为思想,将教育与精准扶贫相结合,将"扶志""扶智"与扶贫紧密结合起来,改变了贫困群众的精神面貌,增强了贫困群众自我发展的能力,从而实现精神扶贫、教育扶贫的突破。

滇桂黔石漠化连片特困区重视开展人力资源动员,为精准扶贫提供人力和智力支持。党的十八大以来,全国选派50多万名干部担任第一书记,派出300多万名干部驻村帮扶。全国科技系统选派28.98万名科技特派员,推广应5万多项先进实用技术。[1]

滇桂黔石漠化连片特困区地方党委、政府进一步加大财力资源动员的力度,增强精准扶贫的财力支持。2016年至2020年前三季度,全国贫困县整合各级财政涉农资金总规模超过1.5万亿。[2]截至2017年末,贵州省精准扶贫贷款余额3931亿元,新增1317亿元,均位居全国第一;全省扶贫再贷款限额244.2亿元,余额240.6亿元,均位居全国前列。贵州省"政府主导、央行牵头、各方参与"多频共振的金融扶贫工作机制更趋完善,全省金融大扶贫格局初步形成。[3]

滇桂黔石漠化连片特困区还通过开展专项行动动员,统一意志,统

① 决战脱贫攻坚 创造脱贫壮举[N].人民日报,2021-1-2(2).
② 决战脱贫攻坚 创造脱贫壮举[N].人民日报,2021-1-2(2).
③ 刘力维.我省金融大扶贫格局初步形成[N].贵州日报,2018-2-19(3).

一行动,提高扶贫效率。如贵州正式启动 2020 年"黔货出山·风行天下"夏秋攻势行动,提升贵州农产品竞争力、影响力,坚决夺取脱贫攻坚收官战全面胜利,实现脱贫攻坚与乡村振兴有机衔接。通过引进深圳海吉星、广州江楠市场、上海西郊国际等省外大型农产品流通企业参与贵州省批发市场运营;积极支持民营企业参与当地农产品流通工作,确保各地有 2 家以上农产品流通型龙头企业。按照"云仓服务中心站点基地农户"的一体化运营模式,建立"乡村集货、云仓集单、数据互通、统仓共配"的电商供应链体系。到 2020 年底,实现农产品网络零售额同比增长 70% 以上。组织引导本地流通企业、市场经营户在农产品批发市场、农贸市场和生鲜超市开设的扶贫专区。继续抓好"农超对接""校农结合"和机关及企业等团餐配送业务,确保在省内机关单位、教育、医疗等公共机构年均占比提升到 85% 以上,在省内社会化市场采购体系年均占比提升到 40% 以上。继续在广州及珠三角其他城市、上海及长三角其他城市和对口帮扶城市等重点目标市场开展专项产销对接活动。此外,贵州省还将积极引导基地、合作社、购销企业、批发市场等入驻"一码贵州"平台,推动农产品进驻 832 扶贫云、农业云、供销、金融业等公共机构线上购物平台。[①]

二、精准扶贫社会动员取得的成效

通过精准扶贫社会动员主体、社会动员对象共同努力,充分发挥社会动员介体的关键联结作用,大力开展社会动员,滇桂黔石漠化连片特困区精准扶贫取得了显著成效,达到了预期目标。

(一)完成贫困县脱贫摘帽目标

经过精准扶贫社会动员主体党和政府以及市场主体、社会力量、贫困群众个体的共同努力和艰苦奋斗,2020 年,滇桂黔石漠化连片特困区贫困县全部脱贫摘帽,与全国人民一道进入小康社会。2020 年 11 月 23 日,贵州宣布紫云县、纳雍县、威宁县、赫章县、沿河县、榕江县、从江县、晴隆县、望谟县等最后 9 个深度贫困县退出贫困县序列。这不仅标

---

① 冯倩.贵州启动 2020 年"黔货出山·风行天下"夏秋攻势行动[N].贵州日报,2020-8-13(1).

志着贵州省66个贫困县实现整体脱贫,这也标志着国务院扶贫办确定的全国832个贫困县全部脱贫摘帽,全国脱贫攻坚目标任务已经完成。[1]

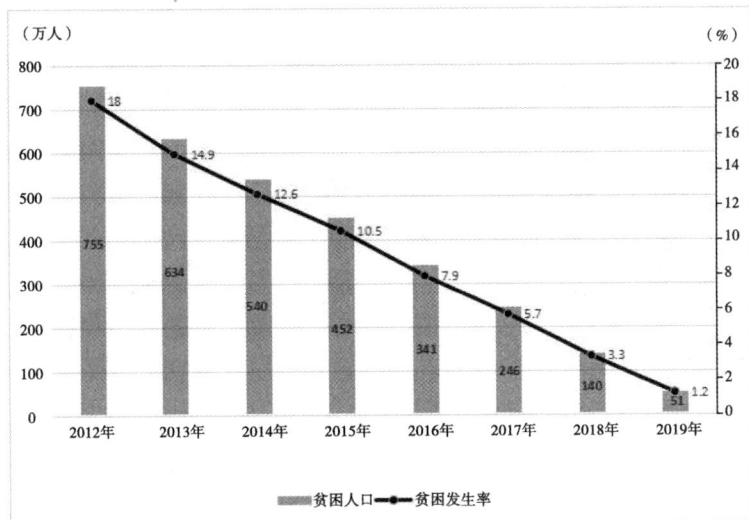

图 4-1　2012—2019 年广西贫困人口、贫困发生率和减贫情况

资料来源:国家统计局住户调查办公室.中国农村贫困监测报告(2020)[M].北京:中国统计出版社,2020.

表 4-1　2012—2019 年贵州农村贫困人口、贫困发生率和减贫情况

年份	贫困人口		贫困发生率	
	数量(万人)	下降(万人)	水平(%)	下降(百分点)
2012	923	—	26.8	—
2013	745	178	21.3	5.5
2014	623	122	18.0	3.3
2015	507	116	14.7	3.3
2016	402	105	11.6	3.1
2017	295	107	8.5	3.1
2018	173	122	5.0	3.5
2019	53	120	1.5	3.5

资料来源:国家统计局住户调查办公室.中国农村贫困监测报告(2020)[M].北京:中国统计出版社,2020.

[1]　顾仲阳.我国832个贫困县全部脱贫摘帽[N].人民日报,2020-11-25(5).

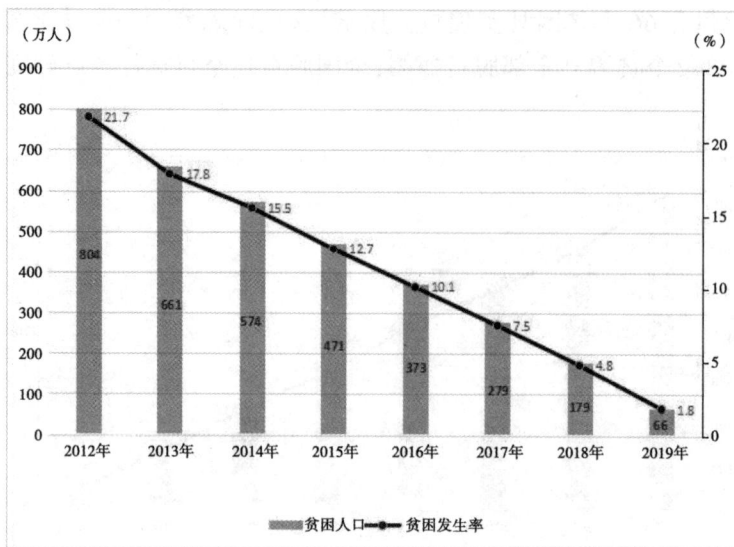

图 4-2　2012—2019 年云南农村减贫情况

资料来源：国家统计局住户调查办公室. 中国农村贫困监测报告（2020）[M].北京：中国统计出版社，2020.

（二）贫困人口内生动力得到增强

开展精准扶贫社会动员，激发贫困人口脱贫致富的内生动力至关重要。通过开展精准扶贫精神动员、教育动员等，滇桂黔石漠化连片特困区帮助贫困群众树立脱贫攻坚的主体意识，摒弃"等、靠、要"思想，实现从"要我脱贫"到"我要脱贫"的观念转变。通过规划和培训，帮助贫困群众转变观念、增强发展意识，掌握技能，使贫困人口内生动力得到增强。例如，黔南州州委出台新举措，由组织部门牵头广泛开展"志智双扶·感恩奋进"思想扶贫，在全州进一步树立"主动脱贫的意识、奖勤罚懒的导向、客观求实的正气、扶智富脑的氛围"，激发贫困群众内生动力，有效助推了物质和精神"双脱贫"。针对部分贫困户习惯"等、靠、要"，不想摘帽现象，该州组织挂村部门、联亲干部、驻村干部和第一书记进村入户宣讲动员，指导帮助制定村规民约、家风家训，开展文明乡风建设等工作。全州共组建 2394 支宣讲队，依托 1200 余个新时代农民（市民）讲习所开展宣讲，受众达 30 余万人次，通过宣传宣讲，潜移默化促进群众思想观念转变。针对部分贫困户缺乏技能、"智力"不足等问题，通过强化教育培训，增强贫困群众致富本领，激发贫困群众脱贫志气。①

（三）产业结构得到调整和完善

经过精准扶贫社会动员主体开展产业扶贫动员，滇桂黔石漠化连片特困区彻底改变过去仅仅依靠农业"靠天吃饭"的状况。滇桂黔石漠化连片特困区结合区域实际情况，或发展旅游业，或者发展种植业，或者发展养殖业。这使得区域内经济产业结构更加均衡适宜，更加科学合理。截至 2021 年 1 月，全国产业扶贫政策覆盖 98% 贫困户，每个贫困县形成 2—3 个扶贫主导产业。②滇桂黔石漠化连片特困区所有贫困县形成符合本县实际的支柱性产业。例如，黔东南州台江县延伸具有成长性的农业产业链，形成贫困户产业全覆盖。截至 2019 年 6 月底前，台江县全部建成食用菌生产基地，覆盖贫困户 2926 户 10826 人；在稻田综合种养产业方面，完成稻田综合种养优质水稻育秧 1 万亩，覆盖 3140 户 11618 人；在生猪养殖产业方面，大力实施 30 万头生猪项目，覆盖 1700 户 2322 人；在养蜂产业方面，从 2018 年的 3388 群增至 7500 群，覆盖贫困户 600 户 2580 人；在蛋鸡产业方面，建成现代化一体蛋鸡存栏 10 万羽的示范养殖场 1 家，带动贫困户 625 户 2687 人；在茶叶产业方面，累计茶叶种植面积 5000 亩，覆盖贫困户 1500 户 6450 人。③

（四）基础设施和公共服务水平得到较快提升

2019 年广西贫困地区所在自然村通公路的农户比重为 100%；通电话的农户比重为 100%；通宽带的农户比重为 96.1%，比上年提高 2.7 个百分点；进村主干道路硬化的农户比重为 99.7%，比上年提高 0.5 个百分点；能便利乘坐公共汽车的农户比重为 55%，比上年提高 4.4 个百分点；能接收有线电视信号的农户比重 100%；所在自然村垃圾能集中处理的农户比重为 89.1%，比上年提高 2.6 个百分点；所在自然村有卫生站的农户比重为 90.5%，比上年提高 8.6 个百分点；所在自然村上幼儿园便利的农户比重 86.2%，比上年提高 2.8 个百分点；所在自然村上

① 刘安军.黔南州：多举措激发贫困群众内生动力 [N].贵州日报，2018-1-4(1).
② 决战脱贫攻坚 创造脱贫壮举 [N].人民日报，2021-1-2（2）.
③ 根据 2019 年 7 月 23 日课题组在台江县扶贫办调研资料整理 .

小学便利的农户比重 89.7%，比上年提高 2.3 个百分点。[①]

2019 年贵州贫困地区所在自然村通公路和通电话的农户比重基本接近全覆盖；所在自然村能接收有线电视信号的农户比重扩大到 99.6%，比上年提高 1.5 个百分点；所在自然村能便利乘坐公共汽车的农户比重为 70.3%，比上年提高 2.6 个百分点；所在自然村通宽带的农户比重为 97.6%，比上年提高 4.8 个百分点；所在自然村垃圾能集中处理的农户比重为 81%，比上年提高 9.1 个百分点；所在自然村有卫生站的农户比重为 98%，比上年提高 1.7 个百分点；所在自然村上幼儿园便利的农户比重为 91.2%，比上年提高 0.3 个百分点。[②]

2019 年云南贫困地区农村所在自然村上幼儿园便利的农户比重 86.9%，比 2018 年增加 4.3 个百分点；所在自然村上小学便利的农户比重 92.2%，比 2018 年增加 2.1 个百分点。贫困地区农村所在自然村进村主干道路硬化的农户比重 97.6%，比 2018 年增加 4.2 个百分点；所在自然村能便利乘坐公共汽车的农户比重 59.6%，比 2018 年增加 8 个百分点；所在自然村通宽带的农户比重 93.9%，比 2018 年增加 5.6 个百分点；所在自然村垃圾能集中处理的农户比重 75.9%，比 2018 年增加 10.1 个百分点。[③]

（五）收入水平显著提高

通过开展技能培训，促进贫困人口就业。通过"扶志""扶智"相结合，增强贫困人口的内生动力。在内外因素的共同作用下，贫困地区农村居民收入持续稳定增长。2019 年广西贫困地区农村居民人均可支配收入 11958 元，比上年增加 1197 元，增长 11.1%；2013—2019 年，广西贫困地区农村居民人均可支配收入逐年增加，平均增速为 11.4%。2019 年比 2013 年人均可支配收入增加了 5706 元，增长 91.3%。[④]

---

① 国家统计局住户调查办公室.中国农村贫困监测报告（2020）[M].北京：中国统计出版社，2020：225，226.

② 国家统计局住户调查办公室.中国农村贫困监测报告（2020）[M].北京：中国统计出版社，2020：253.

③ 国家统计局住户调查办公室.中国农村贫困监测报告（2020）[M].北京：中国统计出版社，2020：257.

④ 国家统计局住户调查办公室.中国农村贫困监测报告（2020）[M].北京：中国统计出版社，2020：223.

表 4-2　2019 年广西贫困地区农村居民收入增长情况

指标	2019 年（元）	2018 年（元）	比上年同期	
			增加额	增幅（%）
人均可支配收入	11958	10761	1197	11.1
一、工资性收入	3377	3032	345	11.4
二、经营净收入	4901	4582	319	7.0
（一）第一产业经营净收入	3499	3320	180	5.4
1. 农业	2022	1995	27	1.4
2. 林业	684	541	142	26.3
3. 牧业	733	726	7	0.9
4. 渔业	61	58	3	5.8
（二）第二产业经营净收入	234	201	32	16.1
（三）第三产业经营净收入	1168	1061	107	10.1
三、财产净收入	145	136	9	6.6
四、转移净收入	3535	3010	525	17.4

资料来源：国家统计局住户调查办公室.中国农村贫困监测报告（2020）[M].

北京：中国统计出版社，2020.

自 2013 年以来，贵州贫困地区农村居民人均可支配收入增速已连续 7 年高于全省农村平均水平，2019 年同比增长 11.0%，高于全省农村居民收入增长速度 0.3 个百分点。[①]

表 4-3　2019 年贵州贫困地区农村居民人均可支配收入情况

指标	2018 年（元）	2019 年（元）	增幅（%）	比重（%）	增长贡献率（%）
人均可支配收入	9528	10580	11.0	—	—
工资性收入	4000	4528	13.2	42.8	50.2
经营净收入	3457	3719	7.6	35.1	24.9
财产净收入	85	103	21.7	1.0	1.8
转移净收入	1987	2230	12.3	21.1	23.1

资料来源：国家统计局住户调查办公室.中国农村贫困监测报告（2020）[M].

北京：中国统计出版社，2020.

① 国家统计局住户调查办公室.中国农村贫困监测报告（2020）[M].北京：中国统计出版社，2020：251.

2019 年云南贫困地区农村居民人均可支配收入为 10771 元,比 2018 年增加 1176 元,增长 12.3%,增速比 2018 年加快 1.9 个百分点,比全省农村高 1.8 个百分点。[①]

表 4-4　2019 年云南贫困地区农村居民人均可支配收入及构成

指标	2019 年（元）	2018 年（元）	增幅（%）	增收贡献率（%）
人均可支配收入	10771	9595	12.3	—
工资性收入	3582	3059	17.1	44.5
经营净收入	5031	4657	8.0	31.8
财产净收入	80	79	0.7	0.0
转移净收入	2077	1799	15.5	23.6

资料来源:国家统计局住户调查办公室.中国农村贫困监测报告(2020)[M].北京:中国统计出版社,2020.

　　滇桂黔石漠化连片特困区精准扶贫社会动员对促进区域经济社会的发展以及贫困群众脱贫致富,都起到了重要的推动作用。而且这一时期精准扶贫社会动员的成功发动,动员主体在动员过程中体现出的强大动员能力,动员介体发挥关键联结效能,都是值得肯定和借鉴的。

第二节　精准扶贫社会动员机制存在的问题

　　尽管滇桂黔石漠化连片特困区精准扶贫社会动员取得了巨大成就,但是,根据搜集的文献资料、调研材料以及相关统计数据状况分析,滇桂黔石漠化连片特困区精准扶贫社会动员机制还是存在一些问题,其中存在的主要问题有:在社会动员主体方面,政府部门之间系统协调有待进一步增强,扶贫政策执行需要更加精准到位,特别是针对贫困户的扶贫政策措施总体上需要更加精准性和连续性。在社会动员客体方面,社

[①]　国家统计局住户调查办公室.中国农村贫困监测报告（2020）[M].北京:中国统计出版社,2020:255.

会力量参与精准扶贫有待进一步增强,存在着组织动员不够、政策支持不足、体制机制不完善、长期效果有限等问题;尽管市场主体被动员起来参与精准扶贫,但相关法律法规的规范、支持和保障还需要进一步完善。特别突出的问题是,政府、社会、市场之间存在"单打独斗"的局面,社会动员联动不足。要进一步提高精准扶贫社会动员成效,这需要从各方"单打独斗"到整合资源"联合出击",开创多维联动的精准扶贫社会动员新格局。总体来看,滇桂黔石漠化连片特困区精准扶贫社会动员主要还是以政府发动或以政府部门为主体,真正的社会扶贫还没有充分动员起来。这就需要深入培育多元社会扶贫主体,大力倡导民营企业扶贫,积极引导社会组织扶贫,广泛动员个人扶贫。

一、政府部门系统协调有待进一步增强

在滇桂黔石漠化连片特困区精准扶贫社会动员关系中,政府是最为重要的动员主体,发挥着社会动员的主导作用。从现实状况看,虽然政府扮演着最为重要的动员主体的角色,但是滇桂黔石漠化连片特困区各级政府之间依然存在着缺乏顺畅沟通、有效协调的现象,进而影响精准扶贫社会动员效率。

(一)上下级政府之间的协调有待进一步增强

我国扶贫开发的总格局是中央通过制定扶贫政策进行宏观指导,省、市(州)根据自身的实际状况制定相关具体扶贫政策,县、镇(乡)具体落实。这就是政府部门之间垂直式分工协调。于是,在这一个个紧密联系的环节中,或这样或那样的问题开始出现。

首先,上下级之间存在攻防战。在打赢精准扶贫攻坚战的过程中,为实现既定的扶贫目标,上级政府不断加强对下级政府落实扶贫政策、推进扶贫进度等工作进行巡视、督导、检查,而下级政府为应对上级政府对扶贫工作的巡视、督导、检查,会想尽一切办法落实,会想尽一切办法应对。而在这一系列攻防战中,难免会出现官僚主义、"栽盆景"等形式主义、弄虚作假的现象。

其次,基层政府的扶贫任务繁重。如向上级政府反映扶贫相关问题,以及解决扶贫相关问题,其过程有时候比较漫长,甚至还会出现来不及反映某些问题的状况。一方面,下级政府,特别是基层政府不仅要落实扶贫政策,做好扶贫工作,而且还要应对一系列的检查、督导,如应对中央的检查、督导,应对省(区)里的检查、督导,应对市(州)里的检查、督导。这可谓是应接不暇,甚至造成疲于应付的状况。另一方面,一个贫困户信息的改变,造成相关资料返工重填的现象时有发生。例如,课题组在调研中了解到,一个贫困户的扶贫资料信息有250多页,如果出现人口变动、致贫原因变化等情况,就需要重新填写扶贫资料。

由此可见,如果上下级政府之间协调性比较差的话,就会造成精准扶贫社会动员主体之间存在无序的状态,增加精准扶贫社会动员成本,浪费大量人力、物力、财力,进而降低精准扶贫社会动员效率。这就要求上下级政府部门之间多进行民主协商,而不是一味地"发号施令",尽量减少行政命令式动员。其实,精准扶贫社会动员是一个系统工程,任何一个环节的缺失或者薄弱都将影响整体社会动员的效果。因此,在滇桂黔石漠化连片特困区,上下级政府之间在一定程度上同样存在缺乏有效协调的问题。这必然会造成滇桂黔石漠化连片特困区精准扶贫社会动员效率低下,进而影响滇桂黔石漠化连片特困区精准扶贫社会动员的成效。

(二)同级政府之间的协调有待进一步增强

在垂直式的关系中,政府部门上下级之间的协调大多是通过上传下达的方式来进行,即政策下达与政策执行。而在水平式的关系中,政府部门之间的协调多数情况下表现为临时性的协调、沟通,暂时性的合作、配合。

其一,同级政府部门之间协调呈现不稳定性。在开展精准扶贫社会动员的过程中,大多数政府部门开展协调,其初衷都是为了推动某项扶贫工作或扶贫任务顺利完成而进行。在这种状况下,同级政府部门之间的协调具有临时性以及较大的随意性。同样,在滇桂黔石漠化连片特困区精准扶贫社会动员的过程中,同级政府之间往往就事论事而已,基本上都是临时性、暂时性的合作、配合。于是,这就造成了同级政府部门之间协调的不稳定性。

其二,由于目前政府管理机构的设置强调隶属关系,很容易出现部门分割。在滇桂黔石漠化连片特困区开展精准扶贫社会动员的过程中,当在协调、配合的时候,如果触及某一部门的利益,往往会出现相互推诿扯皮的状况,甚至会形成"部门梗阻"的现象。

其三,从运行层面上来说,滇桂黔石漠化连片特困区政府部门同级之间的协调、配合属于水平的横向协调。在开展精准扶贫社会动员的过程中,滇桂黔石漠化连片特困区还存在着政府部门之间的自主合作积极性不够的状况,加之协调过程中牵头部门对其他平级部门无法采用命令、分配等行政权力手段,对各部门之间的协调、配合缺乏制约。于是,这就造成部门之间行动缺乏统筹安排,难以形成有效合力。

其四,滇桂黔石漠化连片特困区政府部门还存在协调、配合机制不够健全的状况。目前,滇桂黔石漠化连片特困区政府部门还缺乏专门针对政府部门之间协调、配合的规章、制度等,对协调、配合权力的授予、协调方式和协调手段的采用等还没有明确的规定。由此,政府部门之间协调的随意性大于约束性,人为性大于制度性。在精准扶贫社会动员具体实践过程中,部分政府部门之间难免会出现协调、动员滞后,各行其是,甚至妄自尊大的现象。这种只顾本部门利益而不管其他的状况,往往导致部门之间无法协调。

由此可见,建立健全政府之间以及政府部门之间精准扶贫社会动员机制,是提高滇桂黔石漠化连片特困区精准扶贫社会动员效率的基本前提。换而言之,社会动员主体要想提高精准扶贫社会动员的效率,不可避免地要进一步完善政府之间精准扶贫社会动员机制。

(三)政府与扶贫对象、社会组织之间协调需要进一步加强

首先,政府与扶贫对象之间的沟通需要进一步加强。最明显的表现是:精准扶贫政策的制定缺乏深入的协商、沟通,民主方面发挥得不够充分。例如,相关扶贫政策多数情况都是由领导干部、专家商讨决定,贫困群众特别是集中连片特困地区的群众很少有或者基本上没有参与讨论、民主协商的机会。于是,就会出现这样的状况:尽管精准扶贫社会动员开展得轰轰烈烈,但是由于没有根据贫困群众的意愿和想法开展扶贫,结果导致扶贫工作不能做到"有的放矢"。这必然导致扶贫政策不能很好地"接地气",民众参与的积极性不高。特别是在贫困群众一时不能理解党和政府制定的相关扶贫政策的时候,扶贫工作开展起来显得力不从心,导致扶贫政策落实不下来,最终影响扶贫效率。当然,随着精准扶贫社会动员工作的深入,领导干部也逐渐意识到这方面的问题,进而采取相关措施来改进。课题组在调研黔西南州贞丰县发现,贞丰县在者相镇组织易地搬迁过程中探索出"四方五共"方法路径——由政府牵

头,构建政府、群众(搬迁户)、工商联(企业)、社会"四方联盟",实施"四方联动",让四方一同"共商、共识、共建、共享、共担",扎实做好易地扶贫搬迁安置点规划建设管理等工作,在扶贫过程中越来越多地融入贫困群众的意愿和想法。这就有利于政府与贫困群众之间的沟通、协商,也有利于调动贫困群众参与精准扶贫的积极性。

其次,政府对社会组织参与扶贫的鼓励、支持需要进一步加强。社会组织汇聚着社会各领域、各阶层的资源,是农村扶贫开发工作不可忽视的社会力量之一。中共中央办公厅、国务院办公厅发出的《关于创新机制扎实推进农村扶贫开发工作的意见》明确提出:"鼓励引导各类企业、社会组织和个人以多种形式参与扶贫开发。"①改革开放以来,我国农村扶贫工作取得了明显成效,但集中连片特困地区区域多、贫困人口多、贫困程度深的现实依然存在。由此,积极引导社会组织参与精准扶贫事业,发挥社会组织参与精准扶贫的专业优势,是贯彻党的精准扶贫方略,推动我国扶贫开发工作与时俱进、创新模式的重要途径。

滇桂黔石漠化连片特困区自然生态环境脆弱、贫困类型多样。因此,滇桂黔石漠化连片特困区相关政府部门需要根据精准扶贫的实际需要和任务,有针对性地引导、动员、组织社会组织发挥参与滇桂黔石漠化连片特困区精准扶贫的专业优势,例如,引导、动员、组织社会组织在募集扶贫开发资金方面发挥专业优势,以解决扶贫资金不足的瓶颈,引导、动员、组织社会组织在扶贫开发的文化教育、农业技术、生态环境保护、医疗卫生服务、养老服务、贫困群体关爱救助、社区防灾减灾等项目领域发挥专业优势,引导、动员、组织社会组织在贫困群众致富技能培训方面发挥专业优势,等等。但是,由于滇桂黔石漠化连片特困区相关政府部门建立社会组织参与精准扶贫的制度还不够完善,导致社会组织难以有效地发挥扶贫效能,如社会组织参与扶贫开发的指导意见和政策规范不够完善,在扶贫开发项目规划中,编制适合社会团体、NGO(非政府组织)、基金会参与精准扶贫的指导意见还不够明晰,大多比较笼统;社会组织参与精准扶贫开发与承接政府职能转移之间的资源衔接机制还不够完善,特别是社会组织参与精准扶贫的跨部门、跨行业、跨省区协同联动机制亟待建立;社会组织参与精准扶贫的有效方式有待创新,

---

① 中共中央办公厅,国务院办公厅.关于创新机制扎实推进农村扶贫开发工作的意见(中办发〔2013〕25号)[Z].

如有些扶贫项目本可以采取社会组织承接、政府部门购买与委托、项目补贴、财政补贴、奖励等方式由社会组织独立实施,但是却没有采取这些方式。

二、社会力量参与存在的问题

在不断推进国家治理现代化和实现治理主体多元化的背景下,精准扶贫需要让越来越多的社会组织、公民个体有更多的参与权、管理权、监督权。可是,从现实情况来看,尽管社会力量参与精准扶贫的范围越来越大,参与精准扶贫的程度越来越深,但是社会力量参与精准扶贫的状况依然还存在不尽如人意的地方。社会力量参与精准扶贫的不足主要表现为:热情不高、主动性不够、积极性不强。这种状况当然不利于精准扶贫的有效推进。团结起来才能力量大,而"一盘散沙"难以形成合力。从根本上来说,滇桂黔石漠化连片特困区社会力量参与精准扶贫不足主要是由于动员不够充分或者动员不够恰当所造成的。

(一)社会力量缺乏有效参与精准扶贫的渠道和平台

由于政府对社会力量参与精准扶贫的政策、措施等方面的原因,导致社会力量参与精准扶贫缺乏有效的渠道和平台,一定程度上造成社会力量参与精准扶贫效率低下,并且长期效果相当有限。前面已对社会组织参与精准扶贫存在的问题进行了详细探讨,在此就不再赘述。不过,在此,有必要对非政府组织(NGO)参与精准扶贫的状况作一简要阐述。由于历史与现实的原因,在我国一直存在着对非政府组织(NGO)的偏见。

首先,政府干预过多导致非政府组织(NGO)参与滇桂黔石漠化连片特困区精准扶贫力度不够。在强政府—弱社会型的社会中,政府一直处于主动地位,而非政府组织(NGO)往往处于被动地位。其中,非政府组织(NGO)在滇桂黔石漠化连片特困区开展精准扶贫社会动员也不例外,由于相关政策、其身份等方面的原因,难以深度地开展精准扶贫。

其次,在滇桂黔石漠化连片特困区贫困对象识别、扶贫方案设计、扶贫项目开展、扶贫绩效评估等环节中,非政府组织(NGO)难以介入,因而难以精准地对接扶贫项目,难以有效地开展精准扶贫。各级政府不会轻易让非政府组织(NGO)的专业服务延伸至乡镇、村寨,这致使非政府组织(NGO)参与精准扶贫的优势会受到极大限制。

最后,非政府组织(NGO)参与滇桂黔石漠化连片特困区精准扶贫的能力和水平有待进一步提升。长期以来,红十字会、慈善总会等非政府组织(NGO)在帮扶滇桂黔石漠化连片特困区贫困群众方面承担了重要职能。但是,有的非政府组织(NGO)内部管理不规范,有的公信力较差,甚至有个别非政府组织(NGO)打着公益扶贫的旗号,以营利为目的,进而沦为牟利工具。这些状况都要求非政府组织(NGO)进一步规范管理,创新参与精准扶贫的方式方法,进一步提升开展精准扶贫的能力和水平。

(二)公民个体参与精准扶贫不足

1. 公民个体方面

扶弱济困,乐善好施,是中华民族的优良传统。从整体上来看,有相当一部分公民个体参与滇桂黔石漠化连片特困区精准扶贫。但是,从参与的比例上来看,公民个体参与滇桂黔石漠化连片特困区精准扶贫的比例并不是很高。在回答课题组问卷中"公民个体对您家庭扶贫过吗?"问题时,回答曾接受过公民个体帮扶的家庭占23.36%,未曾接受过公民个体帮扶的家庭占76.64%。虽然该调研数据不能完全、准确地反映出公民个体参与滇桂黔石漠化连片特困区精准扶贫的数量,但是这样的比例在一定程度上反映出公民个体参与滇桂黔石漠化连片特困区精准扶贫的广度还不够广,力度还不够强的现实状况。

这种状况表明,一方面,还需要进一步转变公民的观念,"一部分人先富起来"这是暂时的,而走向"共同富裕"是社会主义的本质要求,才是我们共同的追求。积极参与精准扶贫事业是每个公民应有的责任和担当。另一方面,还有必要建立健全社会力量参与精准扶贫的平台和机制,增强社会力量参与精准扶贫的力度、广度和深度。

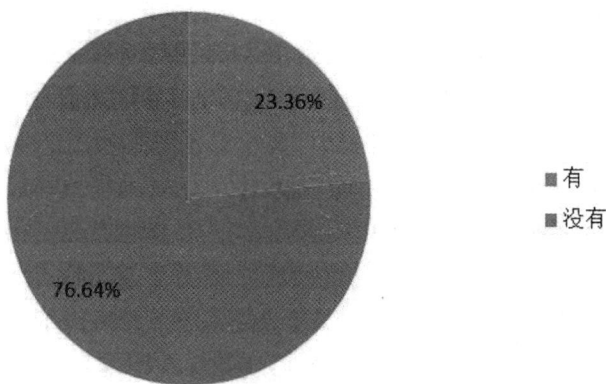

23.36%

■有
■没有

76.64%

图4-3 公民个体参与滇桂黔石漠化连片特困区精准扶贫比例

2. 贫困群众方面

由于大山的长期阻隔,滇桂黔石漠化连片特困区贫困群众的思维和心理严重受到自然地理条件的影响。这些贫困群众不仅存在缺乏资金的困境,而且更为关键的是大多数贫困群众的思想观念比较落后,例如,在一些地方"求神而不求人"的封建迷信依然盛行,不是依靠科学技术求发展,而是期望通过求神拜佛,实现"五谷丰登"。由于思想观念的局限,这些贫困群众无法科学地看待贫困问题,不愿意也不可能相信封建迷信的非科学性。

还有一部分贫困群众"坐在门口晒太阳,等着政府送小康""等、靠、要"的依赖思想呈惯性发展。坐等扶贫干部主动上门、靠着底线政策苦挨、别人有的待遇一样不能少……甚至还有少数自身具备脱贫条件却拒不主动脱贫的群众着实令精准扶贫社会动员主体"伤透脑筋"。

还有一部分贫困群众"养儿防老""多子多福"观念仍然严重,不读书也能生活的观念还充斥着部分贫困群众的头脑,商品意识和市场观念还比较薄弱,安于现状和知足常乐的心理仍然存在。这种状况决定了滇桂黔石漠化连片特困区精准扶贫社会动员的主要内容:一方面要深入开展资金、物质动员,另一方面还要大力开展思想教育动员。毕竟,思想是行动的先导。如果没有滇桂黔石漠化连片特困区贫困群众的思想解放,就难以进行变革创新,难以最终根除贫困,实现共同富裕。"扶贫先扶志"。由此,在滇桂黔石漠化连片特困区开展思想观念扶贫动员、"扶贫先扶志"被提上重要议事日程。

另外,由于主客观多方面原因造成一部分贫困群众就业困难,难以从根本上脱贫致富,或者一时脱贫,过一段时间又出现返贫。例如,黔东南州台江县在就业促进动员过程中,存在着这样一些问题:在技能培训方面,在家未就业贫困劳动力就业技能培训意愿不强,难以组织开展技能培训;在劳务输出方面,能出去务工的贫困劳动力都出去了,在家无法外出的这部分贫困劳动力,因县内产业吸纳就业岗位有限,不能满足就业需求;在易地扶贫搬迁群众就业创业方面,县城内的北门湾、方黎湾安置点缺少扶贫车间,搬迁群众就近就业存在困难。[①]

三、市场主体参与精准扶贫存在的问题

在市场经济条件下,只有依托市场主体有力带动,扶贫对象才能更好地发展种植业、养殖业等相关产业,才能更好地销售种植业、养殖业产品,进而"借船出海",对接大市场,获得更多的发展机会,进而脱贫致富。由此可见,产业扶贫的关键在市场主体。但是,在滇桂黔石漠化连片特困区精准扶贫社会动员过程中,市场主体参与精准扶贫也存在着一系列问题。

（一）参与精准扶贫的意识薄弱

作为市场主体的企业、合作组织和产业大户等,参与市场经济活动的根本目标是实现利润的最大化。换而言之,实现利润的最大化是市场主体参与精准扶贫的直接驱动力。可是,精准扶贫是一项需要花费大量时间,并且见效缓慢的事业。特别是像在滇桂黔石漠化连片特困区这样的地区开展精准扶贫,市场主体的收益更低,甚至赔本。基于此,市场主体就会考虑选择其他方面的领域开展业务,而不愿参与像滇桂黔石漠化连片特困区这样地区的扶贫事业。当然,这是由市场主体的本质属性决定的,即由市场主体的逐利性决定的。

相比较追求利润最大化的意愿,一部分市场主体扶持弱势贫困群体的理念和发展公益事业的意识显得薄弱,对开展精准扶贫事业的重要性认识不足,自觉参与精准扶贫事业的意识不强,主动投身精准扶贫活

---

① 根据 2019 年 7 月 23 日课题组在台江县扶贫办调研资料整理。

动的积极性不高,担心贫困户不脱贫自身受牵连,等等。特别是"处在体制转轨、社会转型这一特殊历史时期,市场主体还没有自觉承担应该承担的社会责任,在实现盈利后以人为本,利益再分配,回报国家、回报社会,扶持弱势群体的理念和发展公益事业的观念尚未完全树立"①。对课题组调研问卷"企业或社会其他组织对您家庭扶贫过吗?"问题回答的调研数据表明,回答曾经接受过企业或社会其他组织帮扶的家庭占52.34%,未曾接受过企业或社会其他组织帮扶的家庭占47.66%。这样的数据比例反映出企业或社会其他组织等市场主体参与滇桂黔石漠化连片特困区精准扶贫的广度、力度还有待进一步加强,特别是要进一步增强市场主体参与滇桂黔石漠化连片特困区精准扶贫的意识。这是因为市场主体只有首先认识到参与精准扶贫的重要意义和社会责任,才会积极、主动地采取行动,进而参与到滇桂黔石漠化连片特困区精准扶贫行动中来。否则,即使被动员起来,市场主体参与滇桂黔石漠化连片特困区精准扶贫也会大打折扣。

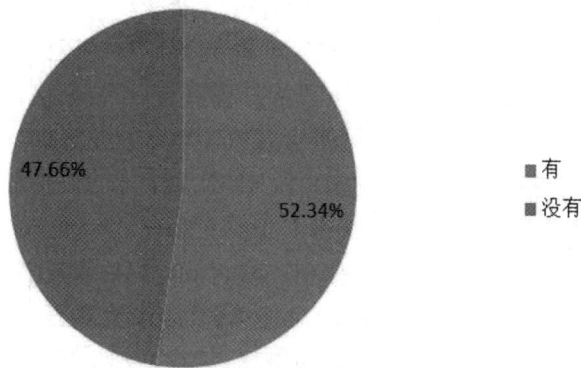

图4-4　企业或其他社会组织参与滇桂黔石漠化连片特困区精准扶贫比例

　　无疑,作为重要的精准扶贫社会动员客体,市场主体参与精准扶贫意识薄弱的状况不能不影响滇桂黔石漠化连片特困区扶贫开发事业的整体进程。这也是精准扶贫社会动员亟待解决的一个重要问题。

　　(二)参与精准扶贫的平台还不够健全

　　要鼓励市场主体参与滇桂黔石漠化连片特困区精准扶贫,必须要

①　武汉大学等.中国反贫困发展报告(2015)——市场主体参与扶贫专题[M].武汉:华中科技大学出版社,2015:41.

完善其参与精准扶贫的平台。从滇桂黔石漠化连片特困区精准扶贫社会动员的实践来看,市场主体参与精准扶贫的平台还不健全,具体表现为:一是政策平台还有待进一步完善。虽然多部政策文件都涉及要鼓励、引导、动员市场主体参与精准扶贫,但是并没有系统地对市场主体参与精准扶贫做出具体规定。现有政策鼓励、引导、动员市场主体参与精准扶贫的规定主要涉及金融、税收、奖励补贴等方面,对于市场主体参与精准扶贫的其他重要因素涉及很少。例如,市场主体的资格认定、参与领域、资源配置、带动评估等都缺少规范。二是工作平台还有待进一步健全。市场主体参与精准扶贫的引导、沟通、管理、监督等工作主要归属于各级扶贫办的社会扶贫部门。但是,目前还没有针对市场主体参与精准扶贫形成一套有效的工作机制,市场主体与政府部门的对接和联系沟通还存在着一些盲点,一些市场主体在参与精准扶贫的过程中缺乏引导,未能形成合力。三是信息平台还有待进一步健全。从目前状况来看,滇桂黔石漠化连片特困区扶贫部门已经着手建立或者已经建成社会参与精准扶贫的信息化平台,但是仍有可以进一步完善的空间,信息化平台的上线率不高、内容不够完整等问题依然存在。因此,还应进一步着手建立统一的信息平台,介绍滇桂黔石漠化连片特困区的自然环境、特色资源、优惠政策、扶贫项目、资金流向、参与方式等内容,让市场主体能够很好地与贫困地区和贫困群众对接,明确权利、义务关系,从而更好地推动市场主体参与精准扶贫。[①]

在一定程度上,正是由于缺少相关参与滇桂黔石漠化连片特困区精准扶贫的平台,市场主体与政府的对接、与贫困群众的对接路径还不顺畅。例如,有的市场主体带着产业和市场,却找不到土地和劳动力,而有的贫困户拥有劳动力和土地资源,却找不到市场和合适的产业门路。这样,隔在市场主体与扶贫对象二者之间的"窗户纸"没有捅破,导致"补锅的"与"寻补锅的"无法顺畅对接。

(三)参与精准扶贫的支持政策落实困难

政策支持、保障是激发市场主体参与精准扶贫积极性的关键。尽管目前国务院、省(区)、市(州)出台了相关政策,从金融、税收、土地、奖补

---

① 武汉大学等.中国反贫困发展报告（2015）——市场主体参与扶贫专题[M].武汉：华中科技大学出版社,2015：42.

等方面鼓励市场主体参与精准扶贫,但是各类政策的具体落实还存在着一定的难度。具体表现为:一是政策扶持力度还有待进一步加强。目前,国家扶贫政策主要扶持扶贫龙头企业,对涉及参与扶贫的农村合作经济组织及产业大户等的扶持力度还有待进一步加强。而且,现有的财政专项资金扶持的规模还需要进一步扩大,一部分市场主体不能得到相关政策的支持。二是扶持政策缺乏具体实施细则。例如,由中国人民银行、财政部等 7 个部门联合印发的《关于全面做好扶贫开发金融服务工作的指导意见》提及要加大对贫困地区财税、信贷、货币政策的支持,但是没有相关配套措施。还有很多支持性政策仅仅只是提出了指导性意见,缺乏具体实施细则。例如,在滇桂黔石漠化连片特困区,地方政府的扶持政策一定程度上体现出地方领导人的意志,具有较大的不确定性,需要进一步具体化和明晰化。三是扶持政策操作难。在对市场主体参与精准扶贫的支持政策中,最难落实的就是金融支持政策。一部分龙头企业、合作社和产业大户获得金融支持比较困难。比如,在扶贫贴息贷款方面,一方面,市场主体缺少合适的抵押物或担保,难以从金融机构贷款;另一方面,市场主体很难以基准利率拿到贷款,政府扶贫贷款贴息并没有真正起到减少市场主体负担的作用。[①] 中共中央、国务院发布的《关于创新机制扎实推进农村扶贫开发工作的意见》指出,建立信息交流共享平台,形成有效协调协作和监管机制。[②] 但是,这些支持政策在滇桂黔石漠化连片特困区执行起来往往存在一定的困难。这就需要从中央层面有垂直系统的督查,并建立长效和常态机制,保障市场主体能够充分参与精准扶贫,进而充分发挥自身的潜力和优势。

从上述状况看,滇桂黔石漠化连片特困区精准扶贫还需要大力动员民营企业、社会组织和公民个体等社会力量广泛参与其中,开创多维联动的扶贫开发社会动员新格局。这样才能全面推进滇桂黔石漠化连片特困区精准扶贫工作,最大限度地利用社会资源、凝聚社会力量,形成政府主导、市场参与、社会协同推进的扶贫开发格局。

---

① 武汉大学等.中国反贫困发展报告(2015)——市场主体参与扶贫专题[M].武汉:华中科技大学出版社,2015:42.
② 中共中央办公厅,国务院办公厅.关于创新机制扎实推进农村扶贫开发工作的意见(中办发〔2013〕25 号)[Z].

四、社会动员方式存在的问题

要取得良好的动员效果，就要充分运用动员方式，使其发挥出应有的作用。在滇桂黔石漠化连片特困区精准扶贫社会动员过程中，尽管动员方式在一定程度上也发挥着关键性的作用，但是受诸多因素的影响，其还存在一些可进一步完善的地方。

（一）社会动员方式存在单一的问题

精准扶贫社会动员要取得良好的动员效果，需要综合运用多种动员方式。只有这样，才能取得应有的社会动员效果，达到预期的社会动员目标。

滇桂黔石漠化连片特困区精准扶贫社会动员主体在开展精准扶贫社会动员时，往往习惯于采用某一种比较熟悉或比较擅长的社会动员方式。比如，社会动员主体或者只是传达党的扶贫政策，或者只是进行网络宣传，或者只是开展广播宣传，而没有运用其他社会动员方式，结果造成忽视对多种社会动员方式的综合运用。当然，由于客观条件的制约，前期一些村寨还没有实现基本的"三通"——通水、通电、通路，而通网更是遥不可及的事情，确实难以综合运用多种社会动员方式。例如，云南省文山州广南县坝美村，四面环山，不通公路。村民进出寨子主要靠村前村后两个天然的石灰熔岩水洞，要摸着岩壁蹚着水、撑竹筏、划木舟、坐小船，经过几公里长的幽暗水洞才能进出。从整体上来看，这种状况对精准扶贫社会动员的开展是不利的。所以，要取得良好的社会动员效果，精准扶贫社会动员主体可以综合运用多种社会动员方式，例如，可以同时开展标语口号社会动员、会议传达社会动员、电视广播社会动员、报刊宣传社会动员、网络宣传社会动员，等等。

（二）行政动员方式偏多而激励动员方式偏少

扶贫是一种公益性事业，政府主导扶贫是合理的。如果政府不介入、不主导，仅仅依靠市场机制是难以动员到足够的社会资源，那么扶贫效果就会大打折扣。但是，政府主导并不意味着政府在每个环节都要介入，过度的行政干预也会带来扶贫效率损失。众所周知，在扶贫过程中，政府仍是居于主导地位的、不可动摇的核心主体，政府和领导干部手中掌握着扶贫开发资源的巨大支配权，致使其他扶贫主体的权力空间被大大压缩,使得扶贫参与主体的良性互动举步维艰。更多时候,所谓的互动与合作演变成地方政府的"独角戏",而其他主体均变成为可有可无的"配角"。[①] 在这种情况下,其他扶贫主体往往处于被动和对政府严重依赖的境地。其实,中国扶贫的很多问题都源于此。

由于受历史传统的影响,直到现在,我国政府在开展精准扶贫社会动员时,往往习惯于采用行政动员方式开展社会动员,如开展财政专项扶贫社会动员、整村推进扶贫社会动员、产业扶贫社会动员,等等。这些精准扶贫社会动员大都以政府政策性干预为主要推力,带有浓厚的行政干预色彩。这是因为,为顺利开展这些活动,政府往往直接通过下发决定、指导意见、实施方案等来推进。当然,从一方面来看,行政动员方式有其自身优势,可以快速、集中地开展动员,使扶贫相关政策及时、高效地落实下来、达到高效率、高效益的目标。无疑,这是有必要的。但是,从另一方面来看,行政动员方式也有其不利的方面,特别是自上而下行政化的强制推行,使得社会动员对象有着被迫参与其中的感觉。这样,社会动员对象参与精准扶贫的积极性、主动性、创造性就难以激发出来。

另外,强制推行行政命令还会导致形式主义现象的发生。媒体时常曝光一些形式主义现象,如"有的扶贫政策不精准、不落地,帮扶走过场,有的产业扶贫盲目跟风,同质化现象严重;有的'造盆景''垒大户',或'巧算账'搞'数字脱贫'"[②]。例如,2019 年间,云南文山州响鼓重锤整治扶贫领域形式主义和官僚主义,以作风攻坚促脱贫攻坚,全州纪检监察机关查处 198 人,共通报曝光扶贫领域形式主义、官僚主义突出问题 46 批(次)133 个问题。[③] 凡此种种,以形式主义对待扶贫决策部署,如果解决不好,不能有效加以遏制,不仅严重地损害党和政府的形象,而且还会损严重地损害贫困群众的利益,最终影响到党的扶贫开发总体战略布局。

因此,在滇桂黔石漠化连片特困区开展精准扶贫社会动员时,一方面需要行政动员,但要尽量避免命令式、疾风骤雨式的动员方式;另一

① 武汉大学等 . 中国反贫困发展报告(2015)——市场主体参与扶贫专题 [M].
武汉:华中科技大学出版社,2015:159.
② 张国栋,黄武 . 对脱贫攻坚中的形式主义坚决说"不"[J]. 中国纪检监察,
2017(10):17.
③ 谢进,王庆波 . 文山整治扶贫领域形式主义官僚主义问题 [N]. 云南日报,
2019-11-25(3).

方面还要采取激励动员,如从物质上和精神上对动员对象进行激励,从而使他们在心情愉悦的氛围中、在斗志昂扬的状态下开展扶贫。毫无疑问,这必将极大地提高精准扶贫社会动员的效果。

（三）传统动员方式与现代动员方式没有充分结合

在滇桂黔石漠化连片特困区精准扶贫社会动员中,传统动员方式没有充分利用,现代动员方式没有充分发挥效能的状况依然存在。具体表现为:一是传统动员方式没有充分利用。众所周知,在信息化时代,现代传媒发挥着越来越重要的作用。可是,由于历史原因、自然地理条件等因素的制约,滇桂黔石漠化连片特困区不要说运用现代媒介,很多地区连广播电视、网络还没有,例如,在"十二五"期间,贵州全省还有13.4%和8.7%的贫困人口不能收听、收看广播、电视等媒体节目。[①] 因此,在滇桂黔石漠化连片特困区部分乡镇村寨开展社会动员时只能采取传统老办法,如报纸期刊、标语口号等。但是,令人遗憾的是,在滇桂黔石漠化连片特困区部分乡镇村寨,甚至一些扶贫动员主体连报纸期刊、标语口号等这些传统动员方式也没有充分运用,最后只能或干脆采取"口耳相传"的方式来开展动员。二是传统动员方式与现代动员方式结合还不够充分。本来,精准扶贫社会动员要取得良好效果,需要综合运用多种动员方式,将传统动员方式和现代动员方式充分结合起来。可是,由于自身内在因素以及外部客观条件的影响,滇桂黔石漠化连片特困区精准扶贫社会动员方式的运用呈现出这样的状况:要么传统动员方式与现代动员方式"一轻一重",显得极不协调;要么传统动员方式或现代动员方式"一枝独大",而偏废其他。

由此可见,如何充分运用好动员方式开展扶贫动员,让社会能够更充分、更广泛地了解滇桂黔石漠化连片特困区的贫困状况,进而参与其中,这也是一个需要重视并亟待解决的问题。

五、动员内容存在失衡问题

从社会动员内容方面来看,滇桂黔石漠化连片特困区精准扶贫社会

---

① 郑长德.中国少数民族地区经济发展报告（2014）——集中连片特困地区的区域发展与扶贫攻坚[M].北京：中国经济出版社，2014：180.

动员还存在不平衡、不协调的问题。当然,这些都是相对的。

（一）政治动员相对激进而经济动员相对缓慢

由于受革命惯性思维的影响,一直以来,中国比较重视政治动员的作用和发挥。所以,动员主体往往自觉或不自觉地倾向政治动员。相比较政治动员而言,经济动员显得相对滞后。在滇桂黔石漠化连片特困区精准扶贫社会动员中,这种状况也有鲜明的体现。

滇桂黔石漠化连片特困区大力开展政治动员具体表现在:一是自上而下对扶贫政策宣传、贯彻和执行。自中央政府发布相关扶贫政策后,下级各级政府依次从省（区）政府,到市（州）政府,再到县政府,再到乡（镇）政府,层层传达、宣传、贯彻扶贫政策。在上传下达的过程中,各级政府及相关工作人员还立下脱贫攻坚军令状,签下脱贫攻坚责任书,以保证扶贫事业顺利开展,最终取得胜利。二是为配合、落实中央扶贫政策,地方各级政府结合本地实际,进一步制定相关扶贫政策,并对扶贫工作进行宣传、动员、组织、部署等。如前文中所阐述的从中央政府到地方各级政府制定、发布的相关扶贫政策等。再如,2015 年 10 月 12 日,广西召开全区精准扶贫攻坚动员大会,对参与精准扶贫的自治区、市、县、乡四级领导干部和驻村第一书记、"美丽广西"乡村建设（扶贫）工作队进行全面培训。这种动员规模和力度是很罕见的。[①]

2016 年以来,云南红河州工商联深入贯彻落实中央、省、州党委"万企帮万村"精准扶贫行动要求,紧密结合红河州扶贫工作实际,动员广大民营企业积极参与精准扶贫工作,带领广大民营企业投身"万企帮万村"行动中,实施了产业扶贫、教育扶贫、健康扶贫、消费扶贫、智力扶贫、互联网扶贫,积极参与该州"挂包帮""转走访"精准扶贫工作,探索出了一条新时代红河州民营企业助力决战脱贫攻坚的路径。截至 2020年 10 月 30 日,红河州共有 536 户民营企业参与"万企帮万村"精准扶贫行动,精准帮扶村、组 605 个,覆盖建档立卡 8.5 万户 42 万人,实施扶贫项目 1546 个,累计投入资金 71841.09 万元。[②]

由此可见,通过这种自上而下纵向的宣传、动员、组织,以及水平横向的宣传、动员、组织,形成纵横交织的宣传、动员网,进而形成滇桂黔

---

① 魏恒.吹响壮乡精准扶贫攻坚冲锋号[N].广西日报,2015-10-13（1）.
② 马蕊,芮雪.红河州工商联"精耕细作"助力扶贫[N].中华工商时报,2020-12-8（6）.

石漠化连片特困区全区域政治动员格局。

反观滇桂黔石漠化连片特困区经济动员，与政治动员相比较，显得相对滞后一些，具体表现为：一是扶贫开发以来，我国开展的大量经济动员主要是以发放扶贫款为主要形式的"输血型"经济动员，而"造血型"经济动员却开展得甚少，或者只是进入精准扶贫才有开展。显而易见，"输血型"经济动员存在的严重弊端是，一旦扶贫款被花费完，贫困群众立即又陷入贫困。于是，在开展精准扶贫社会动员以前，不论是"输血型"经济动员，还是"造血型"经济动员，基本上都没有为贫困群众带来彻底摆脱贫困的方法和路径。二是开展精准扶贫社会动员以来，扶贫动员主体进行产业扶贫动员，大力动员贫困群众发展各类种植产业、养殖产业。毋庸置疑，这为滇桂黔石漠化连片特困区贫困群众探寻到了能够彻底摆脱贫困的方法和路径，同时对促进滇桂黔石漠化连片特困区经济发展具有重要的推动作用。但是，毕竟扶贫动员主体开展经济动员时间还不长，产业规模还在逐渐发展扩大进程中。这个问题在调研问卷中也有明显反映。在对课题组问卷调查"您最需要哪方面的扶持"这一问题的回答中，贫困群众需要"项目"的占10.28%。这表明，仍然还有一部分贫困群众急需产业项目，希望通过依托产业项目走上脱贫致富的道路。

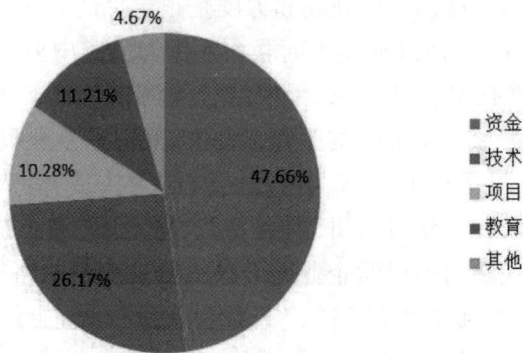

图4-5　滇桂黔石漠化连片特困区贫困群众需要扶持事项的比例

由此可见，滇桂黔石漠化连片特困区扶贫社会动员主体还需要加大经济动员的力度，通过激发贫困群众发展经济的内生动力，借助外部提供经济发展的推力，进而形成滇桂黔石漠化连片特困区经济发展新局面。

（二）资金动员相对充分而教育动员相对乏力

一直以来，人们普遍认为，扶贫就是扶资金。政府发放扶贫款，贫困群众接收扶贫款。由此，扶贫社会动员主体非常注重对扶贫款的争取和动员。

自开展精准扶贫以来，从中央到地方，扶贫资金支持力度越来越大。例如，贵州省扶贫开发领导小组下达 2019 年度第一批中央财政专项扶贫资金 696812 万元。[①]贵州省扶贫开发领导小组下达贵州省 2019 年中央第二批财政专项扶贫资金 345605 万元。[②]贵州省财政厅、扶贫办下达 2019 年省级财政专项扶贫资金 6000 万元，涉及滇桂黔石漠化连片特困区贵州片区的资金达 3200 万元。[③]

2018 年 12 月，中央提前下达广西壮族自治区 2019 年财政专项扶贫资金（第一批）447221 万元，广西壮族自治区下拨自治区财政专项扶贫资金（第一批）300000 万元，两项合计 747221 万元。[④]本次分配的资金全部用于支持精准扶贫、精准脱贫。突出以建档立卡贫困人口和贫困村数为主要因素分配资金。切块到县的资金主要按上述因素分配到全区有扶贫任务的 106 个县，其中建档立卡贫困人口和贫困村（含贫困发生率在 25% 以上的面上村 417 个）的权重比例为 8∶2。倾斜支持深度贫困地区。给予 16 个深度贫困县、4 个极度贫困县、30 个深度贫困乡（镇）、1490 个深度贫困村倾斜支持。

2019 年 6 月，财政部下达广西壮族自治区 2019 年第二批中央财政专项扶贫资金扶贫发展支出方向资金 318762 万元。[⑤]本批资金按因素法分配到全区有扶贫开发工作任务的 106 个县。在第一批资金对深度和极度贫困地区倾斜支持的基础上，继续倾斜支持深度和极度贫困地区；倾斜支持国家扶贫开发工作重点县、滇桂黔石漠化片区县中的 32

① 贵州省扶贫开发领导小组.关于下达 2019 年度第一批中央财政专项扶贫资金安排计划的通知（黔扶领〔2018〕15 号）[Z].

② 贵州省扶贫开发领导小组.关于下达贵州省 2019 年中央第二批财政专项扶贫资金计划的通知（黔扶领〔2019〕9 号）[Z].

③ 贵州省财政厅、省扶贫办.关于下达 2019 年省级财政专项扶贫资金（生产发展救灾资金）的通知（黔财农〔2019〕139 号）[Z].

④ 广西壮族自治区扶贫办.关于做好 2019 年财政专项扶贫资金（第一批）安排有关情况的通知（桂开办发〔2018〕65 号）[Z].

⑤ 广西壮族自治区扶贫办.关于做好 2019 年第二批中央财政专项扶贫资金安排有关情况的通知》（桂开办发〔2019〕17 号）[Z].

个革命老区县；倾斜支持靖西市、那坡县、龙州县、大新县、宁明县、防城港市防城区、东兴市、凭祥市等 8 个边境县。

2019 年 10 月，广西壮族自治区下达第三批自治区财政专项扶贫资金共计 4500 万元，全部切块下达到有关县。[①] 扶贫资金分配原则是：倾斜支持湘江战役桂北六县，加大对湘江战役桂北六县脱贫攻坚的资金支持；倾斜支持极度贫困地区，继续倾斜支持 4 个极度贫困县脱贫攻坚；倾斜支持贫困村定点观测点，支持 16 个贫困村定点观测点脱贫攻坚；倾斜支持灾后重建及扶贫产业发展，根据各县上报贫困地区和贫困人口受灾情况，倾斜支持自然灾害损毁较重的县。

改革开放以来，国家对贫困地区特别是集中连片特困地区扶贫资金的支持力度相当大，这是有目共睹的。但是，多年来的扶贫状况表明：一味"输血"式扶贫的"疗效"并不能持久。这是因为，一方面，毕竟"血量"有限；另一方面，"造血"才是根除贫困的根本之策。"扶贫先扶智"，"治贫先治愚"。由此，大力开展教育扶贫动员势在必行。

但是，从滇桂黔石漠化连片特困区扶贫现实状况来看，在扶智方面还可以进一步加大力度。特别是与扶贫资金动员相比较而言，滇桂黔石漠化连片特困区精准扶贫社会动员主体对贫困群众教育动员，即"扶智"动员显得相对不足。这种相对不足主要表现在如下几个方面。

一是教育投入显得相对不足。教育扶贫投入还不是很充足、教育资源还比较短缺、师资力量依然不足、教学质量相对较差和留守儿童问题较多等问题是滇桂黔石漠化连片特困区教育存在的主要问题。例如，从 2010 年到 2012 年，贵州农村劳动力受教育年限分别为 7.14 年、7.07 年、7.11 年，其中每百个劳动力中，文盲或半文盲、小学、初中教育程度的劳动力合计分别为 90.58%、92.15%、91.43%。[②]

二是少数民族人口比重较大，受教育程度低，同外界交流交往困难。滇桂黔石漠化连片特困区不仅是一个集中连片特困地区，而且还是一个少数民族聚集地区。众所周知，由于存在语言交流困难，导致一些少数民族贫困群众，其中不乏一些中青年外出务工这种重要的脱贫方式难以实现。在这些少数民族贫困群众中，有很大一部分人不是不想外出务

---

① 广西壮族自治区扶贫办.关于做好 2019 年度第三批自治区财政专项扶贫资金安排有关工作的通知》（桂开办发〔2019〕25 号）[Z].
② 王朝新、宋明.2014 年贵州农村扶贫开发报告 [M].北京：知识产权出版社，2015：12.

工,不是不想到外边的世界闯荡一番,而是苦于接受的文化教育太少,不敢贸然行动。

三是缺乏教育培训、技术引导。扶贫要扶智。缺少技术是导致贫困群众陷入贫困的一个重要原因。例如,滇桂黔石漠化连片特困区茶叶资源相当丰富,却没能很好地发展出成规模、成品牌的产业来。一个根本的原因就是,当地贫困户缺少现代农业种植技术,特别是对大面积农业种植技术不适应。一方面,贫困群众对具体学习掌握什么技术不清楚;另一方面由于没有技术的支撑,贫困群众缺乏脱贫致富的信心,不敢闯,不敢试,担心一旦失败,损失惨重。在对"您最需要哪方面的扶持"这一问题的回答中,回答最需要"技术"的占 26.17%。可见,对广大贫困群众而言,"授人以鱼,不如授人以渔"。通过相关技术培训帮助他们掌握一技之长,显得尤其重要。

因此,加大对滇桂黔石漠化连片特困区贫困群众的教育资金投入,不断增强他们的内生力,提升他们的知识和技能,才是有效开展精准扶贫的理性选择。这就需要大力开展教育动员。

（三）物质动员较为积极而精神动员相对消极

从一定程度上理解,扶贫就是解决贫困群众的基本温饱问题,也即解决贫困群众的基本生存问题。当然,这也是人类生存发展的首要前提和基础。由此,精准扶贫社会动员主体往往非常重视对物质方面的动员。例如,滇桂黔石漠化连片特困区各级地方政府都在努力帮助贫困群众实现"两不愁三保障"的脱贫目标。在解决贫困群众吃穿温饱问题以后,使困扰群众的通讯难、就医难、住危房等问题在很大程度上也得到了较好解决。除此之外,还有上面所述的扶贫资金的大力支持,等等。不难看出,滇桂黔石漠化连片特困区物质动员还是比较充分的。

反观精准扶贫社会动员主体对贫困群众精神动员,即对贫困群众"扶志"动员,却显得相对不足。例如,在滇桂黔石漠化连片特困区,甚至还出现"'干部干,群众看'的现象。一些贫困群众'等、靠、要'思想严重,'靠着墙根晒太阳,等着别人送小康',认为'扶贫是干部的事,反正干部立了军令状,完不成任务要撤职'"。"干部着急,群众不急"[1]。贫

---

[1] 中共中央党史和文献研究院.习近平扶贫论述摘编[M].北京:中央文献出版社,2018:140,141.

穷固然可怕,但是,靠穷吃穷更可怕。事物的发展,是内因与外因共同作用的结果,但是起决定性作用的主要还是内因。如果贫困群众一直抱持"等、靠、要"的想法,这反而会成为他们脱贫致富的思想阻碍。而思想是行动的先导。思想的贫困必然影响贫困群众走上脱贫致富的行动,进而导致扶贫效果低下。

事实表明,对贫困群众开展精准扶贫社会动员,不仅要使资金扶持、技术技能等"硬件设施"跟得上,而且也要使贫困群众身心志向、奋斗激情等"思想软件"也要跟得上。这就要求精准扶贫动员主体还要认真反思以往"资金+盖房"的单一做法,必须从转变贫困群众的思想观念入手,培养贫困群众的自信心和奋斗能力,激发贫困群众脱贫致富的内生动力,帮助他们克服依赖帮扶的心理和思维,树立脱贫光荣、致富光荣的导向,弘扬自尊、自爱、自强精神。[①] "只要有信心,黄土变成金"。"人穷志不能短,扶贫必先扶志"。唯有如此,才能确保打赢精准扶贫攻坚战,确保到 2020 年滇桂黔石漠化连片特困区同全国一道进入全面小康社会。

可以看出,滇桂黔石漠化连片特困区社会动员还存在物质动员和精神动员不能"两手抓、两手都要硬"的状况。滇桂黔石漠化连片特困区贫困群众最终要通过内外力量共同作用而走上脱贫致富的道路。但是,脱贫致富道路应该是良性的、全面的、协调的、均衡的发展道路。所以,滇桂黔石漠化连片特困区精准扶贫动员主体不仅要注重开展物质动员,而且还要更加注重开展精神动员。

(四)社会动员与时俱进而生态文明动员相对滞后

从广义上说,社会动员就是社会影响,或社会发动,是指人们在某些经常、持久的社会因素影响下,其态度、价值观等发生变化发展的过程,包括政治动员、经济动员、文化动员、教育动员、社会动员、生态文明动员、革命老区建设动员,等等。从狭义上说,社会动员主要是对社会组织、公民个体等方面力量的发动、组织、动员,并使之参与到某项活动之中。纵观滇桂黔石漠化连片特困区整个精准扶贫动员的状况,社会动员已相当广泛,也比较充分,并能不断超越。前文已有相关论述,在此不再赘述。

---

① 戴荣里.激发脱贫的内生动力 [N].人民日报,2018-7-12(5).

　　反观滇桂黔石漠化连片特困区扶贫动员主体开展的生态文明动员，显得相对不足，或者表现较为滞后。特别是与《中国农村扶贫开发纲要（2011—2020年）》提出的相关要求与规划相比较，滇桂黔石漠化连片特困区生态文明动员亟待增强。具体表现如下：

　　一是社会动员主体虽然对生态环境问题、生态文明建设有了一定的认识，但还没有完全引起足够重视，导致生态文明动员力度不够。目前，仍然有很大一部分人热衷于经济效益，强调扶贫成效，不惜以破坏生态环境来换取表面上的经济增长，甚至不惜以破坏生态环境来推动暂时的扶贫脱贫。例如，2020年3月，云南省委、省政府生态环境保护督察组向文山州反馈"回头看"及专项督察情况存在的问题有：文山州对2016年第一轮中央环境保护督察整改事项和群众举报件未开展整改验收销号，对2017年省级环境保护督察整改事项和举报件还未建立本州的整改验收销号制度。对中央环境保护督察"回头看"反馈的有色金属行业发展粗放污染严重问题整改工作推进缓慢。砚山县康乐生猪屠宰厂噪音、臭气扰民问题，仅完成选址，整改未完成。广南县八宝镇垃圾堆放点因焚烧烟尘、臭味等长期困扰周边居民未得到彻底解决。砚山县平远镇售煤堆场散、乱、污的突出环境问题，未按要求于2019年6月30日前建成散煤堆放市场并投入使用。广南县在八宝省级自然保护区水电站整改工作中未按要求制定整改工作方案，应于2018年12月底前完成的水电站整改事项截至2020年3月末取得实质性进展。丘北县普者黑省级自然保护区"一水两污"工程进展缓慢，集中供水仍处于设计阶段，原计划完成污水管网23公里、污水一体化建设处理规模达到5000立方米/天，截至2020年3月仅完成污水管网14公里、污水处理规模仅达800立方米/天，普者黑部分点位水质仍超标。矿山生态恢复治理工作滞后。丘北县拓岩矿业有限公司茶花寨金矿自2014年停产至2020年近5年，采空区和非采空区无序堆放大量开采弃土废渣。西畴县铎业铜钨选厂、西畴县天赐矿业有限公司2家尾矿库曾被云南省安全生产委员会挂牌督办，未按期完成督办事项，等等。①

　　二是由于资金、技术等因素的影响，相关能源开发利用不足。本来像滇桂黔石漠化连片特困区这样的地区，其可再生能源如太阳能、风

---

① 省委、省政府第二生态环境保护督察组向文山州反馈"回头看"及专项督察情况[N].文山日报，2020-3-11（1B）.

能、水能等相当丰富,如能充分开发利用,对本地生态环境的保护、生态文明的建设都具有良好的促进作用。然而,滇桂黔石漠化连片特困区并没有很好地因地制宜发展小水电、太阳能、风能、生物质能等。这些能源即使开发了,其规模相比较而言也不是很大。还有应用沼气、节能灶、固体成型燃料、秸秆气化集中供气站等生态能源方面推广的广度还不够广泛。在云南省人民政府扶贫开发办公室、云南省能源局关于"十三五"第一批村级光伏扶贫电站项目的规划中,只在滇桂黔石漠化连片特困区云南片区文山州丘北县曰者镇规划一项光伏扶贫项目(丘北县迷达村光伏扶贫电站,建设规模 40000 千瓦)。① 显然,这种规模不能很好地满足滇桂黔石漠化连片特困区新能源开发利用以及生态文明建设的要求。

三是不论城镇还是乡村的生态环境保护还有待进一步加强。污水和垃圾无害化处理率还不是很高,卫生状况还需进一步改善(但随着"厕所革命"的开展已有所改观),农药化肥的使用还有待改进,自然保护区建设和管理还有待进一步加强。例如,2019 年 5 月 10 日,中央第五生态环境保护督察组向贵州省委、省政府反馈对贵州省第一轮中央环境保护督察整改情况开展"回头看",但是发现仍然存在一些问题:截至2018 年 11 月,六盘水市玉舍水库二级保护区环境综合整治仍未完成。安顺市未对各县(区)政府和市直有关部门 2017 年环保目标责任书落实情况进行考评。黔南州瓮安县 2017 年因连续三个月大气环境质量恶化被原省环保厅约谈,等等。②

综上所述,不论从精准扶贫社会动员主体方面来看,还是从精准扶贫社会动员客体方面来看,抑或是从精准扶贫社会动员介体、精准扶贫社会动员内容等方面来看,滇桂黔石漠化连片特困区精准扶贫动员还存在着诸多的问题和挑战。这就需要滇桂黔石漠化连片特困区全体人民共同努力,探讨对策,深入开展精准扶贫社会动员,提高精准扶贫社会动员的成效。

---

① 云南省人民政府扶贫开发办公室,云南省能源局.关于"十三五"第一批村级光伏扶贫电站项目的公示(云开办〔2019〕75 号)[Z].
② 李贤义.中央第五生态环保督察组向贵州省反馈"回头看"及专项督察情况[N].中国环境报,2019-5-13(1).

第五章

进一步完善滇桂黔石漠化连片特困区
精准扶贫社会动员机制的对策建议

机制的构建是一项复杂的系统工程,不同层次、不同侧面必须互相呼应、相互补充,这样整合起来才能发挥作用。并且,机制的构建又是一个长期的过程,也存在不断创新的问题。随着社会环境不断发展,人的认识水平不断提高,机制也需要随时做出相应的调整。具体到社会动员机制,同样需要社会动员内部诸要素社会动员主体、社会动员对象、社会动员介体等密切配合,相互协调,才能形成良性循环的社会动员机制。为进一步解决滇桂黔石漠化连片特困区精准扶贫社会动员存在的问题,需要从整体上提出滇桂黔石漠化连片特困区精准扶贫社会动员机制建构的对策建议,为滇桂黔石漠化连片特困区精准扶贫社会动员创造一个更加良好的运行机制,进而推进滇桂黔石漠化连片特困区精准扶贫社会动员深入发展。

第一节　改进党和政府精准扶贫社会动员

　　坚持党和政府的领导开展精准扶贫社会动员是滇桂黔石漠化连片特困区精准扶贫社会动员的鲜明特征,也是滇桂黔石漠化连片特困区能够有序、高效地开展精准扶贫社会动员的政治保障。毕竟,党和政府"凭借其强大的政治动员和资源整合能力,在扶贫与发展方面处于领先地位,并已在资源政策和扶贫动员方面投入了大量的人力、物力和财力"。如果"没有政府的法律认可和指导,就连最好的项目也无法实施"①。但是,滇桂黔石漠化连片特困区开展精准扶贫社会动员实践,在某些方面反映出党和政府推进精准扶贫社会动员的缺陷和不足,需要加以改进。

一、进一步强化政策支持力度

　　首先,强化精准扶贫社会动员政策。进一步强化支持各类社会力量参与精准扶贫,支持社会力量通过农企合作等多种方式,积极参与精准扶贫、乡村振兴。支持社会力量参与易地扶贫搬迁、生态移民等项目建设,支持社会力量投资或参与扶贫兴农种植产业、养殖产业、特色加工产业、旅游产业等,给予更大的优惠政策。进一步强化土地政策支持力度,企业在扶贫开发产业项目中需要征收或征用土地的,在土地使用计划指标上给予倾斜,并在办理审批手续上给予支持。进一步强化财税政策支持力度,按照国家税收法律及有关规定,全面落实扶贫捐赠税前扣除、税收减免等扶贫公益事业税收优惠政策,以及各类市场主体到扶贫地区投资兴业、带动就业增收的相关支持政策。进一步强化金融保险服务支持力度,鼓励政策性银行、大型商业银行、农村中小金融机构根据贫困地区市场需求变化,优化发展战略,加快对贫困地区发展的金融支

---

① 汪三贵.脱贫攻坚与精准扶贫:理论与实践[M].北京:经济科学出版社,2020:256.

持,创新金融产品,提升服务实效。积极实施金融扶贫工程,推动扶贫产业和贫困地区基础设施建设、集体企业、合作经济全面发展。进一步强化人才政策支持力度,鼓励支持公职人员、技术人员为贫困地区提供产业扶贫开发所需技术和管理服务,鼓励支持高等院校毕业生到贫困地区从事创业扶贫开发。

其次,更广泛地宣传精准扶贫社会动员政策。中国共产党进行领导的一条重要的经验就是制定路线、方针、政策,然后再将制定好的路线、方针、政策贯彻好、执行好。换而言之,中国共产党正是通过制定路线、方针、政策实现对国家和社会的政治领导。而这些路线、方针、政策的制定都是建立在对当时政治形势、实际情况及其变化而进行科学分析、判断的基础上形成的。所以,对于滇桂黔石漠化连片特困区精准扶贫社会动员主体来说,要取得精准扶贫社会动员的良好成效,还需要宣传好党和政府精准扶贫社会动员政策,使广大贫困群众深刻领会党和政府制定的精准扶贫社会动员路线、方针、政策,以便全面贯彻落实,有效开展精准扶贫社会动员。

最后,切实贯彻落实精准扶贫社会动员政策。"空谈误国,实干兴邦"。《中共中央国务院关于打赢脱贫攻坚战的决定》提出,"各级党委和政府必须把扶贫开发工作作为重大政治任务来抓,切实增强责任感、使命感和紧迫感,切实解决好思想认识不到位、体制机制不健全、工作措施不落实等突出问题,不辱使命、勇于担当,只争朝夕、真抓实干,加快补齐全面建成小康社会中的这块突出短板,决不让一个地区、一个民族掉队"[1],进而实现既定的脱贫攻坚目标。一方面,"要动员全党全国全社会力量,坚持精准扶贫、精准脱贫,坚持中央统筹省负总责市县抓落实的工作机制,强化党政一把手负总责的责任制,坚持大扶贫格局,注重扶贫同扶志、扶智相结合"[2],充分发挥党员干部的先锋模范带头作用。另一方面,精准扶贫社会动员主体还要积极、主动行动,主动担当起抓精准扶贫的责任;主动抓好精准扶贫政策的宣传和落实;积极动员、组织、引导精准扶贫对象尽早、尽快地行动,充分调动精准扶贫对象的积极性、主动性和创造性;尽力动员、引导、组织社会力量参与到精准扶

① 中共中央国务院关于打赢脱贫攻坚战的决定(中发〔2015〕34号)[Z].
② 习近平.决胜全面建成小康社会 夺取新时代中国特色社会主义伟大胜利——在中国共产党第十九次全国代表大会上的报告[M].北京:人民出版社,2017:47-48.

贫事业中来,以苦干实干、冲锋陷阵的精神集中力量力争打赢精准扶贫攻坚"歼灭战"。

二、转变精准扶贫社会动员理念

思想是行动的先导,理念是实践的指南。滇桂黔石漠化连片特困区精准扶贫社会动员主体只有做到精准动员,才能取得精准扶贫社会动员的良好成效。而要开展精准扶贫社会动员,滇桂黔石漠化连片特困区精准扶贫社会动员主体,特别是党和政府还要转变社会动员理念,以便更好地指导精准扶贫社会动员实践,进一步提高精准扶贫社会动员效率。

首先,由"独当一面"动员理念向"齐心协力"动员理念转变。在以往扶贫开发社会动员活动中,动员主体主要指的是党和政府。扶贫开发社会动员几乎完全依靠党和政府"独当一面"地来开展,如扶贫政策由党和政府制定,扶贫政策由党和政府宣传部门宣传,扶贫资金由政府下拨,扶贫工作的开展由党和政府各级部门具体落实。这样就会形成党和政府在大多数扶贫工作中"唱独角戏"的局面。由此,带来的一种后果是,社会参与面不够广泛,参与的力度不够强,扶贫效率低下,扶贫成效不够明显。基于这种状况,党和政府要更加清晰地认识到单独依靠自身的力量难以高效地完成艰巨的扶贫任务。由此,精准扶贫社会动员既需要发挥党和政府的核心动员作用,又需要发挥市场、社会,甚至包括公民个体在内的重要动员作用。这就是要按照党委领导、政府负责、社会协同、公众参与的总体要求,创新社会治理,治理主体从过去单一的政府变为由政府、企业和社会组织各方面有序参与的合作整体,治理规范由过去单纯的国家法令和政策变为法令、政策、社会道德和公民的自主契约等共同发挥作用,治理手段由过去单纯强调法治变为法治、德治和社会公民自治相互补充,管理流程由过去单一的自上而下变为上下左右互动。[①] 所以,在滇桂黔石漠化连片特困区开展精准扶贫社会动员,动员主体需要由秉持"独当一面"的动员理念向"齐心协力"的动员理念转变,充分发挥党和政府、市场、社会力量以及公民个体扶贫攻坚"命运共同体"的作用,进而形成一种"齐心协力"开展精准扶贫社会动员的

---

① 王海峰.服务社会与政党的社会化——基层党组织群众工作的逻辑定位[J].中国延安干部学院学报,2012(1):69.

良好局面。

其次,由"大水漫灌"动员理念向"精准滴灌"动员理念转变。在以往扶贫开发社会动员过程中,动员主体基本上都是按照"大水漫灌"的动员理念开展扶贫动员。不论贫困人口的贫困状况如何,也不论市场主体的条件允许与否,扶贫动员主体基本上都是平均用力,甚至搞起"一刀切",普遍"撒胡椒粉"。显而易见,这样的扶贫动员主次不分,重点不突出,对扶贫对象贫困程度不一的状况缺乏针对性和区分度,对市场主体缺乏深入的了解和认知,不能真正做到"有的放矢"。由此,带来的一种后果是动员效率低下,动员对象参与程度不高。基于这种状况,在精准扶贫社会动员过程中,动员主体的动员理念需要由"大水漫灌"向"精准滴灌"转变,把"精准"放在首位,精准识别,精准施策,精准帮扶,积极开展"精准滴灌"动员。党和政府划出 14 个集中连片特困地区作为扶贫的重点对象即是"精准滴灌"动员的生动写照。在滇桂黔石漠化连片特困区开展精准扶贫社会动员的过程中,动员主体要做到精准到村,精准到户,精准到人,因户因人而异精准施策,针对致贫原因提出切合实际的措施,推动社会资源配置精准化,切实提高扶贫成效。例如,广西针对集中连片特困区明确提出,"要不断提高扶贫的精准度及有效性,切实增强贫困地区可持续性发展能力"①。云南省罗平县实施"一户一策,一村一计"的精准扶贫工程,打出移民搬迁、产业扶贫、社会扶助的"组合拳"。②

最后,由"要我富"动员理念向"我要富"动员理念转变。在以往扶贫开发过程中,扶贫社会动员主体特别是党和政府在开展社会动员时,基本上都是循着"要我富"的动员理念开展动员。党和政府的初衷是把扶贫款发放下去,尽快帮助贫困群众解决温饱,实现致富奔小康。毋庸置疑,党和政府的初衷是好的,出发点和落脚点就是要帮助贫困人口摆脱贫困,过上更加美好的生活。但是,这种只是认为只要拨款就能解决贫困问题,甚至就万事大吉的想法,却离解决贫困问题的现实相差甚远。人们会发现这种状况时有发生,因为缺乏内生动力,贫困群众没有固定的经济收入来源,过一段时间把扶贫款花完了,又会重新返贫,再次陷入贫困。另外,"要我富"的动员理念很容易造成贫困群众"等、靠、要"的思想。而且,这种思想一旦形成,会根深蒂固,很难转变。基于这种状况,动员主体需要注重向"我要富"的动员理念转变,需要更加注重扶贫与扶志、扶智相结合,更加注重调动贫困群众的积极性,越来越多地强调提升贫困群众的内生动力,促使贫困群众增强自力更生的本领,进而实现由"过分依赖外力"转向"增强内生动力"。

三、协调好各级政府之间的关系

滇桂黔石漠化连片特困区精准扶贫社会动员,涉及上下级政府之间的关系、同级政府之间的关系等各级政府之间的关系。正是由于这些关系没有很好地协调好,进而影响到精准扶贫社会动员的效果。因此,要提高滇桂黔石漠化连片特困区精准扶贫社会动员的成效,还需要进一步协调好各级政府之间的关系。协调好各级政府之间关系的基本思路在于在理顺中央政府与地方政府关系的基础上,加强对地方政府之间关系的协调,充分调动中央和地方两个积极性,通过合作化解矛盾与冲突,最终实现精准扶贫社会动员的最优化。

首先,强化中央政府的领导和协调作用。中央政府的领导主要是运用宏观政策进行领导,通过制定相关政策,如制定扶贫政策,指导地方政府贯彻、落实相关政策,进而实现中央政府对地方政府的领导。曾经存在国务院部门在一些领域管得过多过细,既管不了管不好,又不利于地方因地制宜主动开展工作的状况。随着经济社会的发展,需要充分调动地方政府的积极性和主动性。中央政府在减少对地方微观事务干预的同时,进一步加强宏观管理,对地方严格监管。中央政府的协调主要是利益协调。由于中央政府可以作为超脱于地方政府间利益争端的公正裁判,从而在地方政府的利益争端中充当信息沟通与冲突裁判的作用。这就需要不断强化中央政府的宏观调控能力,加强中央政府的政治权威、加强宏观政策的执行监督。只有强化了中央政府的宏观调控能力,才能保证中央政府加强对地方政府的监督约束,才能制定科学的区域发展战略和发展规划并有效组织实施,才能有效地利用相关政策杠杆来进行宏观调控,才能真正弥补"市场失灵"。另外,地方政府要强化全国一盘棋的理念,自觉维护党中央、国务院的权威。只有这样才能实现中央政府和地方政府自上而下和自下而上的贯通和畅通。

其次,促进地方政府间合作。如果协调地方政府之间的利益关系,单纯寄希望于中央政府的宏观调控,则成本太高,也难以达到目标,原因在于:一方面,中央政府鞭长莫及,无法处理全国各个地区多种利益矛盾;另一方面,既然中央政府已经把发展经济的权力下放到地方,加快经济发展就成为各级政府的中心任务,由此决定了地方政府在相当长一段时间内在资源配置中要发挥相当重要的作用。因此,促进地方政府间合作应该成为协调地方政府间利益矛盾的必然选择。而实际上,由于资源禀赋等的差异,各地区之间客观上存在着通过互利合作而实现利益最大化的相互需要,社会劳动地域分工与经济主体追求地区比较利益必然导致区域经济合作。从我国的发展实践来看,地方政府为了协调相互间关系,也倾向于加强横向合作与联系而实现利益最大化。改革开放以来,随着市场化改革的展开,地方政府之间建立的各种区域经济合作组织如雨后春笋般得到迅猛发展。这种以经济协作为基础的地方政府间横向合作,大大降低了区域经济发展的交易成本,消除了一些不利于市场经济发展的障碍,促进了经济要素的自然流动和跨地区的经济技术合作,避免出现政府间各自为政的"碎片化"现象,不仅促进了本地区经济的发展,而且有利于减缓地区经济发展的不平衡。

最后,以法治方式调整中央政府和地方政府关系。"不以规矩,不能成方圆"。即使对于精准扶贫社会动员主体政府来说,也需要相关法律制度进行保障。在法律制度保障下,中央政府和地方政府在开展精准扶贫社会动员过程中才能做到"有法可依""有章可循"。其实,社会动员是一个动员、引导、组织动员对象在法治框架内实现相关目标的过程。而"制度问题更带有根本性、全局性、稳定性、长期性。"[①]这就要求中央政府和地方政府都要强化法治意识,在开展精准扶贫社会动员过程中,必须要冲破思想观念的束缚,突破利益固化的藩篱,正确处理各种矛盾,深度调整有关利益关系,动员力量、整合资源,举力所能及之力推动精准扶贫工作。

---

① 十八大以来重要文献选编(上)[M].北京:中央文献出版社,2014:342.

第二节　深入动员社会力量参与精准扶贫

滇桂黔石漠化连片特困区动员社会力量参与精准扶贫,已取得一定的成效,对精准扶贫事业做出重要贡献。但是,精准扶贫社会动员主体在动员社会力量参与精准扶贫方面仍存在参与意识不够强、参与不够广泛等问题。所以,继续深入动员社会力量参与精准扶贫显得尤为必要。

一、进一步提升社会力量参与意识

首先,增强社会力量参与扶贫政治意识。打赢脱贫攻坚战,让贫困人口和贫困地区同全国一道进入全面小康社会,实现农村贫困人口脱贫,贫困县全部摘帽,是一项重大的政治责任,是党对人民做出的庄严承诺。这迫切需要全社会保持清醒的政治头脑,坚定正确的政治立场,始终站在人民的立场上。要求全社会充分认识到脱贫攻坚的艰巨性和重要性,积极参与到精准扶贫事业中来,全社会全力以赴打赢脱贫攻坚战。因此,广大社会力量在开展扶贫工作中更应牢固树立政治意识,在参与精准扶贫实践中严格执行党的路线、方针、政策,在政治上时刻保持与党中央高度一致,坚决把党中央的扶贫政策执行到位。对于社会力量而言,积极参与精准扶贫,一方面是一种责任担当,另一方面也是坚定政治觉悟和立场的体现。

其次,增强社会力量参与扶贫责任意识。"扶贫开发是全党全社会的共同责任,要动员和凝聚全社会力量广泛参与。"[①] "'政党引领社会'模式强调政党与社会之间的双向互动,更注重发挥群众的自主性。"[②] 一方面,社会力量是打赢脱贫攻坚战的一支重要力量,不能仅仅把扶贫开

① 中共中央党史和文献研究院.习近平扶贫论述摘编[M].北京:中央文献出版社,2018:99.
② 田先红.政党如何引领社会?——后单位时代的基层党组织与社会之间关系分析[J].开放时代,2020(2):122.

发看作是党和政府的"责任田",片面强调党和政府扶贫开发的主体责任,而是要充分调动自身参与扶贫开发的积极性、主动性,增强参与精准扶贫的责任意识。另一方面,党和政府以及社会层面也要增强对社会力量担当扶贫责任的宣传、动员力度,大力引导社会力量主动承担扶贫责任,积极参与精准扶贫。

最后,增强社会力量参与扶贫组织意识。滇桂黔石漠化连片特困区有些民间团体从事扶贫工作,但处于自发状态,政府既没有统计过他们开展了哪些帮扶活动,也没有帮助他们规范自身组织的发展。从这个角度上说,政府责任有所缺失。社会力量特别是公益组织参与扶贫有其自身优势,有助于形成大扶贫格局,是政府扶贫力量的有效补充;但同时也会因为规范管理缺失等因素,出现法律、政治等方面的问题。对于这支力量,政府及相关部门应当善加利用,同时加以引导和管理,动员、组织、帮助他们走上健康发展道路,增强社会力量参与扶贫的组织化、规模化,促使社会力量能够有序地参与精准扶贫。

二、进一步搭建社会力量参与平台

针对社会力量参与精准扶贫多样性、分散性特点,滇桂黔石漠化连片特困区需要加强方向把控,搭建信息服务平台、社会组织参与平台和公民个体参与平台,动员、组织各类社会力量有序参与,构建起党建统领、各方联动、共同参与扶贫的良好格局。

首先,搭建信息服务平台。为全面动员全社会力量参与精准扶贫,依托互联网和移动网络技术,以贫困村、贫困户建档立卡信息为基础,搭建立体化的社会扶贫信息服务平台,进行定点定向帮扶建档立卡贫困村、贫困户等,动员、组织社会组织、公民个体与扶贫对象进行"一对一""一对多"的结对帮扶,动员引导社会力量广泛参与精准扶贫,认捐资金、认建项目、认领服务,确保社会扶贫资金、项目、服务投向脱贫攻坚最需要的地方,力争做到供需对象对接精准、帮扶措施精准、帮扶成效精准。社会扶贫信息服务平台需要及时发布符合社会组织特点的扶贫信息、扶贫政策等,为社会扶贫提供准确的需求信息,实现社会帮扶资源和精准扶贫的有效对接,进一步提高社会扶贫资源配置与使用效率。

其次,搭建社会组织参与平台。积极引导社会组织参与精准扶贫,支持社会团体、基金会、民办非企业单位等各类组织积极从事扶贫开发事业。地方各级政府和有关部门要对社会组织开展扶贫活动提供信息服务、业务指导,鼓励其参与社会扶贫资源动员、配置和使用等环节,建设充满活力的社会组织参与扶贫机制。引导社会组织深入基层社区开展扶贫活动,积极通过政府购买服务、公益创投等形式推动社会组织承接政府治理职能,开展社会治理和社会化服务。还要加强国际减贫交流合作,鼓励国际社会组织积极参与精准扶贫。

最后,搭建公民个体参与平台。进一步积极倡导"我为人人、人人为我"的全民公益理念,开展丰富多样的体验走访等社会实践活动,畅通社会各阶层交流交融、互帮互助的渠道。可以通过设立"爱心通道""牵手同行"专项栏目等,运用互联网新技术和新模式,搭建连接贫困人口和社会爱心人士、爱心企业的网络服务平台,有效实现爱心人士、爱心企业和贫困户的对接,切实解决贫困户在物资、教育、医疗、房屋修缮等方面的困难。此外,还要进一步引导广大社会成员和港澳同胞、台湾同胞、华侨以及海外人士,通过爱心捐赠、志愿服务、结对帮扶等多种形式参与精准扶贫。

三、增强社会力量参与保障支持力度

首先,强化政策激励。出台具体支持政策,鼓励引导民营企业、社会组织、公民个体参与产业扶贫,在资金扶持、贷款贴息、土地流转、上市融资等方面给予倾斜。注重荣誉利益激励,对于社会力量参与精准扶贫做出突出贡献的,在政府项目资金支持、政治安排和评选表彰等方面给予优先考虑。在社会舆论层面加大宣传引导力度,积极宣传社会力量参与精准扶贫的先进典型和优秀案例,不断发挥典型引领作用和辐射效应,为最广泛地动员各方面社会力量参与精准扶贫创造良好的舆论氛围。

其次,赋权增效。赋予社会力量参与扶贫的合法性权利,给予社会力量充足的发展空间。鼓励、支持、引导社会力量积极参与扶贫公共事务,组织和支持各类志愿者参与扶贫调研、支教支医、文化下乡、科技推广等扶贫活动,给予参与扶贫的志愿者和积极捐赠的公民个体较高的社会地位,引导社会舆论。通过赋予社会力量参与扶贫的合法性权利,为社会力量参与扶贫提供了合法性保障,进而提高社会力量参与扶贫的积

极性、主动性、灵活性,从而不断提升社会力量参与扶贫的成效。

最后,健全机制保障。建立社会扶贫资源投送机制,支持社会力量在遵循市场经济规律的基础上,通过投资兴业、培训技能、吸纳就业、捐资助贫等多种方式,吸引各种资源要素向贫困地区转移。健全政府购买扶贫服务机制,按照公平、公开、公正的原则,支持各类市场主体和社会组织承接公共扶贫服务,解决实施精准扶贫过程中资源供求失衡的问题。完善社会组织培育孵化机制,积极孵化和培育与扶贫相关的社会组织,强化社会扶贫公益组织的培育发展,降低扶贫社会组织注册门槛,优先发展具有扶贫济困功能的各类慈善组织,支持社会组织承担扶贫项目实施。加快建立扶贫志愿者工作机制,促进智力人才向贫困地区流动。完善扶贫绩效监督评估机制,推进实施第三方评估,建立科学、公开、透明的社会扶贫绩效监督评估机制。

第三节　推进市场主体参与精准扶贫

一、进一步调动市场主体参与积极性

首先,广泛宣传。一是大力营造扶贫济困、守望相助的浓厚社会氛围,激发市场主体主动作为,自觉参与扶贫。二是对市场主体积极开展理想信念教育实践活动,倡导广大市场主体主动履行社会责任,激发参与扶贫的动力。三是发挥诚信企业、先进个体工商户等各种先进典型的示范带动作用,教育引导先进典型经营户在参与扶贫方面带头执行党的路线、方针、政策,通过示范带动其他市场主体参与扶贫。四是充分利用各种媒介广泛宣传市场主体参与扶贫工作,把先进的做法宣传出来。

其次,促进共赢。倡导共赢的理念,让市场主体认识到参与产业扶贫既是救济贫困的善举,自身又能在帮扶过程中得到发展,获得利益回报,从而主动谋划,积极参与,将市场主体发展与产业扶贫有机融合。特别是要鼓励民营企业积极承担社会责任,充分激发市场活力,发挥资金、技术、市场、管理等优势,通过资源开发、产业培育、市场开拓、村企共建等多种形式到贫困地区投资兴业、培训技能、吸纳就业、捐资助贫,参与扶贫开发,发挥辐射和带动作用。

最后,降低市场主体参与扶贫风险。进一步完善精准扶贫政策,补齐短板,提高市场主体参与扶贫的针对性和实效性。通过发挥政府引导作用,在现有政策文件的基础上,制定具体实施细则。突破市场主体融资瓶颈,改善金融信贷服务,简化投放审批程序。加大落实力度,通过完善专项扶贫基金、招商引资、入股分红等形式,支持市场主体发展壮大,鼓励其创品牌、谋长远,提高市场占有率、竞争力和知名度,打造一批有前景、有实力的中坚扶贫主体。引导市场主体选择较为成熟的扶贫项目,及时提供技术支撑,降低市场主体参与扶贫的风险。要为市场主体提供优质、高效的服务,扩大保险品种和范围,对参与扶贫的市场主体,必须参保,最大限度防范风险。

二、为市场主体参与扶贫搭建良好平台

首先,建立健全服务平台。可以尝试采用"互联网+"模式,实行线上交流、线下服务,进一步增强市场主体的参与度、认知度。以帮扶市场主体转型升级为重要抓手,重点解决市场主体在贷款融资、项目审批、松绑减负、政策运用等方面存在的突出问题。降低市场主体经营成本,通过有效的信息渠道传送到市场主体手中,采取召开政策解读会、研讨座谈会等形式,开展政策宣讲,帮助市场主体用足用好政策。力求通过建立健全统一的扶贫服务平台,集项目信息、资源互通和商事服务为一体,统筹项目信息,统一扶贫资源,打造共享机制,实现"精准扶贫",从而全面提升市场主体参与扶贫的智能化、高效化、科学化水平。

其次,搭建资源共享平台。着力改变过去简单粗放的扶贫模式,借鉴现有社会治理创新的经验,整合政府部门的政策、资金等资源力量,撬动和引导社会力量积极参与,以购买服务等方式,探索建立起整合多方资源的扶贫平台,通过平台把贫困群众的现实需求与现有资源有效对接起来,对症下药、靶向治疗,避免扶贫"走过场"、资源重复浪费、上同质化项目等问题,从而实现精准扶贫、长效扶贫。

最后,搭建信息共享平台。按照"五位一体"产业扶贫机制,继续推进"千企帮千村"精准扶贫行动。通过政府引导,优化扶贫资源配置,让政策流向市场竞争能力强,带动效果好的市场主体,组织实施产业扶贫项目。市场主体要深入贫困村考察调研,根据帮扶对象的资源条件、致

贫原因、贫困程度,并结合自身企业发展目标及市场定位,选准选好产业扶贫项目。通过为市场主体参与精准扶贫搭建信息平台,实现帮扶双方精准对接,提高精准扶贫社会动员精准性。

三、加大对市场主体参与政策支持力度

首先,加大相关扶贫政策落实和支持力度。通过完善专项扶贫基金、招商引资、入股分红等形式,支持市场主体发展壮大,鼓励其创品牌、谋长远,提高市场占有率、竞争力和知名度,打造一批有前景、有实力的中坚扶贫主体。

其次,提供优质服务。要进一步优化营商环境,切实为市场主体提供优质、高效的服务,结合实际给予市场主体相关政策优惠,提供基本的设施服务,扩大市场主体参与扶贫的领域和范围,对参与产业扶贫的市场主体和贫困户,都必须给予相关保障和支持,最大限度地防范市场主体参与的风险。

最后,因地制宜参与。市场主体要遵循市场规律和群众意愿选择扶贫产业,要依托优势资源、特色主导产业,坚持宜农则农,宜游则游,宜林则林,宜工则工,精心选择区域特色脱贫产业。对参与扶贫的市场主体,不能搞行政命令,并制定相应的准入标准,必须拥有优势资源、具备一定的抗风险能力和发展前景,必须具有带动意愿和动力。对市场主体的选择要坚持区域统筹,加大县乡统筹力度,大力推进"数村一品""多乡一业"的特色产业体系建设。

四、完善参与机制

首先,完善利益联结机制。建立合理的利益分配、约束、调节和风险应对机制,优先考虑贫困户和市场主体的利益,树立"扶贫共发展"的理念,建立市场主体和贫困户资源互补、各取所需、共同发展、互惠互利的"双赢"合作机制,从制度机制上保障市场主体的合理利益。

其次,完善激励机制。落实激励政策,从成功案例中,汲取经验,复制模式,加以推广。对讲信用、讲奉献、讲责任、带动作用好的市场主体,要大力宣传,多给荣誉,让市场主体看到产业扶贫的商机,让贫困户看

到跟随市场主体发展产业脱贫致富的希望。

最后,完善评估机制。建立合理的评估体系,实行第三方评估制度,对资金使用、项目执行和带动贫困户脱贫状况进行评估,全面考察扶贫效果。完善综合协调机制,协调好乡镇党委政府、村级组织、帮建单位、市场主体之间的关系,明确责任主体和具体任务,做到各司其职,各负其责。

第四节　转变精准扶贫社会动员方式

社会动员要取得一定的成效,采用适当的方式至关重要。在精准扶贫社会动员的过程中,动员主体需要结合自身的具体实际,扶贫对象的具体实际,运用合适的动员方式,才能收到事半功倍的效果。基于前述存在的问题,滇桂黔石漠化连片特困区精准扶贫社会动员方式需要进一步转变。

一、将行政动员方式与激励动员方式结合起来

行政动员方式能够发挥把握精准扶贫社会动员大局、坚定精准扶贫社会动员方向的重要作用。但是,行政动员方式有时也会呈现过于任性、简单粗暴的极端状况。而激励动员方式则能够更好地发挥激发动员对象内生动力、提高动员效率的作用。当然,激励动员方式也会存在一些不足之处。例如,如果动员主体激励不足,那么动员对象则会无动于衷,造成动员效率低下。反之,如果动员主体激励力度过大,那么又很容易造成动员难以持久的状况。比较起来,行政动员方式和激励动员方式都有优势和不足。所以,为了提高扶贫动员效率,发挥扶贫动员方式的应有作用,滇桂黔石漠化连片特困区精准扶贫社会动员主体需要扬长避短,互相补充,将行政动员方式与激励动员方式结合起来。

二、将传统动员方式与现代动员方式结合起来

不论是传统动员方式,还是现代动员方式,都有自身的优点和不足。动员主体对传统动员方式运行起来有"轻车熟路"的感觉。但是,传统动员方式在一定程度上却显得较为落后,或者在现代化社会中难以发挥人们期待的效果。而现代动员方式因其现代而具有先进性,因此深受人们的喜爱。动员主体对其也会"爱不释手""乐此不疲"。然而,任何事物都有正反两方面。正是因为具有现代性和先进性,对一些特殊的动员对象来说,比如老年对象,现代动员方式反而变成一种障碍。这是因为,一些老年群体接受不了一些较为先进的动员方式,如网络、微信,等等。在这种情况下,动员主体只能运用传统动员方式来开展动员。所以,要提高精准扶贫动员效率,就要既注重发挥传统动员方式的功能,又注重发挥现代动员方式的作用。只有将传统的与现代的结合起来,才能更好地发挥社会动员方式的综合效能。

三、由单一动员方式向多元动员方式转变

相比较其他贫困地区而言,滇桂黔石漠化连片特困区精准扶贫任务异常艰巨,不通过超常规的手段,不运用综合性的方式,难以取得应有的成就。这必然导致滇桂黔石漠化连片特困区精准扶贫社会动员任务也变得相当艰巨。从动员方式发挥效率的角度来看,如果动员主体只运用某一种动员方式的话,那么这种动员方式不仅难以发挥其自身应有的优势,而且也很难提高整体的动员效率。所以,要进一步提高精准扶贫社会动员的效率,动员主体还要综合运用多种动员方式,实现由单一动员方式向多元动员方式的转变,综合运用行政动员方式、激励动员方式、传媒动员方式等。一方面,这是精准扶贫社会动员的必然要求,另一方面,这也是时代发展的必然结果。

第五节　进一步协调精准扶贫社会动员内容

为了促进精准扶贫社会动员均衡、协调发展,滇桂黔石漠化连片特困区还需要进一步协调精准扶贫社会动员内容。

一、将政治动员与经济动员结合起来

政治动员,历来是凝聚人心、激发斗志、调动各方面积极因素的重要途径,具有十分重要的意义。"政治动员搞得好,能够解决'人心向背'的大问题,营造全民皆兵的大环境,取得政兴人和的大前提"[1]。在开展精准扶贫政治动员时,动员主体注重把握大政方针和政治方向,把精准扶贫方针、政策落实到位。

经济动员是对社会生产、经济活动、财富资源等方面的发动、组织、引导。经济动员的领域涉及国家经济的方方面面,它关系到国家安全、经济建设和社会发展,也影响到未来战争进程节奏和结局的胜负,甚至国家生死存亡、荣辱兴衰。经济动员也能够发挥基础性支撑的作用。在开展精准扶贫经济动员方面,动员主体主要是动员物力、财力,侧重于动员物质的、经济的内容,以便为贫困群众提供经济帮扶。

由于受革命战争和历史惯性思维的影响,动员主体往往更加注重政治动员。即使在开展精准扶贫社会动员的过程中,动员主体也是非常注重政治动员。一直以来,动员主体总是以"政治挂帅,思想领先"为标准,展开一系列的动员活动。其实,从政治与经济的关系角度来看,经济是基础,政治则属于经济基础决定的上层建筑的内容。经济决定政治,政治反作用于经济,二者统一于人类社会实践活动之中。所以,对于开展动员活动来说,动员主体有必要将政治动员与经济动员有机统一起来,而不能偏废其一。但是,滇桂黔石漠化连片特困区开展政治动员和经济

---

[1]　傅慧军.推动新形势下政治动员的创新发展[J].中国军事科学,2006(1):89.

动员的不平衡、不协调的状况依然存在。这就要求动员主体既要注重政治动员,也要注重经济动员,使二者协调起来。

二、将物质动员与精神动员结合起来

迄今为止,人类所从事的一切活动,概括起来,大体可以分为物质文明的创造和精神文明的创造两个方面。精神文明和物质文明的发展都有自己的特性,都占着重要的地位,都是人类所追求的目标,而不可偏废其一。因为人的发展既需要物质文明的支持,又需要精神文明的支持。所以,对于贫困地区的贫困群众来说,没有良好物质文明的支持或者物质文明缺乏难以很好地发展,没有良好精神文明的支持或者精神文明缺乏同样难以很好地发展。由此,社会动员主体需要将物质文明动员和精神文明动员二者结合起来,同时还要使物质文明动员和精神文明动员协调起来,以促进贫困地区贫困群众良性、可持续地发展下去。

一直以来,贫困群众的物质贫困都是显而易见的,所以,动员主体往往更加侧重于对物质方面的动员,在一定程度上忽视或者偏废对精神方面的动员。然而,人的需求是多方面的,其中最为重要的需求是物质的和精神的两个方面。"脱贫致富从直观上说,是贫困地区创造物质文明的实践活动。但是,真正的社会主义不能仅仅理解为生产力的高度发展,还必须有高度发展的精神文明——一方面要让人民过上比较富足的生活,另一方面要提高人民的思想道德水平和科学文化水平,这才是真正意义上的脱贫致富。"[①] 因此,在滇桂黔石漠化连片特困区开展精准扶贫社会动员时,动员主体需要将物质动员与精神动员结合起来,做到"两手抓,两手都要硬"。例如,在做好"两不愁,三保障"的同时,动员主体还要解决好"精神贫困""文化贫困"等问题。只有这样,精准扶贫社会动员才能够达到满足贫困群众全面需求的动员目标。

三、将文化教育动员与生态文明动员结合起来

"越穷的地方越难办教育,但越穷的地方越需要办教育"。"实际上

---

① 习近平.摆脱贫困[M].福州:福建人民出版社,1992:149.

也是一个'穷'和'愚'互为因果的恶性循环。"① 关于生态文明问题,以前并没有引起人们深刻的认识。随着生态危机的出现,人类越来越强烈地意识到建设生态文明刻不容缓。由此,滇桂黔石漠化连片特困区精准扶贫社会动员还需要将文化教育动员与生态文明动员结合起来。

一是将文化教育与生态保护统一起来。一方面,加大智力与科技扶贫力度。滇桂黔石漠化连片特困区要获得良好的、可持续的发展,如果没有科学技术的发展、人口综合素质的提升、文化事业的发展、教育水平的提高,是不可想象的。这就需要加大科技投入力度,加强教育扶贫力度,提升当地群众文化素养,发展科技含量高的优势产业和特色项目。另一方面,加大生态文明建设力度。在生态建设方面,要明确生态功能区层次划分,对国家级、省级生态安全保护区重点保护治理,维持片区生物多样性和生态多样性,积极做好护林护山工程,加大石漠化治理的资金投入,提高片区植被覆盖率。在资源开发过程中应对环境进行评估,建立完善的生态破坏惩罚补偿机制。在环境保护方面,要加强公众教育,促进全体居民参与环境保护;加大环境保护监测基础设施建设的投入力度;合理处置污水和生活垃圾,加强对水资源、土壤等的保护。

二是注重发挥少数民族生态文化的积极作用。生态文化是基于对人与自然界关系的正确认识、以人与自然和谐发展为价值取向、以人类的生死存亡及人生意义为终极关怀、与生态文明建设相适应的一种文化形态,② 既包括人在与自然交往过程中取得的一切成果,也包括人在与自然交往过程中形成的生产方式、生活方式、价值观念、思维方式等。滇桂黔石漠化连片特困区也是少数民族聚居的地区,拥有丰富多彩的少数民族文化,如苗文化、侗族文化、布依文化等。而这些少数民族传统文化中蕴含着极其丰富的生态文化观念。例如,苗族祭拜枫树、巨石、蛇,三都水族祭祀大树、岩石和水井,黎平布依族崇敬高山、溶洞和竹子等,侗族、布依族等少数民族在自然观上主张人与自然的和谐统一。所以,在开展精准扶贫社会动员的过程中,动员主体可以考虑发挥少数民族生态文化的优势,推进滇桂黔石漠化连片特困区生态环境的保护,实现绿色发展。

---

① 习近平 . 摆脱贫困 [M]. 福州:福建人民出版社,1992:173.
② 陈璐 . 试析生态文化的内涵及创建 [J]. 广西社会科学,2011(4):149.

四、将社会动员与促进人的全面发展动员结合起来

人是社会的主体,一切社会活动都是人的活动。"经济发展以社会发展为目的,社会发展以人的发展为归宿"[①]。特别是在人类社会发展到高级阶段以后,"代替那存在着阶级和阶级对立的资产阶级旧社会的,将是这样一个联合体,在那里,每个人的自由发展是一切人的自由发展的条件。"[②] 人的自由全面发展将是人的发展的最高境界,也是人的本质的真正实现。所以,社会动员从本质上说是对人的动员。由此,这需要将社会动员与促进人的全面发展动员结合起来。

一是要大力开展社会动员。动员主体要从社会主义初级阶段的实际出发,在现实生产力发展水平的基础上,大力开展政治动员、经济动员、文化动员、社会动员(狭义)、生态文明动员等。一方面,开展这些动员是推进人类社会发展的客观要求。这是因为,只有人类不断创新、推动,才能实现人类社会不断从低级阶段向高级阶段螺旋上升、持续向前发展。另一方面,也是为实现人的自由全面发展而奠定坚实基础的需要。只有不断推动人类社会政治、经济、文化、社会、生态文明等可持续地发展,才能为人的发展奠定坚实的物质财富、精神财富基础。所以,动员主体要积极、主动地大力开展社会动员。

二是要大力开展促进人的全面发展动员。从一般意义来看,人的全面发展是一种理想的状态,包括人的个性、能力等方面的协调发展,人综合素质的共同提高,生存权利、发展权利以及其他社会权利的充分体现。作为个体的人,每个人都可以按自己的禀赋、兴趣、爱好、特长,自由选择活动领域、发展方向,既能够从事体力劳动,又可以从事脑力劳动。实现每一个人的主题活动都成为自己本身的主人,才是人的自由发展的真谛。从特殊意义来看,人的本质不是某一方面的社会关系,而是所处的一切社会关系的总和,社会关系的丰富性、全面性同时决定着人的本质的丰富性、全面性,人的社会关系实现全面发展,人自然就会实现全面发展。所以,社会动员主体既要从促进人的个性、能力、素质等方面开展动员,还要从促进社会关系的总和发展的视角促进人的发展而开展动员。

---

① 习近平.之江新语[M].杭州:浙江人民出版社,2007:150.
② 马克思恩格斯文集(第二卷)[M].北京:人民出版社,2009:53.

第六章

研究结论与展望

第一节　研究结论

通过对滇桂黔石漠化连片特困区精准扶贫社会动员机制较为集中和深入的研究，本书形成以下根本观点和主要结论。

一、参与式社会动员

滇桂黔石漠化连片特困区精准扶贫社会动员是一个全方位社会动员和社会参与的过程，是一种参与式社会动员。"动员"和"参与"是滇桂黔石漠化连片特困区精准扶贫社会动员的核心要义。以发挥主导作用的党和政府为核心的精准扶贫社会动员主体，运用各种动员方式方法，对精准扶贫社会动员对象开展各种各样的动员，进而精准扶贫社会动员对象在动员主体的动员下或主动或被动地参与到精准扶贫中来，转而又进一步发展成为精准扶贫社会动员的参与主体。这样，通过政策宣传、精神激励、思想引导等,精准扶贫社会动员主体动员、组织、引导志愿者、社会组织、市场主体、公民个体等社会各方面力量参与精准扶贫,培育多元社会扶贫主体。参与式社会动员作为一种贫困治理方式,在促进贫困地区贫困治理和走向现代化中发挥着重要作用。参与式社会动员的科学化、制度化和常态化发展,不仅能够发挥促进贫困治理决策科学化、提高贫困治理主体治理能力、增强社会参与扶贫等方面的积极作用,而且将国家贫困治理提升到一个新的水平和状态。

二、运行机理在于协同合作

滇桂黔石漠化连片特困区精准扶贫社会动员机制运行的基础在于协同合作以建立良好的互动关系,关键在于以党和政府为主导,引领和协调精准扶贫社会动员主体,授权于其他社会各种力量为在场的参与性主体的资格,目的在于传播党和国家的贫困治理理念、增强贫困群众脱贫致富能力、提高贫困群众脱贫致富意识。其鲜明的特征是,党和政府、市场主体、社会力量协同合作,都参与到精准扶贫之中,发挥各自的优势和特长,为精准扶贫贡献力量。党和政府这一精准扶贫社会动员主体正是通过政策的宣传、指导和影响,形成对整个精准扶贫社会动员的主导。市场主体发挥扶贫资源配置的决定性作用。而在整个滇桂黔石漠化连片特困区精准扶贫社会动员的过程中,党和政府制定的政策起到至关重要的关键性作用。党和政府一直实施民族扶贫政策,在税收政策、产业政策、工商注册政策、小额贷款政策、易地扶贫搬迁政策、边境贸易政策等方面,进行扶持和倾斜,做出有利于民族地区发展的规定,引导少数民族群众通过相关技术和市场手段脱贫致富。在党和政府政策的支持和指导下,市场主体和社会力量参与精准扶贫中来。这里既有上传下达的政策指导,也有自下而上对政策的接收、协调和反馈。于是,党和政府、市场主体、社会力量在协同合作的机理作用下,共同参与精准扶贫。

三、增强内生动力是关键

作为精准扶贫社会动员对象,滇桂黔石漠化连片特困区贫困群众之所以贫穷落后,一方面是因为恶劣的气候环境、地理条件,较为落后的基础设施等现实因素,另一方面是因为思想上贫穷落后,贫困群众安于现状、不求上进,"等、靠、要"思想严重,没有机会接触到发达的世界,眼界短浅。这些种种原因,造成了脱贫致富奔小康之路虽在前进,但止步不前。解决贫困问题的根本途径是不断培养贫困群众的自我发展意识,提高群众的自我发展能力,增强贫困群众的"造血"机能。只有通过对贫困群众进行相关技能培训,提高贫困群众文化和知识水平,激发贫困群众主动谋求发展出路的内在激情和动力,促进贫困群众从"自发"向"自为"转变,才能真正实现贫困群众既有脱贫的意愿,又有脱贫的能力。也就是说,要实现贫困群众脱贫致富、可持续地发展,根本之策是"赋权",即赋予贫困群众发展的权利,提升贫困群众发展的能力。这是滇桂黔石漠化连片特困区精准扶贫社会动员主体开展扶贫动员工作最为根本的任务,也是贫困治理的根本之策。

四、激励动员发挥越来越重要的作用

滇桂黔石漠化连片特困区精准扶贫社会动员主体更加注重运用激励动员方式动员、引导社会各方面力量参与精准扶贫。一方面,这是社会发展的必然结果。随着我国"强政府—弱社会"体制向"强政府—强社会"体制的发展转变,社会治理方式也随之而发生转变,即由以往党和政府在更多情况下注重使用行政命令、注重威权治理,向更加注重依法治理、社会共治转变,促使多主体参与社会治理。另一方面,激励从来都是调动人的积极性的最有效方式。这是因为,"'激励因素'满足创造力的需求","有一个或多个'激励因素'的作用"[①],可以达到促进良好工作态度,改善工作绩效的目的。精准扶贫社会动员,从一定意义上来说,就是调动社会各方面力量参与精准扶贫的积极性,满足他们尊重的需要、自我实现的需要等需要的实现。而要调动社会各方面力量参与精准扶贫,可以采取强制的行政命令动员方式,也可以运用柔性的激励动员方式。滇桂黔石漠化连片特困区精准扶贫社会动员主体越来越注重发挥激励动员的独特功能,有对市场主体企业、社会组织、公民个体等的外在激励,如运用扶贫政策进行激励、引导,榜样示范激励,还有动员

---

① 〔美〕弗雷德里克·赫茨伯格等.赫茨伯格的双因素理论[M].张湛译.北京:中国人民大学出版社,2009:100.

主体的自我内在激励,如党员发挥模范带头作用;有进行物质激励,如对扶贫对象发放扶贫款、资助,还有精神激励,如通过"扶志"激发贫困群众内生动力,对先进党员干部进行表彰。这样,通过激励动员,充分调动起社会各方面力量参与扶贫的积极性,激发了贫困群众内生动力,滇桂黔石漠化连片特困区最终形成精准扶贫、脱贫攻坚的强大合力。

五、需要推进社会动员机制创新性发展

随着我国扶贫事业的不断推进以及针对解决"三农"问题任务的深入调整,滇桂黔石漠化连片特困区精准扶贫社会动员机制也需要切合具体扶贫实际,与时俱进地实现创新性发展。从精准扶贫社会动员理念来看,要根本改变传统社会动员的完全政治化思维和一元化动员方式,在党和政府的主导下,动员、引导、组织社会力量对精准扶贫事业的广泛参与,建构多元社会主体参与的社会动员体制机制。从精准扶贫社会动员参与机制来看,进一步培育和提高市场主体、社会力量参与精准扶贫的意识,通过现代化技术手段、直接参与与间接参与并举、法律制度保障等拓展公众参与渠道,不断完善精准扶贫社会动员参与机制。从精准扶贫社会动员方式来看,要实现由"国家完全主导"到"国家与社会良性互动"转型、由"对社会进行动员"到"社会自主动员"、由"方式方法单一"到"多途径多措施并举"转型,将传统社会动员方式与现代社会动员方式相结合,充分发挥参与动员、媒介动员、情理动员等方式的作用,最大程度地提升精准扶贫社会动员的效能。从精准扶贫社会动员的基本原则来看,还要坚持动员的适度性原则,要建立在社会成员共享利益和共享价值基础上,在法治规则下运行,实现法治化与民主化。

第二节　研究不足

虽然本书尽可能广泛借鉴国内外关于贫困治理、社会动员的相关研究成果,但是限于学识的不足、精准扶贫社会动员系统本身的复杂性以

及其他方面的原因,在研究的过程中不可避免面临很多困难,存在一定的研究局限。这些研究局限既是不足,也为未来的进一步研究提出了努力的方向。

一、研究方法的局限

由于本书主要是采用走访调研、问卷调查、案例分析与定量研究方法结合,虽然对大量文献尤其是国外关于社会动员、贫困治理文献进行了广泛研读,但实证研究的范围毕竟有限,有些研究结论可能不具有一般性。

问卷调查有比实验研究优越的地方,但本书关于精准扶贫社会动员的研究须依赖被调查对象回忆接触的经历加以填写,尽管要求的是回忆其印象最深刻且影响最大的精准扶贫社会动员活动,但仍不可避免对问卷的填答与实际不一致的情况发生,这些也会在一定程度上影响本书的结论。

定量定性研究方法不够熟练。由于之前运用定量研究方法有限,从研究的设计到方法的运用,再到调查问卷量表的选择和运用,都是一边学习一边实践的过程,加上时间和精力的限制,对定量定性分析方法的细节问题缺少经验,使得本研究的定量定性分析并不完善。这在一定程度上影响到研究的结果,降低了研究的精度。

由于时间和能力的限制,本书采集的数据多为截面数据,考察的动态状况尚显不够,如果能够用连续多年的数据对精准扶贫社会动员进行考察,那么就更能考察出过程客观的动态,结果会更有说服力。

二、研究样本的限制

本书对填写的样本有明确的要求和严格的限制,但仍存在一定的局限。主要体现在样本中低学历特征非常明显,专科以上学历所占比例较低。造成这一问题的原因在于,一方面,低学历人群填写调查问卷的人数要多一些;另一方面,本研究一部分采用的是发放调查问卷的方式,问卷虽然发放给调查对象,但实际认真填写的人员有限。因此,本书采用了便利取样的方式,通过贫困户及其熟悉的人以滚雪球的方式来获取样本。样本的局限可能会导致研究效度和信度方面的问题,使研究结论的推广受到限制。

三、理论分析不足

尽管在分析滇桂黔石漠化连片特困区精准扶贫社会动员机制的过程中,进行了一定程度的理论分析,但是,对于将贫困治理理论、社会动员理论运用于滇桂黔石漠化连片特困区精准扶贫社会动员具体实际的理论分析仍感不足。一方面,因对贫困治理理论、社会动员理论的理解和认识不够深入,导致理论联系实际一定程度上的脱节。特别是第三章核心部分状况透视分析,摆的实证案例较多,而理论分析明显偏少。这是本研究存在的一大缺陷。另一方面,滇桂黔石漠化连片特困区精准扶贫社会动员机制研究,既涉及贫困治理理论,又涉及社会动员理论,甚至还涉及管理学理论、政治学理论等,本来综合运用这些理论,这也是可以进行创新的地方。事实上,交叉学科研究有一定难度,因为"交叉"不是将两个或几个学科简单拼凑到一起,而是在对原有学科深耕细作的基础上,找到与其他学科的内在逻辑联系,相互作用培育出新的学术增长点,从而创造出"1+1>2"的效果。由于自身学识的有限,导致对精准扶贫社会动员机制研究的理论分析不够深刻,使得本研究的理论支撑力度显得不够坚实,分析认识得不够到位,研究的深度不够深邃,提炼总结得不够精准,一定程度上影响了研究的成效。这既是本研究的缺陷,也是以后研究明显需要进一步加强的地方。

第三节　研究展望

在革命战争时期,需要开展社会动员,以便为革命战争提供人力、物力、财力的支持。而在建设时期,特别是在实现社会主义现代化以及实现中华民族伟大复兴的新的历史时期,更加需要凝聚全党全社会的力量,以提供人力、物力、财力的支撑。这同样需要开展社会动员,需要发挥社会动员应有的功能和作用。

一、社会动员进入常态化

随着 2020 年农村贫困人口全部脱贫,全面步入小康社会,精准扶贫社会动员宣告结束。虽然精准扶贫社会动员结束了,但是社会动员并没有终结。从近期发展看,接下来,需要进一步巩固脱贫攻坚成果防止返贫,实施乡村振兴战略,缓解相对贫困,这些依然需要开展社会动员。从长期发展来看,实现社会主义现代化以及实现中华民族伟大复兴,更加需要开展社会动员。由此,社会动员形成常态化。

(一)社会动员常态化的必然性

一是持续巩固脱贫攻坚成果使然。2020 年,我国脱贫攻坚取得了决定性胜利,全面建成小康社会取得了伟大历史性成就。历经八年艰苦卓绝的不懈努力,我国农村近 1 亿贫困人口全部脱贫,832 个贫困县全部摘帽。尽管如此,我们还应该充分认识到,虽然我国农村贫困人口已经彻底消除了绝对贫困,但是这并不意味着扶贫工作的完全终结。这是因为,在打赢脱贫攻坚战、消除绝对贫困之后,如何更好地巩固脱贫成果防止返贫、增强反贫困的可持续性,成为今后较长一段时期的重要任务和挑战。《中共中央国务院关于抓好"三农"领域重点工作确保如期实现全面小康的意见》提出,"巩固脱贫成果防止返贫。各地要对已脱贫人口开展全面排查,认真查找漏洞缺项,一项一项整改清零,一户一户对账销号。总结推广各地经验做法,健全监测预警机制,加强对不稳定脱贫户、边缘户的动态监测,将返贫人口和新发生贫困人口及时纳入帮扶,为巩固脱贫成果提供制度保障。"[①] 可见,在今后很长一段时间内,需要进一步巩固脱贫成果防止返贫、增强反贫困的可持续性。与此同时,这决定了在今后很长一段时间内开展社会动员的必要性。

二是相对贫困治理仍然需要社会动员。比起绝对贫困治理,区域性相对贫困治理的难度更大,情况更复杂,持续的时间更为持久。可以说,相对贫困治理是一项长期的、复杂的系统工程,需要建立解决相对贫困的长效机制。这意味着,在消除绝对贫困之后,在治理相对贫困这一漫长过程中,社会动员也必然是一个需要持续开展的社会活动。《中

---

① 中共中央国务院关于抓好"三农"领域重点工作确保如期实现全面小康的意见(中发〔2020〕1 号)[Z].

共中央国务院关于抓好"三农"领域重点工作确保如期实现全面小康的意见》提出,"脱贫攻坚任务完成后,我国贫困状况将发生重大变化,扶贫工作重心转向解决相对贫困,扶贫工作方式由集中作战调整为常态推进。要研究建立解决相对贫困的长效机制,推动减贫战略和工作体系平稳转型。"① 由此,这种状况必然造成贫困地区诸如滇桂黔石漠化连片特困区社会动员进入常态化。贫困地区社会动员逐渐由注重开展解决绝对贫困的社会动员转向解决相对贫困的社会动员。这要求人们提高对社会动员常态化的思想认识,做好长期开展社会动员的思想准备,增强开展社会动员的自觉性。还要探索开展社会动员的新思路,从我国社会主要矛盾发生转化的实际状况出发,从人民群众日益增长的对美好生活的迫切需要出发,转变扶贫社会动员方式,调整扶贫社会动员内容等。毕竟,乡村社会动员基础已经发生结构性变迁,社会价值取向的多元化、贫困户利益诉求的差异化、贫困户的原子化等也需要重新思考社会动员。另外,还要积极、主动作为,结合我国经济社会发展的新的基本特征,持续推进社会动员的连续性和稳定性,以提升社会动员的良性推动作用和动员组织功能。由此,相对贫困治理的特征要求社会动员的创新性重构。

三是实施乡村振兴战略需要社会动员。"实施乡村振兴战略,是党的十九大做出的重大决策部署,是决胜全面建成小康社会、全面建设社会主义现代化国家的重大历史任务,是新时代"三农"工作的总抓手。"② 而要顺利实施乡村振兴这个宏大战略,需要汇聚全社会的力量。事实上,乡村振兴战略作为我国决胜全面建成小康社会、全面建设社会主义现代化国家的重大历史任务和新时代做好"三农"工作的新旗帜、总抓手,本质上是一项高度复杂、任务艰巨的系统工程,不能仅依赖于单一主体的参与,而必须倡导政府、市场和社会等多元主体的共同合作。其中,社会力量作为具有高度社会属性的多元主体之一,是乡村振兴社会参与领域一个不可或缺的建设性力量,能够在组织引领、资源配置、技术支持等方面发挥显著作用。实践证明,动员社会力量参与精准扶贫能够取得决定性胜利。同样,动员社会力量参与乡村振兴,加大对乡村振兴支持力度,也能够取得显著成效。这决定了在实施乡村振兴战略中社

---

① 中共中央国务院关于抓好"三农"领域重点工作确保如期实现全面小康的意见(中发〔2020〕1号)[Z].
② 中共中央国务院关于实施乡村振兴战略的意见(中发〔2018〕1号)[Z].

会动员的不可或缺性。

（二）对社会动员常态化的认识

首先，要客观地看待社会动员常态化。所谓常态，就是正常状态。常态化，就是趋向正常的状态。社会动员常态化是一种在新形势下形成的客观状态，是我国社会动员发展到这个阶段必然出现的一种状态。这是因为，即使在不同历史时期，不同形式的社会动员会应运而生。在革命战争时期，产生军事动员；在建设时期，形成经济动员；在扶贫开发阶段，产生精准扶贫社会动员；在实施乡村振兴战略、建设社会主义现代化国家阶段，会形成相应的社会动员。而且，随着实施乡村振兴战略以及开启建设社会主义现代化国家的新征程，社会动员随之而形成常态化。

其次，要适应社会动员常态化。在新的历史时期，社会动员呈现出一些新的特点，其中主要包括"动员主体多元性，动员过程弥漫性，动员内容明晰性，动员手段多样性。"[①] 在新的历史时期，特别是在实施乡村振兴战略、建设社会主义现代化国家、实现中华民族伟大复兴的重要时期，要适应社会动员常态化，其实质就是要结合新时期社会动员呈现的这些新特点，进而形成社会动员的科学理念、先进理论和完善制度，充分调动动员对象的积极性、主动性、创造性，形成人人皆可为、人人皆能为、人人皆乐为的良好氛围。

最后，积极引领社会动员常态化。在正确认识社会动员常态化是一种客观状态的基础上，人们还要进一步适应和引领社会动员常态化。既应充满自信，也要充分估计困难。越是在精准扶贫进入攻坚阶段、扶贫攻坚与乡村振兴接替之际，越应更好地发挥主观能动性，创造性地推动社会动员发展，以利于推动精准扶贫、乡村振兴和社会主义现代化建设。所以，要积极引领社会动员常态化，问题不在于社会动员常态化的好与坏，而在于人们主观能动性的强与弱。人们的主观能动性越强，引领社会动员常态化存在的挑战也会转化为利好；人们的主观能动性越弱，引领社会动员常态化面临的机遇最终也可能变成利空。

---

① 蔡志强.社会动员论：基于治理现代化的视角[M].南京：江苏人民出版社，2015：241.

（三）引领社会动员常态化的举措

第一，发挥中国共产党的组织优势。中国共产党是社会动员最重要的领导力量。所以，贫困地区特别是像滇桂黔石漠化连片特困区这样的贫困地区，其社会动员更加需要在党的坚强领导下，有组织、有秩序地开展，以保障社会动员和社会参与的稳定性、长期性和高效性。与此相适应，"党要适应现代化发展需要，及时调整党的社会动员的体制机制，带动群众服务于党的目标的实现"[1]，以其超强的动员能力使社会动员克服各种不利条件，进而实现有序持续发展。特别是在资源稀缺的背景下，党的社会动员能力能够最大限度地弥补资源匮乏造成的发展困境。这样，一方面，能够实现党对社会群体的有力领导，实现有效的社会动员和社会治理；另一方面，也能够在加大社会对政党的依赖性中推动社会力量的参与和强化社会的责任。这样最终能够实现党和政府的社会动员以最低廉的成本取得最大限度的社会效益。

第二，运用法律制度保障。在传统社会动员中，动员主体习惯于在行政逻辑下开展动员，例如，要么依赖于政治价值需要来展开社会动员，要么过度依靠政治压力系统来推进社会动员。显然，这样的社会动员期待，有助于我们克服社会动员本身可能存在的动力缺失与价值失位的问题。但是，这二者都将使社会动员过程低效或者难以为继。之所以这么说，很重要的一个原因在于，在传统社会动员逻辑中，人们是依赖于行政化的实践来推进社会动员的，社会动员过程不可避免地会有简单粗暴的作风和运动式强制性的鲜明特征。而在很多时候和场景下，社会动员依靠简单的物质刺激来实现，成效甚微，因为"当物质利益的满足成为评价人们生存发展能力的最为重要的标准后，社会动员不可避免陷入物质化模式中，其结果是社会动员的边际效应递减。"[2] 因此，社会动员还需要相关法律制度的保障，以保障社会动员的常态化和稳定性。

第三，加强社会动员的载体建设。社会动员载体既包括报刊、电视广播、网络等舆论引导机构，还包括极易被忽视但在实践中发挥重要作用的技术培训、文化教育等。教育培训作为社会动员最重要且成本最为

---

[1] 蔡志强.社会动员论：基于治理现代化的视角[M].南京：江苏人民出版社，2015：242.

[2] 蔡志强.社会动员论：基于治理现代化的视角[M].南京：江苏人民出版社，2015：246.

低廉的载体,对动员对象的道德教化、政治意识形态灌输、技术技能的培养都起到重要的作用。但是,显而易见的是,动员主体对这些载体的运用还存在较为严重的问题。一方面,由于受资金、技术、人才等诸多因素的限制,社会动员主体对这些载体的使用陷入"心有余而力不足"的窘境中;另一方面,还缺乏更加有效的方式将扶贫对象需要的技术技能、知识等进行传授。显而易见,要引领社会动员常态化,还需要加强相应的社会动员载体建设。

二、社会动员与乡村振兴的有机结合

中共中央、国务院印发的《关于抓好"三农"领域重点工作确保如期实现全面小康的意见》提出:"脱贫攻坚任务完成后,……加强解决相对贫困问题顶层设计,纳入实施乡村振兴战略统筹安排。"[①] 决战决胜脱贫攻坚座谈会指出:"对退出的贫困县、贫困村、贫困人口,要保持现有帮扶政策总体稳定,扶上马送一程","接续推进全面脱贫与乡村振兴有效衔接。"[②]《中共中央国务院关于全面推进乡村振兴加快农业农村现代化的意见》进一步提出,"接续推进脱贫地区乡村振兴……坚持和完善东西部协作和对口支援、社会力量参与帮扶等机制。"[③] 随着 2020 年全面建成小康社会这一战略目标的实现,发展相对落后地区需要逐渐将社会动员与乡村振兴有机地结合起来。

(一)社会动员与乡村振兴的内在逻辑

实施精准扶贫和乡村振兴战略是新时期党中央、国务院的重要战略举措,是解决不平衡和不充分发展问题的有效途径。我国精准扶贫取得决定性胜利之后,即将开启乡村振兴战略。社会动员与乡村振兴具有内在的逻辑关联性。

从理论层面看,乡村振兴是社会动员的又一重要任务。全面打赢脱贫攻坚战之后,乡村振兴社会动员成为精准扶贫社会动员的逻辑延续。

---

① 中共中央国务院关于抓好"三农"领域重点工作确保如期实现全面小康的意见(中发〔2020〕1 号)[Z].

② 习近平.在决战决胜脱贫攻坚座谈会上的讲话[M].北京:人民出版社,2020:11,12.

③ 中共中央国务院关于全面推进乡村振兴加快农业农村现代化的意见(中发〔2021〕1 号)[Z].

"乡村振兴是包括产业振兴、人才振兴、文化振兴、生态振兴、组织振兴的全面振兴"①。乡村振兴同样需要人力、物力、财力的支撑,同样需要开展人力、物力、财力的社会动员。这意味着社会动员成为实现乡村振兴的重要方式。与此同时,继精准扶贫社会动员之后,乡村振兴成为社会动员的又一重要任务。

从实践层面看,乡村振兴内含着社会动员的迫切要求。社会动员是乡村振兴的重要内容。乡村振兴战略实施之初有精准扶贫社会动员的任务,之后则重在解决相对贫困问题。并且,二者在实施过程中可以相互借鉴。乡村振兴社会动员的制度框架、政策体系和运作机理等仍在完善当中,因此精准扶贫社会动员的一些运作方式、具体做法和宝贵经验对乡村振兴社会动员有直接的借鉴和启示意义。

由此可见,社会动员与乡村振兴相互联系,社会动员是乡村振兴的重要内容,社会动员的有效实施为乡村振兴提供了经验借鉴和启示。乡村振兴内含着社会动员的内容,为社会动员指明了方向。

(二)社会动员与乡村振兴有机衔接的路径选择

精准扶贫社会动员主要是针对贫困地区中的贫困群众,采取特定的社会动员措施,发挥政府、市场、社会等各方面的积极性,带领贫困群众逐步脱贫,而乡村振兴战略同样是要依靠政府的组织领导,引导市场主体参与其中,鼓励社会各界发挥智慧和力量,推动乡村振兴起来。因此,推进乡村振兴社会动员与精准扶贫社会动员的有效衔接,不仅需要充分利用行政力量,发挥政府主导作用,还需要广泛吸收社会力量,发挥市场资源配置作用。

第一,观念衔接。观念是行动的先导,要实现社会动员与乡村振兴的有效衔接,就要有持续奋斗的思想观念。不能因为精准扶贫社会动员工作行将完成而有所懈怠,应清醒认识到现阶段的脱贫仍是"现行标准下"的脱贫,离"共同富裕"还有较大的差距。从我国正处于并将长期处于社会主义初级阶段的基本国情出发,相对贫困问题将长期存在,这就要求我们要有长期奋斗的心理准备,开展社会动员没有"完成时",只有"进行时"。

第二,目标规划衔接。在实施精准扶贫方略和乡村振兴战略承继

---

① 习近平.习近平谈治国理政(第三卷)[M].北京:外文出版社,2020:259.

的过程中,实施精准扶贫方略在前,实施乡村振兴战略在后。整体上,2020 年前社会动员以精准扶贫为重心,围绕精准扶贫、精准脱贫,把解决绝对贫困纳入国家治理范畴,开展一系列动员活动。2020 年之后,社会动员将以乡村振兴为重心,围绕乡村振兴开展一系列动员工作,把巩固扶贫攻坚成果、缓解相对贫困纳入乡村振兴战略的常规贫困治理轨道。这就需要社会动员按照不同时期的规划确定自身的目标,即在实施精准扶贫方略时,社会动员以精准扶贫、解决绝对贫困为行动目标;在实施乡村振兴战略时,社会动员以乡村振兴、解决相对贫困为行动目标。在精准扶贫取得胜利之后,需要将社会动员与乡村振兴战略顺利衔接起来。

第三,人才队伍衔接。精准扶贫与乡村振兴衔接的关键在于人才的衔接。无论是开展精准扶贫社会动员,还是乡村振兴社会动员,激发人民群众的主体意识,培育其自我发展的内生动力,是最根本之策。在精准扶贫社会动员的过程中,一方面,通过扶志、扶智开展劳动力转移培训、农村实用技能培训等,以精神激励人,以智力带动人,贫困群众既有了"我要脱贫"的强烈愿望,又有了"我能脱贫"的发展能力;另一方面,培育了一批"扶贫尖兵",涌现出一大批"特别能吃苦、特别能战斗、特别能担当、特别能奉献"的优秀干部,他们成为开展精准扶贫的"带头人"和"突击队"。这为乡村振兴激活了人的因素,注入了发展的动力。[①] 因此,乡村振兴社会动员不仅要继续发挥好"扶贫尖兵"的引领示范作用,而且要加强人才队伍建设,培养一批新农民、新企业家、新技术专家。

第四,文化教育衔接。实现从精准扶贫向乡村振兴转变的过程,也是一个实现从文化扶贫到文化振兴转变的过程。应发挥文化在脱贫攻坚与乡村振兴中的引领作用,培育文明乡风、良好家风、淳朴民风,改善农民精神风貌,提高乡村社会文明程度。通过加强爱国主义、集体主义、社会主义教育,整理乡规民约、族谱家训等道德资源,促进乡村文化良性发展。通过推动中华优秀传统文化、地方民族特色文化融合发展,使其与现代文化有机融合,不断提高乡村文化的创造力和内生力。

---

① 曹立.推进精准扶贫与乡村振兴有效衔接[J].中国党政干部论坛,2020(5):56.

（三）社会动员与乡村振兴战略有机衔接的保障措施

首先,继续发挥党和政府的主导作用。不论在精准扶贫社会动员中,还是在乡村振兴社会动员中,都离不开党和政府的坚强领导。党加强制定路线、方针、政策,政府落实好党的路线方针政策,努力夯实乡村振兴社会动员的基层组织建设,健全以党组织为核心的组织体系,加强乡村基层党组织带头人队伍建设,强化乡村振兴社会动员工作的责任与保障,将乡村振兴建设作为基层党员干部评议考核的重要内容,加强组织队伍、基本制度的建设,强化对乡村基层干部和党员的日常教育监督,引导基层组织始终坚持为乡村振兴服务的正确方向。

其次,引导市场发挥好资源配置的决定性作用。动员市场力量促进各类生产要素的高效率结合,提高生产要素的效率,持续增加乡村贫困人口的经济收入,为乡村振兴建设提供不竭动力。乡村振兴需要动员各种生产要素和各种资源,以提高生产效率。而社会动员可以发挥自身优势,动员人力资源、物力资源、财力资源、技术资源、信息资源等,促进乡村振兴的开展,为乡村振兴提供人力、物力、财力的保障,为乡村振兴奠定更加坚实的基础和前提。

最后,建立健全保障机制。精准扶贫社会动员和乡村振兴社会动员的一些保障机制是相通的。如进一步鼓励更多的专家学者、技能人才企业、社会组织机构等,通过下乡担任志愿者、投资兴业、捐资捐物等方式参与到乡村振兴与精准扶贫的工作中来,引导激励社会各界更加关注、支持和参与脱贫攻坚,构建以政府为主导、多元主体共同参与的脱贫攻坚与乡村建设模式。这既是精准扶贫战略的基本要求,也是乡村振兴的重要基石。

总之,社会动员与乡村振兴在战略设计上具有一定的承继性、兼容性和内在契合性。为确保精准扶贫社会动员与乡村振兴社会动员的有效对接,我们需要尊重现实,立足长远,从观念、规划、政策、体制机制等方面着手,积极推进精准扶贫社会动员与乡村振兴社会动员有效衔接。

三、更加注重动员内生动力

要从根本上解决贫困问题以及实现乡村振兴,社会动员主体就需要不断激发和增强动员对象的内生动力,激发贫困群众脱贫致富的内在激情,激发乡村群众的内在激情,动员、组织、引导贫困群众积极行动起来,最终依靠自己勤劳的双手脱贫致富,实现乡村振兴。

第一,注重动员内生动力具有重要意义。从本质上看,内生动力是人的主观能动性。不论是精准扶贫社会动员,还是乡村振兴社会动员,越来越注重强化对动员对象内生动力的动员。对于贫困主体而言,内生动力是摆脱贫困、克服贫困的强大愿望。只有贫困群众自身具有强烈的摆脱内生动力,才能从根本上和长远解决贫困问题。一部分地区扶贫进度缓慢,脱贫速度不能提高,减贫效率低下,其中贫困群众脱贫内生动力不足成为精准扶贫工作中比较突出和普遍的问题。所以说,精准扶贫社会动员的关键在于激发贫困人口自身脱贫致富的内在激情,增强贫困群众自身脱贫致富的内在动力。同样道理,实施乡村振兴战略,实现乡村振兴,也需要开展激发民众内生动力的社会动员。

第二,注重加强教育引导。"人无精神则不立,国无精神则不强"[1]。在精准扶贫社会动员中,更加注重两手抓、两手硬:一手抓经济发展,一手抓教育引导。通过常态化宣讲和物质奖励、精神鼓励等形式促进群众比学赶超,提振精气神,让贫困群众首先在精气神上有一个大改观,树立"缺什么不能缺精神"的观念,形成"想脱贫、能脱贫"的志向。这就充分调动群众积极性、主动性、创造性,用人民群众的内生动力支撑脱贫攻坚、乡村振兴。

第三,注重扶贫与扶智的结合。"扶贫要同扶智、扶志结合起来。智和志就是内力、内因。""讲'弱鸟先飞',就是贫困地区、贫困群众首先要有"飞"的意识和'先飞'的行动。没有内在动力,仅靠外部帮扶,帮扶再多,你不愿意'飞',也不能从根本上解决问题。"[2] 其实,扶志就是扶思想、扶观念、扶信心;扶智就是扶知识、扶技术、扶思路。在开展精准扶贫社会动员的过程中,一方面,社会动员主体加大对一部分思想落后、意志薄弱的贫困群众精神帮扶的力度,大力开展精神动员,使贫困群众在脱贫攻坚具体实践中感悟自身强大的精神能量;另一方面,社会动员主体需要对一部分不具备就业能力的贫困人口开展就业动员大会,大力实施职业培训,进行相关技能培训,并且结合当地的产业发展实际进行规划,对贫困人员实施分类培训、指导,调动贫困群众的积极性、主

---

[1] 中共中央文献研究室.习近平关于社会主义文化建设论述摘编[M].北京:中央文献出版社,2017:13.

[2] 习近平.习近平谈治国理政(第二卷)[M].北京:外文出版社,2017:90.

动性、创造性。这样促使贫困群众实现从"要我脱贫"向"我要脱贫"的转变。

第四,注重加强典型示范引领。思想是行动的先导,解决好了思想问题做工作事倍功半。社会动员更加注重动员对象思想脱贫,通过宣传教育、倡树典型、示范引领、表彰奖励等多种方式,营造"我脱贫、我光荣"的浓厚氛围,进一步动员引导广大贫困群众摒弃"等靠要"思想,自食其力,自力更生,争当脱贫模范。积极组织评选出的先进脱贫典型,现身说法讲励志课、讲脱贫故事、传脱贫经验,从精神上、思想上感染和教育贫困群众,激发群众脱贫致富的积极性、主动性和内生动力。

四、更加注重开展联动动员

贫困问题的系统性、复杂性和艰巨性,决定了社会动员主体开展精准扶贫社会动员的联动性。"新时期的贫困问题与区域发展问题、生态保护问题、社会保障问题、民族团结问题、社会稳定问题和可持续发展问题紧密相关,需要统筹谋划、综合协调,既要群策群力、形成合力,又要开发潜力、精准发力。"[①] 从一定意义上来说,精准扶贫不仅仅是党和政府的责任,需要全社会共同努力,还要求市场主体参与其中,社会力量参与其中。在此背景下,精准扶贫社会动员越来越注重开展联动动员,发动市场主体和社会力量与党和政府一道开展精准扶贫社会动员,综合发挥党和政府、市场主体、社会力量在贫困治理中的作用,逐渐地改变"政府热、社会弱、市场冷"这样一种不协调的状况。党和政府发展成为主动性社会动员主体,市场主体、社会力量由被动员的对象,发展成为参与性社会动员主体,进而形成党和政府、市场主体、社会力量联动开展精准扶贫社会动员的生动局面。

首先,依然注重党和政府发挥主导作用。一是通过党和政府主导高度整合社会资源。党和政府是社会资源最大的聚合器,拥有强大的整合功能,在精准扶贫中要充分发挥其主导作用,广泛整合资源,将各类资源包括财政资源、人力资源、物力资源、信息资源、技术资源等聚合到贫困村,解决贫困地区资源匮乏、资金短缺等制约因素。通过政府主导作用的发挥,能够最大限度地解决贫困村发展资源短缺的问题。二是继续

---

① 汪三贵.当代中国扶贫[M].北京:中国人民大学出版社,2019:176.

发挥党和政府把握方向指导作用。在精准扶贫社会动员的实施过程中，党和政府的指挥棒作用必不可少。党和政府对大政方针的把握是精准扶贫社会动员得以实施的政治保障。三是有效发挥党和政府行政监管作用。政府还有重要的监督管理职能，有效发挥行政监管作用，对精准扶贫社会动员实施过程进行动态监管，将实时监控事态发展，有效缩减寻租现象发生的时间和空间，为提高工作效率和人民满意度创造了有利条件。

其次，更加重视市场资源配置动员的决定性作用。利用市场机制"看不见的手"进行微观层面的资源配置，通过促进贫困地区经济发展，实现带动贫困人口脱贫致富的"涓滴效应"。一是继续发挥调动资源的优势。贫困地区、贫困人口拥有的社会资本非常有限，拥有的社会资源也有限，市场可以给他们提供信息、给他们提供资本、提供他们发展所需要的各种支持。二是提供资源帮扶。市场向贫困人口提供既包括物资的帮助，包括经济的帮助，也包括信息的帮助，还包括社会关系、心理的支持，也就是我们资本市场参与不仅仅是给钱，给钱解决不了所有的问题，或者说从某种意义上来说，单纯给钱也解决不了问题，因为现在的贫困都是综合贫困，是以经济为主要表征的多方面的贫困。三是市场发挥能力赋权的作用。市场赋能于贫困群众，增强自身脱贫致富的能力，变输血为造血，能力的赋权非常重要，为精准扶贫发挥重要作用。

最后，越来越重视社会力量参与。"中国贫困治理方式逐渐由政策性、动员性、运动化向长期性、制度性、规范性、法制化方向发展，由完全的政府主导、社会组织参与，进而向政府主导、社会组织参与和受益群体参与转变，更加注重群体的主体性和参与性。"[①] 发挥社会组织灵活、高效的特点和优势，使其在帮扶救助特殊贫困地区及特殊贫困人口过程中发挥专业性、补缺型作用。通过健全政策保障，支持社会力量在遵循市场经济规律、义利兼顾的基础上，通过投资兴业、培训技能、吸纳就业、捐资助贫等多种方式，吸引各种资源要素向贫困地区转移。通过健全社会扶贫公共平台，依托互联网和移动网络技术，结合建档立卡工作成果，建立统一的社会扶贫工作信息交流平台，组织引导社会力量参与扶贫。通过强化政策激励，鼓励引导企业特别是农业产业化龙头企业参

---

① 汪三贵.脱贫攻坚与精准扶贫：理论与实践[M].北京：经济科学出版社，2020：270.

与产业扶贫,在资金扶持、贷款贴息、土地流转、"上市"融资、基地建设、兴办农业产业协会、专业合作社和申报国家级农业产业化龙头企业方面应给予重点倾斜。

中国扶贫开发积累的一个基本经验是,在坚持政府主导的同时,还要不断动员市场主体、社会力量广泛参与扶贫开发事业,形成扶贫开发强大合力。就精准扶贫社会动员机制体现政府责任而言,要求政府做到既"不缺位",也"不越位",坚持不断改善基础设施环境,提供公共医疗、教育、社会保障等各项公共服务,同时,引导和动员市场主体和社会力量参与扶贫开发。就市场责任而言,体现出灵活性、适应性、互利性。市场是一种资源配置方式。如果能够创造良好的政策环境,让市场机制发挥作用、显现效率,对于中国新时期的精准扶贫和经济社会发展都具有重要意义。就社会责任而言,要体现参与性、非营利性和互惠性。社会力量参与精准扶贫,涉的主体较为广泛。社会扶贫拓宽了扶贫开发的资源,也为扶贫开发工作带来了很多新的理念和方法。[1]

---

① 武汉大学等.中国反贫困发展报告(2015)——市场主体参与扶贫专题[M].
武汉:华中科技大学出版社,2015:11.

附　录

精准扶贫社会动员调查问卷

您好,非常感谢您能参与我们的问卷调查,我们正在进行一项关于扶贫攻坚社会动员的问卷调查,希望您能抽出宝贵的时间填写我们的调查问卷。谢谢您的支持与合作!

一、基本信息

　　　　市(州)　　县　　镇(乡)　　村 文化程度:＿＿＿＿

二、问卷基本内容

1. 家庭收入的主要来源是什么?（单选）（　　）

A. 务农收入　B. 当地务工收入　C. 养殖收入　D. 做生意　E. 外出打工　F. 其他

2. 导致您家庭贫困的最主要的原因是什么?（单选）（　　）

A. 自然环境恶劣,例如耕地少、交通、农田水利等设施落后

B. 自身发展能力弱,例如缺乏文化知识、技术技能等

C. 家庭发生重大事变,例如家人生大病、建造房子花费、孩子上学教育费用等

D. 其他（　　）

3. 政府对您家庭扶贫过吗?（单选）（　　）

A. 有　B. 没有

4. 如果政府有过对您家庭扶贫,如何开展的? (可多选)(   )

A. 提供资金援助   B. 开展项目资助

C. 移民搬迁   D. 进行培训教育   E. 其他

5. 企业或社会其他组织对您家庭扶贫过吗? (单选)(   )

A. 有   B. 没有

6. 如果企业或社会其他组织有过对您家庭扶贫,如何开展的? (可多选)(   )

A. 提供资金援助   B. 开展项目扶贫

C. 进行培训教育   D. 其他

7. 公民个体对您家庭扶贫过吗? (单选)(   )

A. 有   B. 没有

8. 如果公民个体有过对您家庭扶贫,如何开展的? (可多选)(   )

A. 提供资金援助   B. 开展项目扶贫

C. 进行培训教育   D. 其他

9. 您对目前我国精准扶贫社会动员工作满意吗? (单选)(   )

A. 非常满意   B. 满意   C. 不太满意   D. 不满意

10. 您最需要哪方面的扶持? (单选)(   )

A. 资金   B. 技术   C. 项目   D. 教育   E. 其他

11. 您认为当前我国精准扶贫社会动员还存在什么问题? (可多选)(   )

A. 政府不重视   B. 社会组织参与得比较少

C. 企业参与得比较少   D. 公民个体的参与度比较低

E. 运用的方法不科学   F. 没有营造良好的环境

12. 进一步提高精准扶贫社会动员实效,您认为还需要做什么? (可多选)(   )

A. 提高政府扶贫的能力和力度   B. 加强社会组织、企业参与扶贫的力度

C. 加强公民个体参与扶贫的力度   D. 加强对贫困家庭的了解

E. 采用科学的宣传、组织方式   F. 更加高效地开展组织动员活动

G. 其他

13. 您对当前我国精准扶贫社会动员工作有什么建议?

参考文献

一、中文文献

（一）政策文件

[1] 国家八七扶贫攻坚计划（1994—2000 年）（国发〔1994〕30 号）[Z].

[2] 中国农村扶贫开发纲要（2001—2010 年）（国发〔2001〕23 号）[Z].

[3] 中国农村扶贫开发纲要（2011—2020 年）（中发〔2011〕10 号）[Z].

[4] 农村残疾人扶贫开发纲要（2011—2020 年）（国办发〔2012〕1 号）[Z].

[5] 中共中央国务院关于深入实施西部大开发战略的若干意见（中发〔2010〕11 号）[Z].

[6] 滇桂黔石漠化片区区域发展与扶贫攻坚规划（2011—2020 年）（国开发办〔2012〕54 号）[Z].

[7] 国务院办公厅关于进一步动员社会各方面力量参与扶贫开发的意见》（国办发〔2014〕58 号）[Z].

[8] 创新扶贫开发社会参与机制实施方案（国开发办〔2014〕31 号）[Z].

[9] 中共中央国务院关于打赢脱贫攻坚战的决定（中发〔2015〕34 号）[Z].

[10] 国务院扶贫开发领导小组关于广泛引导和动员社会组织参与脱贫攻坚的通知（国开发〔2017〕12 号）[Z].

[11] 中共中央国务院关于打赢脱贫攻坚战三年行动的指导意见（中发〔2018〕16 号）[Z].

[12] 关于进一步完善定点扶贫工作的通知（国开办发〔2015〕27 号）[Z].

[13] 国务院办公厅关于支持农民工等人员返乡创业的意见（国办发〔2015〕47 号）[Z].

[14] 国家以工代赈管理办法（国家发展改革委令 2014 第 19 号令）[Z].

[15] 贵州省 2014 年扶贫生态移民工程实施方案（黔府办发〔2014〕26 号）[Z].

[16] 贵州省"33668"扶贫攻坚行动计划（黔办党发〔2015〕13 号）[Z].

[17] 中共贵州省委 贵州省人民政府关于落实大扶贫战略行动坚决打赢脱贫攻坚战的意见（黔党发〔2015〕27 号）[Z].

[18] 关于进一步动员社会各方面力量参与扶贫开发的意见（黔委厅字〔2015〕33 号）[Z].

[19] 关于进一步动员社会组织参与脱贫攻坚实施方案（黔扶通〔2018〕35 号）[Z].

[20] 广西脱贫攻坚"十三五"规划（桂政办发〔2016〕193 号）[Z].

[21] 中共云南省委办公厅、云南省人民政府办公厅印发《关于进一步动员社会力量参与扶贫开发的实施意见》的通知（云办通〔2015〕41 号）[Z].

[22] 贵州省深入开展消费扶贫助力打赢脱贫攻坚战的实施意见（黔府办函〔2019〕58 号）[Z].

[23] 关于动员国有企业结对帮扶贫困县推进整县脱贫的指导意见（黔委厅字〔2015〕46 号）[Z].

[24] 省人民政府办公厅关于新增国有企业结对帮扶贫困县脱贫攻坚的通知（黔府办函〔2017〕198 号）[Z].

[25] 贵州省人民政府办公厅关于引导和鼓励外出务工人员返乡创业就业的意见（黔府办发〔2013〕25 号）[Z].

[26] 云南省人民政府办公厅关于支持农民工等人员返乡创业的实施意见（云政办发〔2015〕60 号）[Z].

[27] 广西壮族自治区人民政府办公厅关于进一步支持返乡下乡人员创业创新促进农村一二三产业融合发展的实施意见（桂政办发〔2019〕1 号）[Z].

[28] 贵州省发展旅游业助推脱贫攻坚三年行动方案（2017—2019 年）（黔府办发〔2017〕44 号）[Z].

[29] 云南省人民政府办公厅关于加快乡村旅游扶贫开发的意见（云

政办发〔2016〕151号)[Z].

[30] 关于实施2016年度贵州省统一战线"泛海助学行动"的通知(黔统字〔2016〕52号)[Z].

[31] 关于实施2016年"泛海助学行动"项目的通知(桂教资助〔2016〕24号)[Z].

[32] 云南省人力资源和社会保障厅云南省财政厅关于进一步做好就业扶贫工作的通知(云人社通〔2020〕45号)[Z].

[33] 关于下达2018年省级财政预算内以工代赈计划的通知(黔发改地区〔2018〕781号)[Z].

[34] 云南省以工代赈管理办法(云政发〔1998〕138号)[Z].

[35] 云南省以工代赈管理办法(云南省发展和改革委员会公告2016年第1号)[Z].

[36] 文山州发展和改革委员会关于下达以工代赈示范工程2020年第一批中央预算内投资计划的通知(文发改投资〔2020〕118号)[Z].

(二)著作

[1] 毛泽东选集(第三卷、第四卷)[M]. 北京:人民出版社,1991.

[2] 毛泽东文集(第七卷)[M]. 北京:人民出版社,1999.

[3] 胡锦涛. 坚定不移沿着中国特色社会主义道路前进 为全面建成小康社会而奋斗——在中国共产党第十八次全国代表大会上的报告[M]. 北京:人民出版社,2012.

[4] 习近平. 决胜全面建成小康社会 夺取新时代中国特色社会主义伟大胜利——在中国共产党第十九次全国代表大会上的报告[M].北京:人民出版社,2017.

[5] 习近平. 习近平谈治国理政(第一卷、第二卷、第三卷)[M]. 北京:外文出版社,2017,2018,2020.

[6] 习近平. 摆脱贫困[M]. 福州:福建人民出版社,1992.

[7] 习近平. 之江新语[M]. 杭州:浙江人民出版社,2007.

[8] 习近平. 在决战决胜脱贫攻坚座谈会上的讲话[M]. 北京:人民出版社,2020.

[9] 中共中央党史和文献研究院. 习近平扶贫论述摘编[M]. 北京:中央文献出版社,2018.

[10] 中共中央宣传部. 习近平总书记系列重要讲话读本[M]. 北京:

学习出版社,人民出版社,2016.

[11] 蔡志强 . 社会动员论:基于治理现代化的视角 [M]. 南京:江苏人民出版社,2015.

[12] 陈强 . 云南岩溶地区石漠化生态治理模式及技术 [M]. 昆明:云南科技出版社,2011.

[13] 程冠军 . 脱贫攻坚为什么能:案例解读精准扶贫 [M]. 北京:东方出版社,2020.

[14] 崔海洋,杨洋 . 麻山喀斯特地区石漠化救治与扶贫开发的文化对策 [M]. 北京:知识产权出版社,2014.

[15] 凡奇,李静,王力尘 . 网络政治动员方式与途径的探索和研究 [M]. 沈阳:辽宁人民出版社,2009.

[16] 范小建 . 扶贫开发形势和政策 [M]. 北京:中国财政经济出版社,2008.

[17] 龚晓宽 . 辉煌的探索——贵州农村改革三十年研究 [M]. 北京:中央文献出版社,2008.

[18] 广西地方志编纂委员会 . 广西通志·农业志 [M]. 南宁:广西人民出版社,1995.

[19] 国家发展和改革委员会编 . 全国易地扶贫搬迁年度报告 [M]. 北京:人民出版社,2016.

[20] 国家统计局住户调查办公室 . 中国农村贫困监测报告(2020)[M]. 北京:中国统计出版社,2020.

[21] 国务院扶贫办社会扶贫司,清华大学公共管理学院 . 中国社会组织扶贫案例 50 佳(2019)[M]. 北京:经济管理出版社,2020.

[22] 何得桂 . 治理贫困——易地搬迁与精准扶贫 [M]. 北京:知识产权出版社,2016.

[23] 胡富国 . 读懂中国脱贫攻坚 [M]. 北京:外文出版社,2018.

[24] 黄承伟 . 与中国农村减贫同行(上、下)[M]. 武汉:华中科技大学出版社,2015.

[25] 黄承伟等 . 石漠化地区大扶贫攻坚——广西连片特困地区基础设施建设大会战全景实录和深层透视 [M]. 北京:经济日报出版社,2016.

[26] 李后强,秦勇 . 精准扶贫战略——最具中国特色的反贫困行动 [M]. 成都:四川人民出版社,2016.

[27] 雷明,李浩等.中国扶贫 [M].北京:清华大学出版社,2020.

[28] 李裴.五步工作法:贵州脱贫攻坚的实践 [M].贵阳:贵州人民出版社,2020.

[29] 柳建平,张永丽.西部地区精准扶贫政策与实践 [M].北京:中国社会科学出版社,2020.

[30] 鲁可荣,杨亮承.从精准扶贫迈向乡村振兴 [M].昆明:云南大学出版社,2019.

[31] 彭建.贵州石漠化片区经济社会发展与旅游减贫研究 [M].北京:中央民族大学出版社,2014.

[32] 曲天军等.中国企业精准扶贫案例 50 佳（2018）[M].北京:经济管理出版社,2019.

[33] 世界银行.2015 年世界发展指标 [M].姜睿等译.北京:中国财政经济出版社,2015.

[34] 宋媛.发达地区对口帮扶西部民族地区的效益评价及政策建议 [M].北京:中国社会科学出版社,2015.

[35] 孙立平等.动员与参与——第三部门募捐机制个案研究 [M].杭州:浙江人民出版社,1999.

[36] 唐明勇,孙晓辉.危难与应对:新中国视野下的危机事件与社会动员个案研究 [M].北京:中共党史出版社,2010.

[37] 王朝新,宋明.2014 年贵州农村扶贫开发报告 [M].北京:知识产权出版社,2015.

[38] 汪三贵.当代中国扶贫 [M].北京:中国人民大学出版社,2019.

[39] 汪三贵.脱贫攻坚与精准扶贫:理论与实践 [M].北京:经济科学出版社,2020.

[40] 王三秀.中国扶贫精细化:理念、策略、保障 [M].北京:社会科学文献出版社,2016.

[41] 王兴骥.贵州社会发展报告（2017）[M].北京:社会科学文献出版社,2017.

[42] 韦茂才.智战石漠化:滇桂黔石漠化片区扶贫探索 [M].南宁:广西人民出版社,2014.

[43] 武汉大学等.中国反贫困发展报告（2015）——市场主体参与扶贫专题 [M].北京:华中科技大学出版社,2015.

[44] 熊康宁等.点石成金:贵州石漠化治理技术与模式 [M].贵阳:

贵州科技出版社,2011.

[45] 张惠君.外资扶贫对云南省民族地区的影响与可持续研究 [M].北京:中国社会科学出版社,2017.

[46] 张新伟.市场化与反贫困路径选择 [M].北京:中国社会科学出版社,2001.

[47] 郑长德.中国少数民族地区经济发展报告(2014)——集中连片特困地区的区域发展与扶贫攻坚 [M].北京:中国经济出版社,2014.

[48] 中共贵州省委党史研究室.贵州脱贫攻坚战略行动实录·典型材料① [M].贵阳:贵州人民出版社,2020.

[49] 中共贵州省委党史研究室.贵州脱贫攻坚战略行动实录·专题资料汇编② [M].贵阳:贵州人民出版社,2020.

[50] 周雪光.组织社会学十讲 [M].北京:社会科学文献出版社,2003.

[51] 〔印度〕阿玛蒂亚·森.贫困与饥荒 [M].王宇,王文玉译,北京:商务印书馆,2001.

[52] 〔印度〕阿马蒂亚·森.以自由看待发展 [M].任赜,于真译.北京:人民大学出版社,2002.

[53] 〔美〕奥斯卡·刘易斯.桑切斯的孩子们:一个墨西哥家庭的自传 [M].李雪顺译.上海:上海译文出版社,2014.

[54] 〔瑞典〕冈纳·缪尔达尔.世界贫困的挑战——世界反贫困大纲 [M].顾朝阳等译.北京:北京经济学院出版社,1991.

[55] 〔美〕杰弗里·萨克斯.贫穷的终结——我们时代的经济可能 [M].邹光译.上海:上海人民出版社,2007.

[56] 〔美〕塞缪尔·亨廷顿.变化社会中的政治秩序 [M].王冠华等译.上海:上海人民出版社,2008.

[57] 〔美〕西奥多·舒尔茨.改造传统农业 [M].梁小民译.北京:商务印书馆,1987.

(三)学位论文

[1] 龚莉.微公益传播中的共意动员策略及成效 [D].重庆:重庆大学,2019.

[2] 何玲.中国政府与国际社会在扶贫开发领域合作问题研究 [D].长春:吉林大学,2015.

滇桂黔石漠化连片特困区精准扶贫社会动员机制研究

[3] 贺治方. 国家治理现代化进程中社会动员研 [D]. 北京：中共中央党校，2019.

[4] 侯松涛. 抗美援朝运动中的社会动员 [D]. 北京：中共中央党校，2006.

[5] 姜鹏飞. 一个社会的动员——试析政府在应对公共突发事件的社会动员能力 [D]. 长春：吉林大学，2009.

[6] 宋佳蔓. 我国政府危机管理中的政治动员机制研究 [D]. 长春：东北师范大学，2009.

[7] 王楠. 思想政治教育在社会动员中的作用研究 [D]. 太原：中北大学，2010.

[8] 郇玉. 中国共产党社会动员研究——以上海工业"大跃进"社会动员为个案 [D]. 上海：上海外国语大学，2017.

[9] 许加星. 农村精准扶贫中的社会动员机制研究——基于浙江省多案例分析 [D]. 舟山：浙江海洋大学，2019.

[10] 周方旭. 新时期中国共产党社会动员研究 [D]. 大庆：东北石油大学，2019.

[11] 朱明明. 社交媒体对大学生共意动员的效果研究 [D]. 大连：大连理工大学，2018.

[12] 朱霞梅. 反贫困的理论与实践研究——基于人的发展视角 [D]. 上海：复旦大学，2010.

（四）期刊论文

[1] 陈荣卓，王熙中. 精准扶贫场域内复合治理的实践张力与有效运转 [J]. 当代世界社会主义问题，2020（2）.

[2] 邓维杰. 精准扶贫的难点、对策与路径选择 [J]. 农村经济，2014（6）.

[3] 杜鹏. 农村社会动员的组织逻辑与治理效能 [J]. 天津社会科学，2022（7）.

[4] 冯彩莉，安着吉，哈生旭. 资源配置视野下西部民族地区的精准扶贫 [J]. 社科纵横，2017（7）.

[5] 傅慧军. 推动新形势下政治动员的创新发展 [J]. 中国军事科学，2006（1）.

[6] 符平，卢飞. 制度优势与治理效能：脱贫攻坚的组织动员 [J]. 社

会科学文摘,2021（7）.

[7] 高万芹.社会动员与政治动员：新乡贤参与乡村振兴的动力机制与内在逻辑 [J].南京农业大学学报（社会科学版）,2022（7）.

[8] 关信平.论现阶段我国贫困的复杂性及反贫困行动的长期性 [J].社会科学辑刊,2018（1）.

[9] 雷明.论习近平扶贫攻坚战略思想 [J].南京农业大学学报（社会科学版）,2018（1）.

[10] 雷明.扶贫攻坚的兵装足迹——中国兵器装备集团扶贫攻坚纪实 [J].国防科技工业,2019（8）.

[11] 李培林.社会治理与社会体制改革 [J].国家行政学院学报,2014（4）.

[12] 李英勤.石漠化地区区域发展、扶贫开发与生态建设耦合问题及对策——以贵州人口较少民族地区为例 [J].黔南民族师范学院学报,2013（4）.

[13] 廖光珍.建国以来贵州少数民族地区农村土地制度变迁及其历史意义 [J].贵州民族研究,2004（2）.

[14] 林彩虹.农村精准扶贫动员机制分析 [J].合作经济与科技,2018（17）.

[15] 凌经球.推进滇桂黔石漠化片区扶贫开发的路径研究——基于新型城镇化的视角 [J].广西民族研究,2015（2）.

[16] 刘金菊,邓国彬.精准扶贫战略的社会动员探究 [J].学校党建与思想教育,2017（5）.

[17] 刘解龙.经济新常态中的精准扶贫理论与机制创新 [J].湖南社会科学,2015（4）.

[18] 刘磊,吴理财.精准扶贫进程中地方政府的动员式治理及其改进——鄂西 H 县政府扶贫行为分析 [J].南京农业大学学报（社会科学版）,2019（1）.

[19] 刘卓红,魏德阳.中国共产党建党百年善用社会动员的基本经验 [J].学术交流,2021（2）.

[20] 吕德文.媒介动员、钉子户与抗争政治——宜黄事件再分析 [J].社会,2012（3）.

[21] 苗壮,柳婷.新时代中国共产党社会动员：演变、价值、边界 [J].学术交流,2021（2）.

[22] 牟秋菊,潘启龙."政府—市场"双导向扶贫开发机制初探——以贵州省为例 [J].农业经济,2015（9）.

[23] 欧阳静.政治统合制及其运行基础——以县域治理为视角 [J].开放时代,2019（2）.

[24] 欧阳静.简约治理:超越科层化的乡村治理现代化 [J].中国社会科学,2022（3）.

[25] 施惠玲,彭继裕.国家治理现代化中的参与式社会动员 [J].青海社会科学,2021（4）.

[26] 孙柏瑛,胡盼.党建引领的精准扶贫与乡村社会的再组织 [J].南京大学学报(哲学·人文科学·社会科学),2021（3）.

[27] 谭凯兴,唐洪."诺奖仙草"治贫困 荒山变绿巧致富 [J].广西经济,2019（6）.

[28] 谭培文,张忠友.新时代中国共产党社会动员探析 [J].新视野,2018（1）.

[29] 唐任伍,肖彦博,唐常.后精准扶贫时代的贫困治理——制度安排和路径选择 [J].北京师范大学学报(社会科学版),2020（1）.

[30] 田维绪,王晓晖,周贤润.精准扶贫工作绩效的社会评估运行机制研究 ——以贵州石漠化片区 D 县为例 [J].广西民族大学学报(哲学社会科学版),2018（4）.

[31] 田先红.政党如何引领社会? ——后单位时代的基层党组织与社会之间关系分析 [J].开放时代,2020（2）.

[32] 王海峰.服务社会与政党的社会化——基层党组织群众工作的逻辑定位 [J].中国延安干部学院学报,2012（1）.

[33] 王韶兴.社会主义国家政党政治百年探索 [J].中国社会科学,2017（7）.

[34] 汪三贵,刘未.以精准扶贫实现精准脱贫:中国农村反贫困的新思路 [J].华南师范大学学报,2016（5）.

[35] 文丰安.新时代社会力量参与深度扶贫的价值及创新 [J].农业经济问题,2018（8）.

[36] 吴丹.增强内生动力,以"扶志 + 扶智"助推精准脱贫——以南宁市隆安县为例 [J].中共南宁市委党校学报,2017（6）.

[37] 吴高辉.国家治理转变中的精准扶贫——中国农村扶贫资源分配的解释框架 [J].公共管理学报,2018（4）.

[38] 许汉泽.精准扶贫与动员型治理：基层政权的贫困治理实践及其后果——以滇南M县"扶贫攻坚"工作为个案 [J].山西农业大学学报（社会科学版）,2016（8）.

[39] 许加彪,张宇然.宣传·组织·指路：长征标语口号的产制、修辞和社会动员 [J].现代传播,2020（12）.

[40] 杨华,袁松.行政包干制：县域治理的逻辑与机制 [J].开放时代,2017（5）.

[41] 杨颖,胡娟.贵州扶贫开发成效、历程及挑战思考 [J].开发研究,2013（2）.

[42] 叶敏.政党组织社会：中国式社会治理创新之道 [J].探索,2018（4）.

[43] 袁小平,杨爽.精准扶贫中的社会动员：政府、市场与共意 [J].济南大学学报（社会科学版）,2018（5）.

[44] 张登国.中国乡村贫困治理中的社会动员问题研究 [J].教学与研究,2021（7）.

[45] 张国栋,黄武.对脱贫攻坚中的形式主义坚决说"不"[J].中国纪检监察,2017（10）.

[46] 张晖.云南推行家庭联产承包责任制 [J].党的生活,2011（5）.

[47] 张琦,陈伟伟.连片特困地区扶贫开发成效多维动态评价分析研究——基于灰色关联分析法角度 [J].西南民族大学学报（人文社会科学版）,2015（1）.

[48] 郑永廷.论现代社会的社会动员 [J].中山大学学报（社会科学版）,2000（2）.

[49] 中共四川省委党校课题组.西部大开发中社会动员与大众参与的现状分析 [J].天府新论,2006（4）.

[50] 左官春,刘魁.社会动员与国家常态治理的互动机制研究 [J].海南大学学报（人文社会科学版）,2021（6）.

[51] 左停,杨雨鑫,钟玲.精准扶贫：技术靶向、理论解析和现实挑战 [J].贵州社会科学,2015（8）.

二、外文文献

[1]Karl W. Deutsch.Social Mobilization and Political Development[J]. *The American Political Science Review*,1961,55（3）.

[2]Snow，Rockford，Warden and Benford.Frame Alignment Processes，Mobilization，and Movement Participation[J].*American Sociological Review*,1986（51）.

[3]Enrique Peruzzotti, Catalina Smulovitz. *Enforcing the Rule of Law：Social Accountability in the New Latin American Democracies*[M]. Pittsburgh：University of Pittsburgh Press,2006.

[4]James Mahoney，Dietrich Rueschemeyer.*Comparative Historical Analysis in the Social Sciences*[M].New York：Cambridge University Press,2003.

[5]Elisabeth Marteu.*Civil Organizations and Protest Movements in Israel：Mobilization around the Israeli-Palestinian Conflict*[M].New York：Palgrave Macmillan,2009.

[6]Jamilya Tolenovna Ukudeeva-Freeman.Collective Action Problem：Mobilization of National-Democratic Movements in Azerbaijan and Kyrgyzstan[D].University of California,2003.

[7]Wendy Wei-Chen Wolford.This Land is Ours Now：Social Mobilization and the Struggle for Agrarian Reform in Brazil[D].University of Califormia，Berkeley,2001.

[8]*The Committee of Poverty Alleviation：Experience and Insights of The Communist Party of China*[M].The Contemporary World Press, 2020.

　　通过对滇桂黔石漠化连片特困区精准扶贫社会动员机制的研究分析,可以发现,自开展精准扶贫社会动员以来,滇桂黔石漠化连片特困区积极行动,在精准扶贫社会动员主体(主要包括党和政府主动性动员主体)的推动下,在精准扶贫社会动员客体(主要包括市场主体、社会力量,因其被动员起来继而参与社会动员活动并开展动员活动,一定意义上又可以称之为精准扶贫社会动员参与性动员主体),在精准扶贫社会动员方式作用的发挥下,在开展精准扶贫社会动员内容的过程中,已取得了显著的成就。这体现出滇桂黔石漠化连片特困区精准扶贫社会动员机制的正面和积极的效应。但与此同时,滇桂黔石漠化连片特困区精准扶贫社会动员机制也存在着一些问题和不足,包括党和政府社会动员效率需要进一步提升的问题,社会力量参与意识需要进一步提高的问题,为市场主体参与搭建更加高效、良好的平台的问题,等等。总体上来看,滇桂黔石漠化连片特困区精准扶贫社会动员发展趋势还是非常清晰的。

　　通过对滇桂黔石漠化连片特困区精准扶贫社会动员机制的研究分析,本研究认为,不论是滇桂黔石漠化连片特困区精准扶贫社会动员,还是全国其他集中连片特困地区精准扶贫社会动员,最核心的社会动员主体是中国共产党。不论是在贫困治理方面,还是在社会治理方面,中国共产党从中央到地方以党委(党组)、支部构建起来的严密组织体系,保证能够集中力量办大事。正是因为党有坚强的领导能力、强大的组织能力和动员能力,我国才能实现高效的贫困治理和有效的社会治理。在中国共产党这一最核心的社会动员主体的主导下,社会动员成效如何,一方面,取决于党和政府政策贯彻落实的状况,如果政策贯彻落实得好,社会动员效果就会成效显著。如果政策贯彻落实得不好,社会动员效果就会大打折扣。这表明,党的政策在社会动员的过程中能够发挥独特的、非常重要的动员作用。另一方面,取决于社会动员介体效能发挥的状态。社会动员介体起到将社会动员主体和社会动员客体有机联结的作用。如果社会动员介体能够很好地发挥宣传、感染的效能,社会动员客体就会积极行动起来,参与社会动员主体所组织的活动中来。反之,如果社会动员介体不能很好地发挥宣传、感染的效能,社会动员客体就不会积极行动起来,不愿参与社会动员主体所组织的活动。这表明,精准扶贫社会动员要取得显著成效,既需要精准扶贫社会动员主体具有坚强的领导能力、强大的组织能力和动员能力,还需要精准扶贫社会动员介体效能的有效发挥。这是决定精准扶贫社会动员成效的关键两个方面。从组织与参与的主被动关系的角度看,可以将精准扶贫社会动员的组织者看作社会动员主体,将精准扶贫社会动员的参与者看作社会动员客体。但是,从另外一个角度看,即被动员、组织起来的社会动员对象继而参与社会动员活动,并开展相关动员活动。这样,原来被动员、组织起来的社会动员对象后来也发展成为社会动员主体,可以称之为参与性社会动员主体。原来主动开展社会动员的主体可以称之为主动性社会动员主体。而且,社会动员对象转而发展成为社会动员主体,是一个不断循环的现象。由此,精准扶贫社会动员主体发展为由主动性动员主体和参与性动员主体共同构成,成为一种复合型社会动员主体。这就需要人们以发展的观点和辩证的思维认识精准扶贫社会动员主客体之间的关系,这种主客体之间的关系是变化的,克服将精准扶贫社会动员主客体二元对立的认识。这是调动动员对象的积极性、主动性和创造性的必然要求,也是增强其内生动力、激发其内在潜力的必然要求。这也说明了,随着社会力量的壮大,社会组织的快速发展,市场主体的参与意识增强,社会动员已发展成为一种参与性社会动员。在参与式社会动员中,党和政府是主导、引领和协调主体,而相关利益群体和社会各种力量则是在场的参与性主体。以往扶贫开发社会动员往往就是党和政府依靠行政命令强力推进,容易形成"你推我才进""你拉我才动"的被动局面,难以激发社会动员对象的内生动力和内在潜力。而参与式社会动员巧妙地运用大政方针、政策措施以及一系列激励举措,触动社会动员内心深处,激励社会动员对象主动地、自发地行动起来。这是精准扶贫社会动员与以往扶贫开发社会动员最大的不同之处。

从现实发展来看,滇桂黔石漠化连片特困区精准扶贫社会动员,既可以看作是扶贫开发事业的实践探索,也可以看作是扶贫工作的经验积累。未来,滇桂黔石漠化连片特困区社会动员需要根据我国现实国情和地方具体实际不断创新体制、机制,在总结以往经验的基础上不断创新,为持续巩固拓展脱贫攻坚成果,接续推进脱贫地区发展和乡村振兴,全面建成社会主义现代化强国发挥更大的效能和作用。这可以看作是滇桂黔石漠化连片特困区精准扶贫社会动员机制研究现实价值的体现。从理论层面来看,滇桂黔石漠化连片特困区精准扶贫社会动员机制研究,涉及贫困治理、社会治理、组织管理、政治意识等方面问题,而尝试交叉运用社会学、管理学、政治学理论对这些问题解决的对策和措施的探索和分析,对于促进贫困治理理论、社会治理理论、组织管理理论的发展具有一定的理论启示意义。

在此研究的基础上,本研究试图进一步深化社会动员的研究:其一,从社会治理现代化的角度将社会动员与社会治理现代化结合起来。推进国家治理体系和治理能力现代化是对我国"建设什么样的现代化,怎样建设现代化"这个时代发展命题的回答。社会治理有效,才能使社会有序运转、国家安定和谐、人民安居乐业,为经济、政治、社会、文化、生态文明等各方面发展创造良好的环境和条件。社会治理是社会建设的重要组成部分,既是国家整个现代化建设的重要构成,也为其他方面现代化建设提供保障和基础。在当今现代化的社会中,社会治理是多元社会主体共同参与的,而不再是"强政府—弱社会"格局下的社会治理。毕竟,社会组织、社会力量已快速地发展、成长起来,随着其参与能力越来越强大,其参与意识越来越强烈。而社会动员可以看作是社会治理多种方式的一种重要的治理方式。随着社会治理现代化,社会动员也要与时俱进地现代化。其二,不局限于从社会动员整体性机制研究的角度探讨社会动员,而是从社会动员内在的动力机制、运行机制、协调机制、激励机制、保障机制等更为深入的层次来分析社会动员机制。其三,试图超越"政党动员社会"的分析框架,将新时代中国共产党社会动员与社会关系纳入"政党引领社会"的分析框架之中。"社会主义国家政党政治视域下政党与社会的关系……既是一个政党来源于社会,政党以社会为基础的关系,又是一个政党服务社会,社会有赖于政党实现自身利益的关系"①。政党引领社会治理,其实质就是如何处理好政党与社会之

---

① 王韶兴.社会主义国家政党政治百年探索[J].中国社会科学,2017(7):14.

间的关系,如何缩短党与群众之间的距离,实现"政党的社会化"①。在社会治理现代化的背景下,政党必须融入社会治理,而不是悬浮于社会之上。

---

① 王海峰.服务社会与政党的社会化——基层党组织群众工作的逻辑定位 [J].中国延安干部学院学报,2012(1):63.

后　记

　　本书基于对社会动员问题的持续关注和研究,是将社会动员问题与我国开展的精准扶贫结合起来而形成的研究成果。

　　本书从选题、设计到写作,都得到了我的硕士生导师陈征平教授的悉心指导。本书还得到了中央财经大学社会与心理学院方舒教授、贵州财经大学公共管理学院蒲文胜教授、贵州财经大学文学院代泽华副书记、贵州财经大学马克思主义学院孙祈文教授、贵州中医药大学人文与管理学院杨玉宏副教授、贵州大学公共管理学院陆卫群教授、贵州财经大学公共管理学院张辉教授、贵州民族大学旅游与航空服务学院龚锐教授的大力支持和帮助。我的硕士生吕红也为书稿进行了校订。在此向他们致以真诚的谢意。

　　本书只是研究了社会动员问题的一个方面。诚挚地希望本书能够为促进社会动员研究的进一步发展贡献出一份绵薄之力。